TRANZLATY

Sprache ist für alle da

اللغة للجميع

Der Ruf der Wildnis

نداء البرية

Jack London

جاك لندن

Deutsch / العربية

Der Ruf der Wildnis

نداء البرية

Jack London

جاك لندن

Deutsch / العربية

Published by Tranzlaty
ISBN: 978-1-80572-787-3
Original text by Jack London
The Call of the Wild
First published in 1903
www.tranzlaty.com

Ins Primitive
إلى البدائية

Buck las keine Zeitungen

لم يقرأ باك الصحف.

Hätte er die Zeitung gelesen, hätte er gewusst, dass Ärger im Anzug war.

لو كان قد قرأ الصحف لكان قد عرف أن المشاكل كانت تلوح في الأفق.

Nicht nur er selbst, sondern jeder einzelne Tidewater-Hund bekam Ärger.

لم تكن هناك مشكلة بالنسبة له وحده، بل بالنسبة لكل كلب من كلاب المد والجزر.

Jeder Hund mit starken Muskeln und warmem, langem Fell würde in Schwierigkeiten geraten.

كل كلب قوي العضلات وذو شعر طويل ودافئ سيكون في ورطة.

Von Puget Bay bis San Diego konnte kein Hund dem entkommen, was auf ihn zukam.

من خليج بوغيت إلى سان دييغو لم يتمكن أي كلب من الهروب مما كان قادمًا.

Männer, die in der arktischen Dunkelheit herumtasteten, hatten ein gelbes Metall gefunden.

كان الرجال يبحثون في ظلام القطب الشمالي عن معدن أصفر.

Dampfschiff- und Transportunternehmen waren auf der Jagd nach der Entdeckung.

وكانت شركات السفن البخارية والنقل تلاحق الاكتشاف.

Tausende von Männern strömten ins Nordland.

كان الآلاف من الرجال يتدفقون إلى الشمال.

Diese Männer wollten Hunde, und die Hunde, die sie wollten, waren schwere Hunde.

أراد هؤلاء الرجال كلابًا، وكانت الكلاب التي أرادوها كلابًا ثقيلة.

Hunde mit starken Muskeln, die sie zum Arbeiten brauchen.

الكلاب ذات العضلات القوية التي يمكنها العمل بها.

Hunde mit Pelzmantel, der sie vor Frost schützt.

كلاب ذات معاطف فروية لحمايتها من الصقيع.

Buck lebte in einem großen Haus im sonnenverwöhnten Santa Clara Valley.

عاش باك في منزل كبير في وادي سانتا كلارا المشمس.

Der Ort, an dem Richter Miller wohnte, wurde sein Haus genannt.

مكان القاضي ميلر، كان يسمى منزله.

Sein Haus stand etwas abseits der Straße, halb zwischen den Bäumen versteckt.

كان منزله بعيدًا عن الطريق، مخفيًا جزئيًا بين الأشجار.

Man konnte einen Blick auf die breite Veranda erhaschen, die rund um das Haus verläuft.

كان من الممكن إلقاء نظرة خاطفة على الشرفة الواسعة التي تحيط بالمنزل.

Die Zufahrt zum Haus erfolgte über geschotterte Zufahrten.

تم الوصول إلى المنزل عبر ممرات مرصوفة بالحصى.

Die Wege schlängelten sich durch weitläufige Rasenflächen.

تتعرج المسارات عبر المروج الواسعة.

Über ihnen waren die ineinander verschlungenen Zweige hoher Pappeln.

في الأعلى كانت هناك أغصان متشابكة من أشجار الحور الطويلة.

Auf der Rückseite des Hauses ging es noch geräumiger zu.

في الجزء الخلفي من المنزل كانت الأمور أكثر اتساعًا.

Es gab große Ställe, in denen ein Dutzend Stallknechte plauderten

كانت هناك اسطبلات رائعة، حيث كان هناك عشرة من العرسان يتحادثون

Es gab Reihen von weinbewachsenen Dienstbotenhäusern

كانت هناك صفوف من أكواخ الخدم المغطاة بالكروم

Und es gab eine endlose und ordentliche Reihe von Toilettenhäuschen

وكانُ هناك مجموعة لا نهاية لها ومنظمة من المراحيض الخارجية

Lange Weinlauben, grüne Weiden, Obstgärten und Beerenfelder.

شرفات العنب الطويلة، والمراعي الخضراء، والبساتين، وبقع التوت.

Dann gab es noch die Pumpanlage für den artesischen Brunnen.

وبعد ذلك كانت هناك محطة الضخ للبئر الارتوازي.

Und da war der große Zementtank, der mit Wasser gefüllt war.

وكان هناك خزان الأسمنت الكبير المملوء بالماء.

Hier nahmen die Jungs von Richter Miller ihr
morgendliches Bad.

هنا أخذ أولاد القاضي ميلر غطستهم الصباحية.

Und auch dort kühlten sie sich am heißen Nachmittag ab.

وتبردوا هناك في فترة ما بعد الظهر الحارة أيضًا.

Und über dieses große Gebiet herrschte Buck über alles.

وعلى هذا النطاق العظيم، كان باك هو الذي يحكم كل ذلك.

Buck wurde auf diesem Land geboren und lebte hier sein
ganzes vierjähriges Leben.

وُلِد باك على هذه الأرض وعاش هنا طوال سنواته الأربع.

Es gab zwar noch andere Hunde, aber die spielten keine
wirkliche Rolle.

لقد كانت هناك بالفعل كلاب أخرى، لكنها لم تكن ذات أهمية حقيقية.

An einem so riesigen Ort wie diesem wurden andere Hunde
erwartet.

كان من المتوقع وجود كلاب أخرى في مكان واسع مثل هذا.

Diese Hunde kamen und gingen oder lebten in den
geschäftigen Zwingern.

جاءت هذه الكلاب وذهبت، أو عاشت داخل بيوت الكلاب المزدحمة.

Manche Hunde lebten versteckt im Haus, wie Toots und
Ysabel.

بعض الكلاب عاشت مختبئة في المنزل، مثل توتس وإيزابيل.

Toots war ein japanischer Mops, Ysabel ein mexikanischer
Nackthund.

كان توتس كلبًا من فصيلة البج اليابانية، بينما كانت إيزابيل كلبة مكسيكية
أصلع.

Diese seltsamen Kreaturen verließen das Haus kaum.

نادرًا ما كانت هذه المخلوقات الغريبة تخرج من المنزل.

Sie berührten weder den Boden noch schnüffelten sie
draußen an der frischen Luft.

لم يلمسوا الأرض، ولم يشتموا الهواء الطلق في الخارج.

Außerdem gab es Foxterrier, mindestens zwanzig an der
Zahl.

وكان هناك أيضًا كلاب فوكس تيرير، وكان عددها عشرين على الأقل.

Diese Terrier bellten Toots und Ysabel im Haus wild an.

نبح هؤلاء الكلاب بشدة على توتس وإيزابيل في الداخل.

Toots und Ysabel blieben hinter Fenstern, in Sicherheit.

بقيت توتس وإيزابيل خلف النوافذ، في مأمن من الأذى.

Sie wurden von Hausmädchen mit Besen und Wischmopps bewacht.

وكانوا تحت حراسة الخادمات بالمكانس والمماسح.

Aber Buck war kein Haushund und auch kein Zwingerhund.

لكن باك لم يكن كلبًا منزليًا، ولم يكن كلبًا بيتيًا أيضًا.

Das gesamte Anwesen gehörte Buck als seinem rechtmäßigen Reich.

كانت الممتلكات بأكملها مملوكة لباك باعتبارها مملكته الشرعية.

Buck schwamm im Becken oder ging mit den Söhnen des Richters auf die Jagd.

كان الغزال يسبح في الخزان أو يذهب للصيد مع أبناء القاضي.

Er ging in den frühen oder späten Morgenstunden mit Mollie und Alice spazieren.

كان يمشي مع مولي وأليس في الساعات الأولى أو المتأخرة.

In kalten Nächten lag er mit dem Richter vor dem Kaminfeuer der Bibliothek.

وفي الليالي الباردة كان يرقد أمام نار المكتبة مع القاضي.

Buck ließ die Enkel des Richters auf seinem starken Rücken herumreiten.

قام باك بنقل أحفاد القاضي على ظهره القوي.

Er wälzte sich mit den Jungen im Gras und bewachte sie genau.

كان يتدحرج في العشب مع الأولاد، ويحرسهم عن كثب.

Sie wagten sich bis zum Brunnen und sogar an den Beerenfeldern vorbei.

لقد ذهبوا إلى النافورة وحتى حقول التوت.

Unter den Foxterriern lief Buck immer mit königlichem Stolz.

بين كلاب فوكس تيرير، كان باك يمشي بفخر ملكي دائمًا.

Er ignorierte Toots und Ysabel und behandelte sie, als wären sie Luft.

لقد تجاهل توتس وإيزابيل، وعاملهما كما لو كانا هواءً.

Buck herrschte über alle Lebewesen auf Richter Millers Land.

كان باك يحكم كل الكائنات الحية على أرض القاضي ميلر.

Er herrschte über Tiere, Insekten, Vögel und sogar
Menschen

لقد حكم الحيوانات والحشرات والطيور وحتى البشر.

Bucks Vater Elmo war ein großer und treuer Bernhardiner
gewesen.

كان والد باك إلمو كلبًا كبيرًا من نوع سانت برنارد ومخلصًا.

Elmo wich dem Richter nie von der Seite und diente ihm
treu.

لم يترك إلمو جانب القاضي أبدًا، وخدمه بإخلاص.

Buck schien bereit, dem edlen Beispiel seines Vaters zu
folgen.

وبدا باك مستعدًا لاتباع مثال والده النبيل.

Buck war nicht ganz so groß und wog hundertvierzig Pfund.

لم يكن باك كبيرًا تمامًا، إذ كان وزنه مائة وأربعين رطلاً.

Seine Mutter Shep war eine schöne schottische
Schäferhündin gewesen.

كانت والدته، شيب، كلبة راعية اسكتلندية رائعة.

Aber selbst mit diesem Gewicht hatte Buck eine königliche
Ausstrahlung.

ولكن حتى مع هذا الوزن، كان باك يمشي بحضور ملكي.

Dies kam vom guten Essen und dem Respekt, der ihm
immer entgegengebracht wurde.

جاء هذا من خلال الطعام الجيد والاحترام الذي كان يحظى به دائمًا.

Vier Jahre lang hatte Buck wie ein verwöhnter Adliger
gelebt.

لقد عاش باك لمدة أربع سنوات مثل النبيل المدلل.

Er war stolz auf sich und sogar ein wenig egoistisch.

لقد كان فخوراً بنفسه، وحتى أنانياً بعض الشيء.

Diese Art von Stolz war bei den Herren abgelegener
Landstriche weit verbreitet.

كان هذا النوع من الفخر شائعًا بين أمراء المناطق النائية.

Doch Buck hat es vermieden, ein verwöhnter Haushund zu
werden.

لكن باك أنقذ نفسه من أن يصبح كلبًا مدللًا في المنزل.

Durch die Jagd und das Training blieb er schlank und stark.

لقد ظل نحيفًا وقويًا من خلال الصيد وممارسة الرياضة.

Er liebte Wasser zutiefst, wie Menschen, die in kalten Seen baden.

كان يحب الماء بشدة، مثل الأشخاص الذين يستحمون في البحيرات الباردة.

Diese Liebe zum Wasser hielt Buck stark und sehr gesund.

لقد ساعد هذا الحب للماء باك على البقاء قويًا وصحيًا للغاية.

Dies war der Hund, zu dem Buck im Herbst 1897 geworden war.

كان هذا هو الكلب الذي أصبح عليه باك في خريف عام 1897-

Als der Klondike-Angriff die Menschen in den eisigen Norden trieb.

عندما دفعت ضربة كلوندايك الرجال إلى الشمال المتجمد.

Menschen aus aller Welt strömten in das kalte Land.

هرع الناس من جميع أنحاء العالم إلى الأرض الباردة.

Buck las jedoch weder die Zeitungen noch verstand er Nachrichten.

لكن باك لم يقرأ الصحف ولم يفهم الأخبار-

Er wusste nicht, dass es nicht gut war, Zeit mit Manuel zu verbringen.

لم يكن يعلم أن مانويل رجل سيء للتعامل معه.

Manuel, der im Garten half, hatte ein großes Problem.

مانويل، الذي كان يساعد في الحديقة، كان يعاني من مشكلة عميقة.

Manuel war spielsüchtig nach der chinesischen Lotterie.

كان مانويل مدمنًا على القمار في اليانصيب الصيني-

Er glaubte auch fest an ein festes System zum Gewinnen.

وكان يؤمن أيضًا بشدة بوجود نظام ثابت للفوز-

Dieser Glaube machte sein Scheitern sicher und unvermeidlich.

وهذا الاعتقاد جعل فشله مؤكدا ولا مفر منه.

Um ein System zu spielen, braucht man Geld, und das fehlte Manuel.

يتطلب اللعب بنظام ما المال، وهو ما كان يفتقر إليه مانويل.

Sein Gehalt reichte kaum zum Überleben seiner Frau und seiner vielen Kinder.

كان راتبه بالكاد يكفي زوجته وأطفاله الكثيرين-

In der Nacht, in der Manuel Buck verriet, war alles normal.

في الليلة التي خان فيها مانويل باك، كانت الأمور طبيعية.

Der Richter war bei einem Treffen der
Rosinenanbauervereinigung.

وكان القاضي حاضرا في اجتماع جمعية مزارعي الزبيب.

Die Söhne des Richters waren damals damit beschäftigt,
einen Sportverein zu gründen.

وكان أبناء القاضي منشغلين آنذاك بتأسيس نادي رياضي.

Niemand sah, wie Manuel und Buck durch den Obstgarten
gingen.

لم يشاهد أحد مانويل وبوك يغادران البستان.

Buck dachte, dieser Spaziergang sei nur ein einfacher
nächtlicher Spaziergang.

اعتقد باك أن هذه الرحلة كانت مجرد نزهة ليلية بسيطة.

Sie trafen nur einen Mann an der Flaggenstation im College
Park.

لقد التقوا برجل واحد فقط في محطة العلم، في كوليدج بارك.

Dieser Mann sprach mit Manuel und sie tauschten Geld aus.

وتحدث ذلك الرجل مع مانويل، وتبادلا الأموال.

„Verpacken Sie die Waren, bevor Sie sie ausliefern", schlug
er vor

"قم بتغليف البضائع قبل تسليمها"، اقترح.

Die Stimme des Mannes war rau und ungeduldig, als er
sprach.

كان صوت الرجل خشنًا وغير صبور أثناء حديثه.

Manuel band Buck vorsichtig ein dickes Seil um den Hals.

قام مانويل بربط حبل سميك حول رقبة باك بعناية.

„Verdreh das Seil, und du wirst ihn gründlich erwürgen"

"لف الحبل، وسوف تخنقه كثيرًا"

Der Fremde gab ein Grunzen von sich und zeigte damit,
dass er gut verstanden hatte.

أطلق الغريب أنينًا، مما يدل على أنه فهم جيدًا.

Buck nahm das Seil an diesem Tag mit ruhiger und stiller
Würde an.

لقد تقبل باك الحبل بهدوء وكرامة في ذلك اليوم.

Es war eine ungewöhnliche Tat, aber Buck vertraute den
Männern, die er kannte.

لقد كان هذا تصرفًا غير عادي، لكن باك كان يثق بالرجال الذين يعرفهم.

Er glaubte, dass ihre Weisheit weit über sein eigenes
Denken hinausging.

كان يعتقد أن حكمتهم كانت أبعد بكثير من تفكيره.

Doch dann wurde das Seil in die Hände des Fremden
gegeben

ولكن بعد ذلك تم تسليم الحبل إلى يد الغريب.

Buck stieß ein leises, warnendes und zugleich bedrohliches
Knurren aus.

أطلق باك هديرًا منخفضًا حذر من خلال التهديد الهادئ.

Er war stolz und gebieterisch und wollte seinen Unmut zum
Ausdruck bringen.

لقد كان فخوراً ومتسلطاً، وكان ينوي أن يُظهر استياءه.

Buck glaubte, seine Warnung würde als Befehl verstanden
werden.

اعتقد باك أن تحذيره سوف يُفهم على أنه أمر.

Zu seinem Entsetzen zog sich das Seil schnell um seinen
dicken Hals zusammen.

لقد صدم عندما شدّ الحبل بسرعة حول رقبته السميكة.

Ihm blieb die Luft weg und er begann in plötzlicher Wut zu
kämpfen.

انقطع عنه الهواء وبدأ بالقتال في غضب مفاجئ.

Er sprang auf den Mann zu, der Buck schnell mitten in der
Luft traf.

اندفع نحو الرجل، الذي التقى بسرعة بباك في الهواء.

Der Mann packte Buck am Hals und drehte ihn geschickt in
der Luft.

أمسك الرجل بحلق باك وقام بلفه في الهواء بمهارة.

Buck wurde hart zu Boden geworfen und landete flach auf
dem Rücken.

تم إلقاء باك بقوة، وهبط على ظهره.

Das Seil würgte ihn nun grausam, während er wild um sich
trat.

الآن خنقه الحبل بقسوة بينما كان يركل بعنف.

Seine Zunge fiel heraus, seine Brust hob und senkte sich,
doch er bekam keine Luft.

سقط لسانه، وارتفع صدره، لكنه لم يلتقط أنفاسه.

Noch nie in seinem Leben war er mit solcher Gewalt
behandelt worden.

لم يتم التعامل معه بمثل هذا العنف في حياته.

Auch war er noch nie zuvor von solch tiefer Wut erfüllt
gewesen.

ولم يسبق له أن امتلأ بمثل هذا الغضب العميق من قبل.

Doch Bucks Kraft schwand und seine Augen wurden glasig.

لكن قوة باك تلاشت، وتحولت عيناه إلى زجاجيتين.

Er wurde ohnmächtig, als in der Nähe ein Zug angehalten
wurde.

لقد أغمي عليه عندما تم إيقاف القطار بالقرب منه.

Dann warfen ihn die beiden Männer schnell in den
Gepäckwagen.

ثم ألقاه الرجلان بسرعة في عربة الأمتعة.

Das nächste, was Buck spürte, war ein Schmerz in seiner
geschwollenen Zunge.

الشيء التالي الذي شعر به باك هو الألم في لسانه المتورم.

Er bewegte sich in einem wackelnden Wagen und war nur
schwach bei Bewusstsein.

كان يتحرك في عربة تهتز، ولم يكن واعيًا إلا بشكل خافت.

Das schrille Pfeifen eines Zuges verriet Buck seinen
Standort.

أخبر صراخ صافرة القطار الحاد باك بمكانه.

Er war oft mit dem Richter mitgefahren und kannte das
Gefühl.

لقد ركب مع القاضي عدة مرات وكان يعرف هذا الشعور.

Es war der einzigartige Schock, wieder in einem
Gepäckwagen zu reisen.

لقد كانت الصدمة الفريدة من نوعها هي السفر في عربة الأمتعة مرة
أخرى.

Buck öffnete die Augen und sein Blick brannte vor Wut.

فتح باك عينيه، وكانت نظراته مليئة بالغضب.

Dies war der Zorn eines stolzen Königs, der vom Thron
gejagt wurde.

كان هذا غضب الملك الفخور الذي تم نزعه عن عرشه.

Ein Mann wollte ihn packen, doch stattdessen schlug Buck
zuerst zu.

حاول رجل أن يمسك به، لكن باك ضربه أولاً بدلاً من ذلك.

Er versenkte seine Zähne in der Hand des Mannes und hielt sie fest.

غرس أسنانه في يد الرجل وأمسك بها بقوة.

Er ließ nicht los, bis er ein zweites Mal ohnmächtig wurde.

لم يتركه حتى فقد وعيه للمرة الثانية.

„Ja, hat Anfälle", murmelte der Mann dem Gepäckträger zu.

نعم، يصاب بنوبات"، تمتم الرجل لحامل الأمتعة".

Der Gepäckträger hatte den Kampf gehört und war näher gekommen.

سمع حامل الأمتعة الصراع وجاء بالقرب.

„Ich bringe ihn für den Chef nach Frisco", erklärte der Mann.

سآخذه إلى فريسكو من أجل الرئيس"، أوضح الرجل.

„Dort gibt es einen tollen Hundearzt, der sagt, er könne sie heilen."

يوجد طبيب كلاب جيد هناك يقول أنه يستطيع علاجهم".

Später in der Nacht gab der Mann seinen eigenen ausführlichen Bericht ab.

وفي وقت لاحق من تلك الليلة، قدم الرجل روايته الكاملة.

Er sprach aus einem Schuppen hinter einem Saloon am Hafen.

كان يتحدث من سقيفة خلف صالون على الأرصفة.

„Ich habe nur fünfzig Dollar bekommen", beschwerte er sich beim Wirt.

كل ما أعطوني هو خمسون دولارًا"، اشتكى إلى صاحب الصالون.

„Ich würde es nicht noch einmal tun, nicht einmal für tausend Dollar in bar."

لن أفعل ذلك مرة أخرى، حتى ولو مقابل ألف نقدًا"".

Seine rechte Hand war fest in ein blutiges Tuch gewickelt.

كانت يده اليمنى ملفوفة بإحكام بقطعة قماش ملطخة بالدماء.

Sein Hosenbein war vom Knie bis zum Fuß weit aufgerissen.

كانت ساق بنطاله ممزقة على نطاق واسع من الركبة إلى القدم.

„Wie viel hat der andere Trottel verdient?", fragte der Wirt.

كم حصل صاحب الصالون على أجر؟ "سأل صاحب الصالون".

„Hundert", antwortete der Mann, „einen Cent weniger würde er nicht nehmen."

"مائة"، أجاب الرجل، "لن يقبل بسنتين أقل"۔

„Das macht hundertfünfzig", sagte der Kneipenmann.

هذا يعادل مائة وخمسين"، قال صاحب الصالون"۔

„Und er ist das alles wert, sonst bin ich nicht besser als ein Dummkopf."

وهو يستحق كل هذا العناء، وإلا فلن أكون أفضل من أحمق"۔"

Der Mann öffnete die Verpackung, um seine Hand zu untersuchen.

فتح الرجل الغلافات لفحص يده۔

Die Hand war stark zerrissen und mit getrocknetem Blut verkrustet.

كانت اليد ممزقة بشدة ومغطاة بالدماء الجافة۔

„Wenn ich keine Tollwut bekomme …", begann er zu sagen.

إذا لم أحصل على رهاب الماء"ـبدأ يقول "۔

„Das liegt wohl daran, dass du zum Hängen geboren wurdest", ertönte ein Lachen.

سيكون ذلك لأنك ولدت لتشنق"، جاء ضحك"۔

„Komm und hilf mir, bevor du gehst", wurde er gebeten.

تعال ساعدني قبل أن تذهب"، طلب منه"۔

Buck war von den Schmerzen in seiner Zunge und seinem Hals benommen.

كان باك في حالة ذهول من الألم في لسانه وحلقه۔

Er war halb erwürgt und konnte kaum noch aufrecht stehen.

لقد كان مخنوقًا جزئيًا، وبالكاد كان قادرًا على الوقوف منتصبًا۔

Dennoch versuchte Buck, den Männern gegenüberzutreten, die ihm so viel Leid zugefügt hatten.

ومع ذلك، حاول باك مواجهة الرجال الذين أذوه كثيرًا۔

Aber sie warfen ihn nieder und würgten ihn erneut.

لكنهم ألقوه أرضًا وخنقوه مرة أخرى۔

Erst dann konnten sie sein schweres Messinghalsband absägen.

حينها فقط استطاعوا أن يخلعوا طوقه النحاسي الثقيل۔

Sie entfernten das Seil und stießen ihn in eine Kiste.

قاموا بإزالة الحبل ووضعوه في صندوق۔

Die Kiste war klein und hatte die Form eines groben
Eisenkäfigs.

كان الصندوق صغيرًا وشكله يشبه قفصًا حديديًا خشنًا.

Buck lag die ganze Nacht dort, voller Zorn und verletztem
Stolz.

ظل باك ملقى هناك طوال الليل، ممتلئًا بالغضب والكبرياء الجريح.

Er konnte nicht einmal ansatzweise verstehen, was mit ihm
geschah.

لم يكن يستطيع أن يفهم ما كان يحدث له.

Warum hielten ihn diese fremden Männer in dieser kleinen
Kiste fest?

لماذا كان هؤلاء الرجال الغريبون يحتجزونه في هذا الصندوق الصغير؟

Was wollten sie von ihm und warum diese grausame
Gefangenschaft?

ماذا يريدون منه ولماذا هذا الأسر القاسي؟

Er spürte einen dunklen Druck, das Gefühl, dass das
Unglück näher rückte.

لقد شعر بضغط مظلم، وإحساس بالكارثة تقترب.

Es war eine vage Angst, die ihn jedoch schwer belastete.

لقد كان خوفًا غامضًا، لكنه استقر بشكل كبير على روحه.

Mehrmals sprang er auf, als die Schuppentür klapperte.

قفز عدة مرات عندما اهتز باب السقيفة.

Er erwartete, dass der Richter oder die Jungen erscheinen
und ihn retten würden.

كان يتوقع أن يظهر القاضي أو الأولاد وينقذوه.

Doch jedes Mal lugte nur das dicke Gesicht des Wirts
hinein.

لكن في كل مرة كان وجه صاحب الصالون السمين فقط هو الذي يظهر
إلى الداخل.

Das Gesicht des Mannes wurde vom schwachen Schein
einer Talgkerze erhellt.

كان وجه الرجل مضاءً بضوء خافت من شمعة الشحم.

Jedes Mal verwandelte sich Bucks freudiges Bellen in ein
leises, wütendes Knurren.

في كل مرة، كان نباح باك المبهج يتغير إلى هدير منخفض وغاضب.

Der Wirt ließ ihn für die Nacht allein in der Kiste zurück

تركه صاحب الصالون بمفرده طوال الليل في الصندوق

Aber als er am Morgen aufwachte, kamen noch mehr Männer.

ولكن عندما استيقظ في الصباح كان هناك المزيد من الرجال قادمين.

Vier Männer kamen und hoben die Kiste vorsichtig und wortlos auf.

جاء أربعة رجال وأخذوا الصندوق بحذر دون أن يقولوا كلمة.

Buck wusste sofort, in welcher Situation er sich befand.

أدرك باك على الفور الوضع الذي وجد نفسه فيه.

Sie waren weitere Peiniger, die er bekämpfen und fürchten musste.

وكانوا معذبين آخرين كان عليه أن يقاتلهم ويخاف منهم.

Diese Männer sahen böse, zerlumpt und sehr ungepflegt aus.

بدا هؤلاء الرجال أشرارًا، رثّين، ومهندمين للغاية.

Buck knurrte und stürzte sich wild durch die Gitterstäbe auf sie.

هدر باك وانقض عليهم بشراسة عبر القضبان.

Sie lachten nur und stießen mit langen Holzstöcken nach ihm.

لقد ضحكوا فقط وضربوه بالعصي الخشبية الطويلة.

Buck biss in die Stöcke, dann wurde ihm klar, dass es das war, was ihnen gefiel.

عض باك العصي، ثم أدرك أن هذا هو ما يحبونه.

Also legte er sich ruhig hin, mürrisch und vor stiller Wut brennend.

لذلك استلقى بهدوء، متجهمًا ومشتعلًا بالغضب الهادئ.

Sie hoben die Kiste auf einen Wagen und fuhren mit ihm weg.

رفعوا الصندوق إلى عربة وسافروا به.

Die Kiste mit Buck darin wechselte oft den Besitzer.

كان الصندوق، الذي كان باك محبوسًا بداخله، يتغير من يد إلى أخرى كثيرًا.

Express-Büroangestellte übernahmen die Leitung und kümmerten sich kurz um ihn.

تولى موظفو مكتب البريد السريع المسؤولية وتعاملوا معه لفترة وجيزة.

Dann transportierte ein anderer Wagen Buck durch die laute Stadt.

ثم حملت عربة أخرى باك عبر المدينة الصاخبة.

Ein Lastwagen brachte ihn mit Kisten und Paketen auf eine Fähre.

أخذته شاحنة مع الصناديق والطرود إلى عبارة.

Nach der Überquerung lud ihn der Lastwagen an einem Bahndepot ab.

بعد العبور، أنزلته الشاحنة في مستودع للسكك الحديدية.

Schließlich wurde Buck in einen wartenden Expresswagen gesetzt.

وأخيرًا، تم وضع باك داخل سيارة سريعة كانت في انتظاره.

Zwei Tage und Nächte lang zogen Züge den Schnellzug ab.

لمدة يومين وليلتين، سحبت القطارات عربة القطار بعيدًا.

Buck hat während der gesamten schmerzhaften Reise weder gegessen noch getrunken.

لم يأكل باك ولم يشرب طيلة الرحلة المؤلمة.

Als die Expressboten versuchten, sich ihm zu nähern, knurrte er.

وعندما حاول الرسل الوصول إليه، أطلق صوتا غاضبا.

Sie reagierten, indem sie ihn verspotteten und grausam hänselten.

فاستجابوا له بالسخرية والاستهزاء الشديد.

Buck warf sich schäumend und zitternd gegen die Gitterstäbe

ألقى باك نفسه على القضبان، وهو يرغي ويرتجف

Sie lachten laut und verspotteten ihn wie Schulhofschläger.

لقد ضحكوا بصوت عالي، وسخروا منه مثل المتنمرين في ساحة المدرسة.

Sie bellten wie falsche Hunde und wedelten mit den Armen.

لقد نبحوا مثل الكلاب المزيفة ولوحوا بأذرعهم.

Sie krähten sogar wie Hähne, nur um ihn noch mehr aufzuregen.

حتى أنهم صاحوا مثل الديكة فقط لإزعاجه أكثر.

Es war dummes Verhalten und Buck wusste, dass es lächerlich war.

لقد كان هذا سلوكًا أحمقًا، وكان باك يعلم أنه سخيف.

Doch das verstärkte seine Empörung und Scham nur noch.

ولكن هذا فقط زاد من شعوره بالغضب والعار.

Der Hunger plagte ihn während der Reise kaum.

لم يزعجه الجوع كثيرًا أثناء الرحلة.

Doch der Durst brachte starke Schmerzen und
unerträgliches Leiden mit sich.

لكن العطش جلب الألم الحاد والمعاناة التي لا تطاق.

Sein trockener, entzündeter Hals und seine Zunge brannten
vor Hitze.

كان حلقه ولسانه الجافان الملتهبان يحترقان من الحرارة.

Dieser Schmerz schürte das Fieber, das in seinem stolzen
Körper aufstieg.

لقد أدى هذا الألم إلى تغذية الحمى المتصاعدة داخل جسده الفخور.

Buck war während dieses Prozesses für eine einzige Sache
dankbar.

كان باك شاكراً لشيء واحد فقط خلال هذه المحنة.

Das Seil um seinen dicken Hals war entfernt worden.

لقد تم إزالة الحبل من حول رقبته السميكة.

Das Seil hatte diesen Männern einen unfairen und
grausamen Vorteil verschafft.

لقد أعطى الحبل لهؤلاء الرجال ميزة غير عادلة وقاسية.

Jetzt war das Seil weg und Buck schwor, dass es nie wieder
zurückkommen würde.

والآن ذهب الحبل، وأقسم باك أنه لن يعود أبدًا.

Er beschloss, sich nie wieder ein Seil um den Hals legen zu
lassen.

لقد قرر أن لا يلف الحبل حول رقبته مرة أخرى.

Zwei lange Tage und Nächte litt er ohne Essen.

لمدة يومين وليلتين طويلتين، عانى من عدم تناول الطعام.

Und in diesen Stunden baute sich in ihm eine enorme Wut
auf.

وفي تلك الساعات، تراكم غضب هائل في داخله.

Seine Augen wurden vor ständiger Wut blutunterlaufen und
wild.

تحولت عيناه إلى اللون الأحمر والأحمر بسبب الغضب المستمر.

Er war nicht mehr Buck, sondern ein Dämon mit
schnappenden Kiefern.

لم يعد باك، بل أصبح شيطانًا ذو فكين متقطعين.

Nicht einmal der Richter hätte dieses verrückte Wesen erkannt.

حتى القاضي لن يعرف هذا المخلوق المجنون.

Die Expressboten atmeten erleichtert auf, als sie Seattle erreichten

تنهد الرسل السريعون بارتياح عندما وصلوا إلى سياتل

Vier Männer hoben die Kiste hoch und brachten sie in einen Hinterhof.

قام أربعة رجال برفع الصندوق وحملوه إلى الفناء الخلفي.

Der Hof war klein und von hohen, massiven Mauern umgeben.

كانت الساحة صغيرة، محاطة بأسوار عالية ومتينة.

Ein großer Mann in einem ausgeleierten roten Pullover kam heraus.

خرج رجل كبير يرتدي قميصًا أحمر مترهلًا.

Mit dicker, kühner Handschrift unterschrieb er das Lieferbuch.

وقّع على دفتر التسليم بخط سميك وجريء.

Buck spürte sofort, dass dieser Mann sein nächster Peiniger war.

أحس باك على الفور أن هذا الرجل سيكون معذبه التالي.

Er stürzte sich heftig auf die Gitterstäbe, die Augen rot vor Wut.

انقض بعنف على القضبان، وكانت عيناه حمراء من الغضب.

Der Mann lächelte nur finster und holte ein Beil.

ابتسم الرجل ابتسامة سوداء وذهب ليحضر فأسًا.

Er brachte auch eine Keule in seiner dicken und starken rechten Hand mit.

كما أحضر معه هراوة في يده اليمنى السميكة والقوية.

„Wollen Sie ihn jetzt rausholen?", fragte der Fahrer besorgt.

هل ستخرج به الآن؟ "سأل السائق بقلق".

„Sicher", sagte der Mann und rammte das Beil als Hebel in die Kiste.

بالتأكيد، "قال الرجل وهو يدفع الفأس في الصندوق كرافعة".

Die vier Männer stoben sofort auseinander und sprangen auf die Hofmauer.

تفرق الرجال الأربعة على الفور، وقفزوا على جدار الفناء.

Von ihren sicheren Plätzen oben warteten sie, um das Spektakel zu beobachten.

ومن أماكنهم الآمنة في الأعلى، انتظروا لمشاهدة هذا المنظر.

Buck stürzte sich auf das zersplitterte Holz, biss und zitterte heftig.

انقض باك على الخشب المكسور، يعض ويهتز بشدة.

Jedes Mal, wenn die Axt den Käfig traf, war Buck da, um ihn anzugreifen.

في كل مرة ضربت فيها الفأس القفص، كان باك هناك لمهاجمته.

Er knurrte und schnappte vor wilder Wut und wollte unbedingt freigelassen werden.

لقد هدّر وأطلق العنان لغضبه الشديد، راغبًا في التحرر.

Der Mann draußen war ruhig und gelassen und konzentrierte sich auf seine Aufgabe.

كان الرجل بالخارج هادئًا وثابتًا، يركز على مهمته.

„Also gut, du rotäugiger Teufel", sagte er, als das Loch groß war.

حسنًا، أيها الشيطان ذو العيون الحمراء"، قال ذلك عندما أصبح الثقب "
كبيرًا.

Er ließ das Beil fallen und nahm die Keule in die rechte Hand.

ألقى الفأس وأخذ النادي بيده اليمنى.

Buck sah wirklich aus wie ein Teufel; seine Augen blutunterlaufen und lodernd.

لقد بدا باك حقا مثل الشيطان؛ عيناه حمراء ومشتعلة.

Sein Fell sträubte sich, Schaum stand ihm vor dem Mund, seine Augen funkelten.

كان معطفه منتفخًا، وكانت الرغوة تزبد على فمه، وكانت عيناه تلمعان.

Er spannte seine Muskeln an und sprang direkt auf den roten Pullover zu.

لقد جمع عضلاته وقفز مباشرة نحو السترة الحمراء.

Hundertvierzig Pfund Wut prasselten auf den ruhigen Mann zu.

مائة وأربعون رطلاً من الغضب طارت نحو الرجل الهادئ.

Kurz bevor er die Zähne zusammenbiss, traf ihn ein schrecklicher Schlag.

قبل أن يغلق فكيه، ضربته ضربة رهيبة.

Seine Zähne schnappten zusammen, nur Luft war im Spiel.

اصطدمت أسنانه ببعضها البعض على الهواء فقط

ein Schmerz durchfuhr seinen Körper

تردد صدى الألم في جسده

Er machte einen Überschlag in der Luft und stürzte auf dem Rücken und der Seite zu Boden.

انقلب في الهواء وسقط على ظهره وجانبه.

Er hatte noch nie zuvor einen Knüppelschlag gespürt und konnte ihn nicht begreifen.

لم يسبق له أن شعر بضربة مضرب ولم يستطع استيعابها.

Mit einem kreischenden Knurren, das teils Bellen, teils Schreien war, sprang er erneut.

مع صرخة قوية، جزء منها نباح، وجزء منها صراخ، قفز مرة أخرى.

Ein weiterer brutaler Schlag traf ihn und schleuderte ihn zu Boden.

ضربة وحشية أخرى أصابته وألقته على الأرض.

Diesmal verstand Buck – es war die schwere Keule des Mannes.

هذه المرة فهم باك - كانت هذه هي الهراوة الثقيلة التي يحملها الرجل.

Doch die Wut machte ihn blind, und an einen Rückzug dachte er nicht.

لكن الغضب أعماه، ولم يفكر في التراجع.

Zwölfmal stürzte er sich in die Luft, und zwölfmal fiel er.

لقد ألقى بنفسه اثنتي عشرة مرة، وسقط اثنتي عشرة مرة.

Der Holzknüppel traf ihn jedes Mal mit unbarmherziger, vernichtender Kraft.

كانت الهراوة الخشبية تضربه في كل مرة بقوة ساحقة لا هوادة فيها.

Nach einem heftigen Schlag kam er benommen und langsam wieder auf die Beine.

وبعد ضربة عنيفة واحدة، تعثر على قدميه، مذهولاً وبطيئًا.

Blut lief aus seinem Mund, seiner Nase und sogar seinen Ohren.

كان الدم يسيل من فمه، ومن أنفه، وحتى من أذنيه.

Sein einst so schönes Fell war mit blutigem Schaum verschmiert.

كان معطفه الجميل في السابق ملطخًا برغوة دموية.

Dann trat der Mann vor und versetzte ihm einen heftigen
Schlag auf die Nase.

ثم تقدم الرجل وضرب ضربة شريرة على الأنف.

Die Qualen waren schlimmer als alles, was Buck je gespürt
hatte.

كان الألم أشد من أي شيء شعر به باك على الإطلاق.

Mit einem Brüllen, das eher an ein Tier als an einen Hund
erinnerte, sprang er erneut zum Angriff.

مع زئير أكثر وحشية من الكلب، قفز مرة أخرى للهجوم.

Doch der Mann packte seinen Unterkiefer und drehte ihn
nach hinten.

لكن الرجل أمسك بفكه السفلي وأداره إلى الخلف.

Buck überschlug sich kopfüber und stürzte erneut hart auf
den Boden.

انقلب باك على رأسه فوق الكعب، وسقط بقوة مرة أخرى.

Ein letztes Mal stürmte Buck auf ihn zu, jetzt konnte er
kaum noch stehen.

في المرة الأخيرة، انقض عليه باك، وهو الآن بالكاد قادر على الوقوف.

Der Mann schlug mit perfektem Timing zu und versetzte
den letzten Schlag.

لقد ضرب الرجل بمهارة عالية، ووجه الضربة النهائية.

Buck brach bewusstlos und regungslos zusammen.

انهار باك في كومة، فاقدًا للوعي وغير قادر على الحركة.

„Er ist kein Stümper im Hundezähmen, das sage ich", rief
ein Mann.

إنه ليس سيئًا في تدريب الكلاب، هذا ما أقوله"، صرخ أحد الرجال".

„Druther kann den Willen eines Hundes an jedem Tag der
Woche brechen."

يستطيع درثر أن يكسر إرادة كلب الصيد في أي يوم من أيام الأسبوع"."-

„Und zweimal an einem Sonntag!", fügte der Fahrer hinzu.

ومرتين يوم الأحد".أضاف السائق ".-

Er stieg in den Wagen und ließ die Zügel knacken, um
loszufahren.

صعد إلى العربة وفتح اللجام ليغادر.

Buck erlangte langsam die Kontrolle über sein Bewusstsein
zurück

استعاد باك السيطرة على وعيه ببطء

aber sein Körper war noch zu schwach und gebrochen, um
sich zu bewegen.

لكن جسده كان لا يزال ضعيفًا جدًا ومكسورًا لدرجة أنه لم يتمكن من
الحركة.

Er blieb liegen, wo er hingefallen war, und beobachtete den
Mann im roten Pullover.

كان مستلقيًا حيث سقط، وهو يراقب الرجل ذو السترة الحمراء.

„Er hört auf den Namen Buck", sagte der Mann und las laut
vor.

إنه يجيب على اسم باك"، قال الرجل وهو يقرأ بصوت عالٍ.

Er zitierte aus der Notiz und den Einzelheiten, die mit Bucks
Kiste geschickt wurden.

واقتبس من المذكرة المرسلة مع صندوق باك والتفاصيل.

„Also, Buck, mein Junge", fuhr der Mann freundlich fort,

حسنًا، باك، يا بني، "تابع الرجل بنبرة ودية"،

„Wir hatten unseren kleinen Streit, und jetzt ist es zwischen
uns vorbei."

لقد كان لدينا قتالنا الصغير، والآن انتهى الأمر بيننا"ـ

„Sie haben Ihren Platz kennengelernt und ich habe meinen
kennengelernt", fügte er hinzu.

لقد تعلمت مكانك، وتعلمت مكاني"، أضاف.

„Sei brav, dann wird alles gut und das Leben wird
angenehm sein."

كن جيدًا، وسوف يكون كل شيء على ما يرام، وستكون الحياة ممتعة".ـ

„Aber wenn du böse bist, schlage ich dir die Seele aus dem
Leib, verstanden?"

"لكن كن سيئًا، وسأضربك حتى الموت، هل فهمت؟"

Während er sprach, streckte er die Hand aus und tätschelte
Bucks schmerzenden Kopf.

وبينما كان يتحدث، مد يده وربّت على رأس باك المؤلم.

Bucks Haare stellten sich bei der Berührung des Mannes
auf, aber er wehrte sich nicht.

ارتفع شعر باك عند لمسة الرجل، لكنه لم يقاوم.

Der Mann brachte ihm Wasser, das Buck in großen
Schlucken trank.

أحضر الرجل له الماء، فشربه باك في دفعات كبيرة.

Dann kam rohes Fleisch, das Buck Stück für Stück
verschlang.

ثم جاء اللحم النيء، الذي التهمه باك قطعة قطعة.

Er wusste, dass er geschlagen war, aber er wusste auch, dass
er nicht gebrochen war.

لقد عرف أنه تعرض للضرب، لكنه عرف أيضًا أنه لم ينكسر.

Gegen einen mit einer Keule bewaffneten Mann hatte er
keine Chance.

لم تكن لديه أي فرصة ضد رجل مسلح بهراوة.

Er hatte die Wahrheit erfahren und diese Lektion nie
vergessen.

لقد تعلم الحقيقة، ولم ينس هذا الدرس أبدًا.

Diese Waffe war der Beginn des Gesetzes in Bucks neuer
Welt.

كان هذا السلاح بمثابة بداية القانون في عالم باك الجديد.

Es war der Beginn einer harten, primitiven Ordnung, die er
nicht leugnen konnte.

لقد كانت بداية نظام قاسٍ وبدائي لا يستطيع إنكاره.

Er akzeptierte die Wahrheit; seine wilden Instinkte waren
nun erwacht.

لقد تقبل الحقيقة، وأصبحت غرائزه الجامحة مستيقظة الآن.

Die Welt war härter geworden, aber Buck stellte sich ihr
tapfer.

لقد أصبح العالم أكثر قسوة، لكن باك واجهه بشجاعة.

Er begegnete dem Leben mit neuer Vorsicht, List und stiller
Stärke.

لقد واجه الحياة بحذر جديد، ومكر، وقوة هادئة.

Weitere Hunde kamen an, an Seilen oder in Kisten
festgebunden, so wie Buck.

وصل المزيد من الكلاب، مربوطة بالحبال أو الصناديق مثلما كان باك.

Einige Hunde kamen ruhig, andere tobten und kämpften
wie wilde Tiere.

بعض الكلاب جاءت بهدوء، والبعض الآخر ثار وقاتل مثل الوحوش
البرية.

Sie alle wurden der Herrschaft des Mannes im roten
Pullover unterworfen.

لقد أصبحوا جميعهم تحت حكم الرجل ذو السترة الحمراء.

Jedes Mal sah Buck zu und sah, wie sich ihm die gleiche
Lektion erschloss.

في كل مرة، كان باك يراقب ويرى نفس الدرس يتكشف.

Der Mann mit der Keule war das Gesetz, ein Herr, dem man
gehorchen musste.

كان الرجل الذي يحمل النادي هو القانون، وهو سيد يجب طاعته.

Er musste nicht gemocht werden, aber man musste ihm
gehorchen.

لم يكن بحاجة إلى أن يكون محبوبًا، لكن كان لا بد من طاعته.

Buck schmeichelte oder wedelte nie mit dem Schwanz, wie
es die schwächeren Hunde taten.

لم يتملق باك أو يهز جسده أبدًا كما تفعل الكلاب الأضعف.

Er sah Hunde, die geschlagen wurden und trotzdem die
Hand des Mannes leckten.

فرأى الكلاب مضروبة ولا تزال تلعق يد الرجل.

Er sah einen Hund, der überhaupt nicht gehorchte oder sich
unterwarf.

لقد رأى كلبًا واحدًا لا يطيع ولا يخضع على الإطلاق.

Dieser Hund kämpfte, bis er im Kampf um die Kontrolle
getötet wurde.

لقد حارب هذا الكلب حتى قُتل في معركة السيطرة.

Manchmal kamen Fremde, um den Mann im roten Pullover
zu sehen.

في بعض الأحيان كان يأتي الغرباء لرؤية الرجل ذو السترة الحمراء.

Sie sprachen in seltsamem Ton, flehten, feilschten und
lachten.

لقد تحدثوا بنبرة غريبة، متوسلين، ومساومين، وضاحكين.

Als das Geld ausgetauscht wurde, gingen sie mit einem oder
mehreren Hunden.

وعندما تم تبادل الأموال، غادروا مع كلب واحد أو أكثر.

Buck fragte sich, wohin diese Hunde gingen, denn keiner
kam jemals zurück.

وتساءل باك عن المكان الذي ذهبت إليه هذه الكلاب، لأنه لم يعد أي منها
أبدًا.

Angst vor dem Unbekannten erfüllte Buck jedes Mal, wenn
ein fremder Mann kam

كان الخوف من المجهول يملأ باك في كل مرة يأتي فيها رجل غريب

Er war jedes Mal froh, wenn ein anderer Hund mitgenommen wurde und nicht er selbst.

كان سعيدًا في كل مرة يتم فيها أخذ كلب آخر ، بدلاً من نفسه.

Doch schließlich kam Buck an die Reihe, als ein fremder Mann eintraf.

ولكن في النهاية جاء دور باك مع وصول رجل غريب.

Er war klein, drahtig und sprach gebrochenes Englisch und fluchte.

كان قصيرًا، نحيلًا، ويتحدث الإنجليزية المكسورة ويلعن.

„Heilig!", schrie er, als er Bucks Gestalt erblickte.

"يا إلهي".صرخ عندما رأى جسد باك.

„Das ist aber ein verdammter Rüpel! Wie viel?", fragte er laut.

يا له من كلبٍ شرس".هاه؟ كم ثمنه؟ "سأل بصوتٍ عالٍ.

„Dreihundert, und für diesen Preis ist er ein Geschenk."

"ثلاثمائة، وهو هدية بهذا السعر"

„Da es sich um staatliche Gelder handelt, sollten Sie sich nicht beschweren, Perrault."

"بما أن هذه أموال حكومية، فلا ينبغي لك أن تشتكي، بيرولت".

Perrault grinste über den Deal, den er gerade mit dem Mann gemacht hatte.

ابتسم بيرولت بسبب الصفقة التي أبرمها للتو مع الرجل.

Aufgrund der plötzlichen Nachfrage waren die Preise für Hunde in die Höhe geschossen.

ارتفعت أسعار الكلاب بسبب الطلب المفاجئ.

Dreihundert Dollar waren für so ein tolles Tier nicht unfair.

ثلاثمائة دولار لم تكن مبلغًا غير عادل بالنسبة لحيوان جميل كهذا.

Die kanadische Regierung würde bei dem Abkommen nichts verlieren

لن تخسر الحكومة الكندية أي شيء في هذه الصفقة

Auch ihre offiziellen Depeschen würden während des Transports nicht verzögert.

ولن تتأخر إرسالياتهم الرسمية أثناء النقل.

Perrault kannte sich gut mit Hunden aus und erkannte, dass Buck etwas Seltenes war.

كان بيرولت يعرف الكلاب جيدًا، وكان بإمكانه أن يرى أن باك كان شيئًا نادرًا.

„Einer von zehntausend", dachte er, als er Bucks Körperbau
betrachtete.

واحد من عشرة آلاف، "فكر، بينما كان يدرس بنية باك"ـ

Buck sah, wie das Geld den Besitzer wechselte, zeigte sich
jedoch nicht überrascht.

رأى باك أن الأموال تنتقل من يد إلى أخرى، لكنه لم يظهر أي مفاجأةـ

Bald wurden er und Curly, ein sanfter Neufundländer,
weggeführt.

وبعد قليل تم اقتياده هو وكيرلي، وهو كلب نيوفاوندلاند لطيف، بعيدًاـ

Sie folgten dem kleinen Mann aus dem Hof des roten
Pullovers.

لقد تبعوا الرجل الصغير من ساحة السترة الحمراءـ

Das war das letzte Mal, dass Buck den Mann mit der
Holzkeule sah.

كانت تلك آخر مرة رأى فيها باك الرجل الذي يحمل الهراوة الخشبيةـ

Vom Deck der Narwhal aus beobachtete er, wie Seattle in
der Ferne verschwand.

من سطح السفينة النروال ، شاهد سياتل تتلاشى في المسافةـ

Es war auch das letzte Mal, dass er das warme Südland sah.

وكانت هذه أيضًا المرة الأخيرة التي رأى فيها منطقة الجنوب الدافئةـ

Perrault brachte sie unter Deck und ließ sie bei François
zurück.

أخذهم بيرولت إلى أسفل سطح السفينة، وتركهم مع فرانسواـ

François war ein Riese mit schwarzem Gesicht und rauen,
schwieligen Händen.

كان فرانسوا عملاقًا أسود الوجه وذو يدين خشنتين ومتصلبتينـ

Er war dunkelhäutig und hatte eine dunkle Hautfarbe, ein
französisch-kanadischer Mischling.

كان داكن البشرة وبشرته سمراء، وهو من أصول مختلطة فرنسية كنديةـ

Für Buck waren diese Männer von einer Art, die er noch nie
zuvor gesehen hatte.

بالنسبة لباك، هؤلاء الرجال كانوا من النوع الذي لم يره من قبلـ

Er würde in den kommenden Tagen viele solcher Männer
kennenlernen.

وسوف يتعرف على العديد من هؤلاء الرجال في الأيام القادمةـ

Er konnte sie zwar nicht lieb gewinnen, aber er begann, sie
zu respektieren.

لم يكن يحبهم، لكنه أصبح يحترمهم.

Sie waren fair und weise und ließen sich von keinem Hund
so leicht täuschen.

لقد كانوا عادلين وحكماء، ولم يخدعهم أي كلب بسهولة.

Sie beurteilten Hunde ruhig und bestraften sie nur, wenn es
angebracht war.

لقد حكموا على الكلاب بهدوء، وعاقبوها فقط عندما تستحق العقاب.

Im Unterdeck der Narwhal trafen Buck und Curly zwei
Hunde.

في الطابق السفلي من سفينة النروال ، التقى باكو كيرلي بكلبين.

Einer war ein großer weißer Hund aus dem fernen, eisigen
Spitzbergen.

كان أحدهما كلبًا أبيضًا كبيرًا من مكان بعيد، من جزيرة سفالبارد الجليدية.

Er war einmal mit einem Walfänger gesegelt und hatte sich
einer Erkundungsgruppe angeschlossen.

لقد أبحر ذات مرة مع سفينة صيد الحيتان وانضم إلى مجموعة مسح.

Er war auf eine schlaue, hinterhältige und listige Art
freundlich.

لقد كان ودودًا بطريقة ماكرة ومخادعة وماكرة.

Bei ihrer ersten Mahlzeit stahl er ein Stück Fleisch aus
Bucks Pfanne.

في وجبتهم الأولى، سرق قطعة لحم من مقلاة باك.

Buck sprang, um ihn zu bestrafen, aber François' Peitsche
schlug zuerst zu.

قفز باك لمعاقبته، لكن سوط فرانسوا ضربه أولاً.

Der weiße Dieb schrie auf und Buck holte sich den
gestohlenen Knochen zurück.

صرخ اللص الأبيض، واستعاد باك العظمة المسروقة.

Diese Fairness beeindruckte Buck und François verdiente
sich seinen Respekt.

لقد أثار هذا الإنصاف إعجاب باك، وكسب فرانسوا احترامه.

Der andere Hund grüßte nicht und wollte auch nichts
zurück.

أما الكلب الآخر فلم يقدم أي تحية، ولم يرغب في أي تحية في المقابل.

Er stahl weder Essen noch beschnüffelte er die
Neuankömmlinge interessiert.

لم يسرق الطعام، ولم ينظر إلى الوافدين الجدد باهتمام.

Dieser Hund war grimmig und ruhig, düster und bewegte sich langsam.

كان هذا الكلب متجهمًا وهادئًا، كئيبًا وبطيئ الحركة.

Er warnte Curly, sich fernzuhalten, indem er sie einfach anstarrte.

حذر كيرلي من الابتعاد عنها بمجرد التحديق فيها.

Seine Botschaft war klar: Lass mich in Ruhe, sonst gibt es Ärger.

كانت رسالته واضحة: اتركوني وحدي وإلا ستكون هناك مشكلة.

Er hieß Dave und nahm seine Umgebung kaum wahr.

كان اسمه ديف، وكان بالكاد يلاحظ ما يحيط به.

Er schlief oft, aß ruhig und gähnte ab und zu.

كان ينام كثيرًا، ويأكل بهدوء، ويتثاءب بين الحين والآخر.

Das Schiff summte ständig, während unten der Propeller schlug.

كانت السفينة تطن باستمرار بسبب نبض المروحة في الأسفل.

Die Tage vergingen, ohne dass sich viel änderte, aber das Wetter wurde kälter.

مرت الأيام دون تغيير يذكر، لكن الطقس أصبح أكثر برودة.

Buck spürte es in seinen Knochen und bemerkte, dass es den anderen genauso ging.

كان باك يشعر بذلك في عظامه، ولاحظ أن الآخرين فعلوا ذلك أيضًا.

Dann blieb eines Morgens der Propeller stehen und alles war still.

ثم في صباح أحد الأيام، توقفت المروحة وظل كل شيء ساكنًا.

Eine Energie durchströmte das Schiff; etwas hatte sich verändert.

انتشرت طاقة عبر السفينة؛ لقد تغير شيء ما.

François kam herunter, legte ihnen die Leinen an und brachte sie hoch.

نزل فرانسوا، وربطهم بالمقود، ورفعهم.

Buck stieg aus und fand den Boden weich, weiß und kalt.

خرج باك ليجد الأرض ناعمة، بيضاء، وباردة.

Er sprang erschrocken zurück und schnaubte völlig verwirrt.

قفز إلى الوراء في حالة من الذعر وشخر في ارتباك تام.

Seltsames weißes Zeug fiel vom grauen Himmel.

كانت هناك أشياء بيضاء غريبة تتساقط من السماء الرمادية.

Er schüttelte sich, aber die weißen Flocken landeten immer wieder auf ihm.

لقد هز نفسه، لكن الرقاقات البيضاء استمرت في الهبوط عليه.

Er roch vorsichtig an dem weißen Zeug und leckte an ein paar eisigen Stückchen.

استنشق المادة البيضاء بعناية ولعق بعض القطع الجليدية.

Das Pulver brannte wie Feuer und verschwand dann einfach von seiner Zunge.

أحرق المسحوق مثل النار، ثم اختفى مباشرة من على لسانه.

Buck versuchte es noch einmal und war verwirrt über die seltsame, verschwindende Kälte.

حاول باك مرة أخرى، في حيرة من البرودة المتلاشيه الغريبة.

Die Männer um ihn herum lachten und Buck war verlegen.

ضحك الرجال من حوله، وشعر باك بالحرج.

Er wusste nicht warum, aber er schämte sich für seine Reaktion.

لم يكن يعرف السبب، لكنه كان يخجل من رد فعله.

Es war seine erste Erfahrung mit Schnee und es verwirrte ihn.

لقد كانت هذه تجربته الأولى مع الثلج، وقد أربكته.

Das Gesetz von Keule und Fang
قانون النادي والناب

Bucks erster Tag am Strand von Dyea fühlte sich wie ein schrecklicher Albtraum an.

كان اليوم الأول لباك على شاطئ دايا أشبه بكابوس رهيب.

Jede Stunde brachte neue Schocks und unerwartete Veränderungen für Buck.

كل ساعة جلبت صدمات جديدة وتغييرات غير متوقعة لباك.

Er war aus der Zivilisation gerissen und ins wilde Chaos gestürzt worden.

لقد تم سحبه من الحضارة وإلقائه في حالة من الفوضى العارمة.

Dies war kein sonniges, faules Leben mit Langeweile und Ruhe.

لم تكن هذه حياة مشمسة وكسولة مليئة بالملل والراحة.

Es gab keinen Frieden, keine Ruhe und keinen Moment ohne Gefahr.

لم يكن هناك سلام، ولا راحة، ولا لحظة خالية من الخطر.

Überall herrschte Verwirrung und die Gefahr war immer in der Nähe.

كان الارتباك يسيطر على كل شيء، وكان الخطر دائمًا قريبًا.

Buck musste wachsam bleiben, denn diese Männer und Hunde waren anders.

كان على باك أن يبقى متيقظًا لأن هؤلاء الرجال والكلاب كانوا مختلفين.

Sie kamen nicht aus der Stadt, sie waren wild und gnadenlos.

لم يكونوا من المدن، بل كانوا متوحشين وبلا رحمة.

Diese Männer und Hunde kannten nur das Gesetz der Keule und der Reißzähne.

هؤلاء الرجال والكلاب لم يعرفوا إلا قانون الهراوة والأنياب.

Buck hatte noch nie Hunde so kämpfen sehen wie diese wilden Huskys.

لم يسبق لباك أن رأى كلابًا تقاتل مثل هذه الكلاب الهاسكي المتوحشة.

Seine erste Erfahrung lehrte ihn eine Lektion, die er nie vergessen würde.

لقد علمته تجربته الأولى درسًا لن ينساه أبدًا.

Er hatte Glück, dass er es nicht war, sonst wäre auch er gestorben.

لقد كان محظوظا أنه لم يكن هو، وإلا لكان قد مات أيضا.

Curly war derjenige, der litt, während Buck zusah und lernte.

كان كيرلي هو الشخص الذي عانى بينما كان باك يشاهد ويتعلم.

Sie hatten ihr Lager in der Nähe eines aus Baumstämmen gebauten Ladens aufgeschlagen.

لقد أقاموا مخيمًا بالقرب من متجر مبني من جذوع الأشجار.

Curly versuchte, einem großen, wolfsähnlichen Husky gegenüber freundlich zu sein.

حاول كيرلي أن يكون ودودًا مع كلب الهاسكي الكبير الذي يشبه الذئب.

Der Husky war kleiner als Curly, sah aber wild und böse aus.

كان الهاسكي أصغر من كيرلي، لكنه بدا متوحشًا وخبيثًا.

Ohne Vorwarnung sprang er auf und schlug ihr ins Gesicht.

بدون سابق إنذار، قفز وفتح وجهها.

Seine Zähne schnitten in einer Bewegung von ihrem Auge bis zu ihrem Kiefer.

قطعت أسنانه من عينها إلى فكها بحركة واحدة.

So kämpften Wölfe: Sie schlugen schnell zu und sprangen weg.

هكذا كانت الذئاب تقاتل ـ تضرب بسرعة وتقفز بعيدًا.

Aber es gab mehr zu lernen als nur diesen einen Angriff.

ولكن كان هناك المزيد لنتعلمه من ذلك الهجوم الواحد.

Dutzende Huskys stürmten herein und bildeten einen stillen Kreis.

اندفعت العشرات من كلاب الهاسكي وشكلوا دائرة صامتة.

Sie schauten aufmerksam zu und leckten sich hungrig die Lippen.

لقد راقبوا عن كثب ولحسوا شفاههم من الجوع.

Buck verstand weder ihr Schweigen noch ihre begierigen Blicke.

لم يفهم باك صمتهم أو عيونهم المتلهفة.

Curly stürzte sich ein zweites Mal auf den Husky, um ihn anzugreifen.

هرع كيرلي لمهاجمة الهاسكي للمرة الثانية.

Mit einer kräftigen Bewegung seiner Brust warf er sie um.

استخدم صدره ليطرحها أرضًا بحركة قوية.

Sie fiel auf die Seite und konnte nicht wieder aufstehen.

سقطت على جانبها ولم تتمكن من النهوض مرة أخرى.

Darauf hatten die anderen die ganze Zeit gewartet.

وهذا ما كان ينتظره الآخرون طوال الوقت.

Die Huskies sprangen sie an und jaulten und knurrten wie wild.

قفز عليها الهاسكي، وهم ينبحون ويزمجرون في حالة من الهياج.

Sie schrie, als sie unter einem Haufen Hunde begruben.

صرخت عندما دفنوها تحت كومة من الكلاب.

Der Angriff erfolgte so schnell, dass Buck vor Schreck erstarrte.

كان الهجوم سريعًا جدًا لدرجة أن باك تجمد في مكانه من الصدمة.

Er sah, wie Spitz die Zunge herausstreckte, als würde er lachen.

لقد رأى سبيتز يخرج لسانه بطريقة تبدو وكأنها ضحكة.

François schnappte sich eine Axt und rannte direkt in die Hundegruppe hinein.

أمسك فرانسوا بفأس وركض مباشرة نحو مجموعة الكلاب.

Drei weitere Männer halfen mit Knüppeln, die Huskies zu vertreiben.

ثلاثة رجال آخرين استخدموا الهراوات لمساعدتهم في ضرب الكلاب الهاسكي.

In nur zwei Minuten war der Kampf vorbei und die Hunde waren verschwunden.

في دقيقتين فقط، انتهى القتال واختفت الكلاب.

Curly lag tot im roten, zertrampelten Schnee, ihr Körper war zerfetzt.

كانت كيرلي ملقاة ميتة في الثلج الأحمر المدوس، وكان جسدها ممزقًا.

Ein dunkelhäutiger Mann stand über ihr und verfluchte die brutale Szene.

كان هناك رجل ذو بشرة داكنة يقف فوقها، وهو يلعن المشهد الوحشي.

Die Erinnerung blieb bei Buck und verfolgte ihn nachts in seinen Träumen.

ظلت الذكرى عالقة في ذهن باك وطاردته في أحلامه ليلاً.

So war es hier: keine Fairness, keine zweite Chance.

كانت هذه هي الطريقة هنا؛ لا عدالة، ولا فرصة ثانية.

Sobald ein Hund fiel, töteten die anderen ihn gnadenlos.

عندما يسقط كلب، فإن الآخرين سوف يقتلونه بلا رحمة.

Buck beschloss damals, dass er niemals zulassen würde, dass er fällt.

قرر باك حينها أنه لن يسمح لنفسه بالسقوط أبدًا.

Spitz streckte erneut die Zunge heraus und lachte über das Blut.

أخرج سبيتز لسانه مرة أخرى وضحك على الدم.

Von diesem Moment an hasste Buck Spitz aus vollem Herzen.

منذ تلك اللحظة، أصبح باك يكره سبيتز من كل قلبه.

Bevor Buck sich von Curlys Tod erholen konnte, passierte etwas Neues.

قبل أن يتمكن باك من التعافي من وفاة كيرلي، حدث شيء جديد.

François kam herüber und schnallte etwas um Bucks Körper.

جاء فرانسوا وربط شيئًا حول جسد باك.

Es war ein Geschirr wie das, das auf der Ranch für Pferde verwendet wurde.

كان عبارة عن حزام مثل الذي يستخدم على الخيول في المزرعة.

Buck hatte gesehen, wie Pferde arbeiteten, und nun musste auch er arbeiten.

كما رأى باك الخيول تعمل، فقد أُجبر الآن على العمل أيضًا.

Er musste François auf einem Schlitten in den nahegelegenen Wald ziehen.

كان عليه أن يسحب فرانسوا على مزلجة إلى الغابة القريبة.

Anschließend musste er eine Ladung schweres Brennholz zurückziehen.

ثم كان عليه أن يسحب حمولة من الحطب الثقيل.

Buck war stolz und deshalb tat es ihm weh, wie ein Arbeitstier behandelt zu werden.

كان باك فخوراً، لذلك كان يؤلمه أن يتم التعامل معه كحيوان عمل.

Aber er war klug und versuchte nicht, gegen die neue Situation anzukämpfen.

ولكنه كان حكيما ولم يحاول محاربة الوضع الجديد.

Er akzeptierte sein neues Leben und gab bei jeder Aufgabe sein Bestes.

تقبل حياته الجديدة وأعطى أفضل ما لديه في كل مهمة.

Alles an der Arbeit war ihm fremd und ungewohnt.

كان كل شيء في العمل غريبًا وغير مألوف بالنسبة له.

François war streng und verlangte unverzüglichen Gehorsam.

كان فرانسوا صارمًا ويطالب بالطاعة دون تأخير.

Seine Peitsche sorgte dafür, dass jeder Befehl sofort befolgt wurde.

كان سوطه يضمن تنفيذ كل الأوامر على الفور.

Dave war der Schlittenführer, der Hund, der dem Schlitten hinter Buck am nächsten war.

كان ديف هو سائق الزلاجة، وكان الكلب الأقرب إلى الزلاجة خلف باك.

Dave biss Buck in die Hinterbeine, wenn er einen Fehler machte.

ديف يعض باك على رجليه الخلفيتين إذا ارتكب خطأ.

Spitz war der Leithund und in dieser Rolle geschickt und erfahren.

كان سبيتز هو الكلب الرائد، وكان ماهرًا وذو خبرة في الدور.

Spitz konnte Buck nicht leicht erreichen, korrigierte ihn aber trotzdem.

لم يتمكن سبيتز من الوصول إلى باك بسهولة، لكنه مع ذلك قام بتصحيحه.

Er knurrte barsch oder zog den Schlitten auf eine Art, die Buck etwas beibrachte.

كان يزأر بشدة أو يسحب الزلاجة بطرق علمت باك.

Durch dieses Training lernte Buck schneller, als alle erwartet hatten.

بفضل هذا التدريب، تعلم باك أسرع مما توقعه أي منهم.

Er hat hart gearbeitet und sowohl von François als auch von den anderen Hunden gelernt.

لقد عمل بجد وتعلم من فرانسوا والكلاب الأخرى.

Als sie zurückkamen, kannte Buck die wichtigsten Befehle bereits.

بحلول الوقت الذي عادوا فيه، كان باك يعرف بالفعل الأوامر الرئيسية.

Von François hat er gelernt, beim Laut „ho" anzuhalten.

لقد تعلم التوقف عند صوت "هو "من فرانسوا.

Er lernte, wann er den Schlitten ziehen und rennen musste.

لقد تعلم عندما كان عليه سحب الزلاجة والركض.

Er lernte, in den Kurven des Weges ohne Probleme weit abzubiegen.

لقد تعلم كيفية الانعطاف بشكل واسع عند المنعطفات في الطريق دون مشكلة.

Er lernte auch, Dave auszuweichen, wenn der Schlitten schnell bergab fuhr.

وتعلم أيضًا كيفية تجنب ديف عندما تنحدر الزلاجة بسرعة.

„Das sind sehr gute Hunde", sagte François stolz zu Perrault.

إنهم كلاب جيدة جدًا"، قال فرانسوا بفخر لبيرولت".

„Dieser Buck zieht wie der Teufel – ich bringe ihm das so schnell bei, wie ich nur kann."

هذا باك يسحب مثل الجحيم ـ أعلمه بسرعة مثل أي شيء"."

Später am Tag kam Perrault mit zwei weiteren Huskys zurück.

وفي وقت لاحق من ذلك اليوم، عاد بيرولت مع اثنين آخرين من كلاب الهاسكي.

Ihre Namen waren Billee und Joe und sie waren Brüder.

كان اسمهم بيلي وجو، وكانوا أخوة.

Sie stammten von derselben Mutter, waren sich aber überhaupt nicht ähnlich.

لقد جاءوا من نفس الأم، ولكن لم يكونوا متشابهين على الإطلاق.

Billee war gutmütig und zu allen sehr freundlich.

كان بيلي لطيفًا جدًا وودودًا مع الجميع.

Joe war das Gegenteil – ruhig, wütend und immer am Knurren.

كان جو على العكس تمامًا ـ هادئًا، غاضبًا، ودائمًا ما يزأر.

Buck begrüßte sie freundlich und blieb beiden gegenüber ruhig.

استقبلهم باك بطريقة ودية وكان هادئًا مع كليهما.

Dave schenkte ihnen keine Beachtung und blieb wie üblich still.

لم يهتم ديف بهم وظل صامتًا كعادته.

Um seine Dominanz zu demonstrieren, griff Spitz zuerst Billee und dann Joe an.

هاجم سبيتز بيلي أولاً، ثم جو، لإظهار سيطرته.

Billee wedelte mit dem Schwanz und versuchte, freundlich
zu Spitz zu sein.

حرك بيلي ذيله وحاول أن يكون ودودًا مع سبيتز.

Als das nicht funktionierte, versuchte er stattdessen
wegzulaufen.

وعندما لم ينجح ذلك، حاول الهرب بدلاً من ذلك.

Er weinte traurig, als Spitz ihn fest in die Seite biss.

لقد بكى بحزن عندما عضه سبيتز بقوة على جانبه.

Aber Joe war ganz anders und ließ sich nicht einschüchtern.

لكن جو كان مختلفًا جدًا ورفض أن يتعرض للتنمر.

Jedes Mal, wenn Spitz näher kam, drehte sich Joe schnell
um, um ihm in die Augen zu sehen.

في كل مرة كان سبيتز يقترب، كان جو يستدير لمواجهته بسرعة.

Sein Fell sträubte sich, seine Lippen kräuselten sich und
seine Zähne schnappten wild.

كان فراؤه منتصبا، وشفتاه ملتفة، وأسنانه تكسر بعنف.

Joes Augen glänzten vor Angst und Wut und forderten Spitz
heraus, zuzuschlagen.

كانت عينا جو تلمعان بالخوف والغضب، متحديًا سبيتز بالضرب.

Spitz gab den Kampf auf und wandte sich gedemütigt und
wütend ab.

استسلم سبيتز للقتال واستدار بعيدًا، مهانًا وغاضبًا.

Er ließ seine Frustration an dem armen Billee aus und jagte
ihn davon.

أخرج إحباطه على بيلي المسكين وطارده بعيدًا.

An diesem Abend fügte Perrault dem Team einen weiteren
Hund hinzu.

وفي ذلك المساء، أضاف بيرولت كلبًا آخر إلى الفريق.

Dieser Hund war alt, mager und mit Kampfnarben übersät.

كان هذا الكلب عجوزًا ونحيفًا ومغطى بندوب المعركة.

Eines seiner Augen fehlte, doch das andere blitzte kraftvoll
auf.

كانت إحدى عينيه مفقودة، لكن الأخرى كانت تتألق بقوة.

Der neue Hund hieß Solleks, was „der Wütende" bedeutet.

وكان اسم الكلب الجديد هو سوليبكس، والذي يعني الغاضب.

Wie Dave verlangte Solleks nichts von anderen und gab nichts zurück.

مثل ديف، لم يطلب سوليكس أي شيء من الآخرين، ولم يقدم أي شيء في المقابل.

Als Solleks langsam ins Lager ging, blieb sogar Spitz fern.

عندما دخل سوليكس المخيم ببطء، حتى سبيتز بقي بعيدًا.

Er hatte eine seltsame Angewohnheit, die Buck unglücklicherweise entdeckte.

كان لديه عادة غريبة لم يكن باك محظوظًا باكتشافها.

Solleks hasste es, von der Seite angesprochen zu werden, auf der er blind war.

كان سولييكس يكره أن يقترب منه أحد من الجانب الذي كان أعمى فيه.

Buck wusste das nicht und machte diesen Fehler versehentlich.

لم يكن باك يعلم هذا وارتكب هذا الخطأ عن طريق الصدفة.

Solleks wirbelte herum und versetzte Buck einen schnellen, tiefen Schlag auf die Schulter.

استدار سولييكس وضرب كتف باك بقوة وسرعة.

Von diesem Moment an kam Buck nie wieder in die Nähe von Solleks' blinder Seite.

منذ تلك اللحظة، لم يقترب باك أبدًا من الجانب الأعمى لسوليكس.

Für den Rest ihrer gemeinsamen Zeit gab es nie wieder Probleme.

لم يواجهوا أي مشاكل مرة أخرى طوال الفترة التي قضوها معًا.

Solleks wollte nur in Ruhe gelassen werden, wie der ruhige Dave.

أراد سولييكس فقط أن يُترك وحيدًا، مثل ديف الهادئ.

Doch Buck erfuhr später, dass jeder von ihnen ein anderes geheimes Ziel hatte.

لكن باك علم لاحقًا أن كل واحد منهما كان لديه هدف سري آخر.

In dieser Nacht stand Buck vor einer neuen und beunruhigenden Herausforderung: Wie sollte er schlafen?

في تلك الليلة واجه باك تحديًا جديدًا ومزعجًا - كيفية النوم.

Das Zelt leuchtete warm im Kerzenlicht auf dem schneebedeckten Feld.

أضاءت الخيمة بدفء على ضوء الشموع في الحقل الثلجي.

Buck ging hinein und dachte, er könnte sich dort wie zuvor ausruhen.

دخل باك إلى الداخل، معتقدًا أنه يستطيع الراحة هناك كما كان من قبل.

Aber Perrault und François schrien ihn an und warfen Pfannen.

لكن بيرولت وفرانسوا صرخوا عليه وألقوا عليه الأواني.

Schockiert und verwirrt rannte Buck in die eisige Kälte hinaus.

صُدم باك وارتبك، فركض إلى البرد القارس.

Ein bitterkalter Wind stach ihm in die verletzte Schulter und ließ seine Pfoten erfrieren.

لسعته ريح مريرة في كتفه المجروح وجمدت كفوفه.

Er legte sich in den Schnee und versuchte, im Freien zu schlafen.

استلقى في الثلج وحاول النوم في العراء.

Doch die Kälte zwang ihn bald, heftig zitternd wieder aufzustehen.

لكن البرد سرعان ما أجبره على النهوض مرة أخرى، وكان يرتجف بشدة.

Er wanderte durch das Lager und versuchte, ein wärmeres Plätzchen zu finden.

تجول في المخيم، محاولاً العثور على مكان أكثر دفئًا.

Aber jede Ecke war genauso kalt wie die vorherige.

لكن كل زاوية كانت باردة تمامًا مثل الزاوية التي قبلها.

Manchmal sprangen ihn wilde Hunde aus der Dunkelheit an.

في بعض الأحيان كانت الكلاب المتوحشة تقفز عليه من الظلام.

Buck sträubte sein Fell, fletschte die Zähne und knurrte warnend.

انتفض باك من شدة الغضب، وكشف عن أسنانه، وزأر محذرا.

Er lernte schnell und die anderen Hunde zogen sich schnell zurück.

لقد كان يتعلم بسرعة، والكلاب الأخرى تراجعت بسرعة.

Trotzdem hatte er keinen Platz zum Schlafen und keine Ahnung, was er tun sollte.

ومع ذلك، لم يكن لديه مكان للنوم، ولم تكن لديه أي فكرة عما يجب فعله.

Endlich kam ihm ein Gedanke: Er sollte nach seinen Teamkollegen sehen.

وأخيرًا، خطرت في ذهنه فكرة وهي الاطمئنان على زملائه في الفريق.

Er kehrte in ihre Gegend zurück und war überrascht, dass
sie verschwunden waren.

عاد إلى منطقتهم وفوجئ باختفائهم.

Erneut durchsuchte er das Lager, konnte sie jedoch immer
noch nicht finden.

فبحث مرة أخرى في المخيم، لكنه لم يتمكن من العثور عليهم.

Er wusste, dass sie nicht im Zelt sein durften, sonst wäre er
auch dort gewesen.

لقد علم أنه لا يمكنهما التواجد في الخيمة، وإلا فإنه سيكون هناك أيضًا.

Wo also waren all die Hunde in diesem eisigen Lager
geblieben?

إذن، أين ذهبت كل الكلاب في هذا المخيم المتجمد؟

Buck, kalt und elend, umrundete langsam das Zelt.

كان باك باردًا وبائسًا، وكان يدور ببطء حول الخيمة.

Plötzlich sanken seine Vorderbeine in den weichen Schnee
und er erschrak.

وفجأة، غرقت ساقيه الأماميتان في الثلج الناعم، مما أثار دهشته.

Etwas zappelte unter seinen Füßen und er sprang ängstlich
zurück.

كان هناك شيء يتحرك تحت قدميه، فقفز إلى الوراء خوفًا.

Er knurrte und fauchte, ohne zu wissen, was sich unter dem
Schnee verbarg.

لقد هدّر وهدر، وهو لا يعرف ما الذي يكمن تحت الثلج.

Dann hörte er ein freundliches kleines Bellen, das seine
Angst linderte.

ثم سمع نباحًا صغيرًا ودودًا خفف من خوفه.

Er schnüffelte in der Luft und kam näher, um zu sehen, was
verborgen war.

استنشق الهواء واقترب ليرى ما كان مخفيًا.

Unter dem Schnee lag, zu einer warmen Kugel
zusammengerollt, der kleine Billee.

تحت الثلج، كانت بيلي الصغيرة ملتفة على شكل كرة دافئة.

Billee wedelte mit dem Schwanz und leckte Bucks Gesicht
zur Begrüßung.

حرك بيلي ذيله ولعق وجه باك للترحيب به.

Buck sah, wie Billee im Schnee einen Schlafplatz gebaut hatte.

رأى باك كيف صنع بيلي مكانًا للنوم في الثلج.

Er hatte sich eingegraben und nutzte seine eigene Wärme, um sich warm zu halten.

لقد حفر بعمق واستخدم حرارته الخاصة ليبقى دافئًا.

Buck hatte eine weitere Lektion gelernt – so schliefen die Hunde.

لقد تعلم باك درسًا آخر - هكذا تنام الكلاب.

Er suchte sich eine Stelle aus und begann, sein eigenes Loch in den Schnee zu graben.

اختار مكانًا وبدأ بحفر حفرة خاصة به في الثلج.

Anfangs bewegte er sich zu viel und verschwendete Energie.

في البداية، كان يتحرك كثيرًا ويهدر طاقته.

Doch bald erwärmte sein Körper den Raum und er fühlte sich sicher.

ولكن سرعان ما أصبح جسده دافئًا في المكان، وشعر بالأمان.

Er rollte sich fest zusammen und schlief bald fest.

لقد التفت بإحكام، وبعد فترة وجيزة كان نائماً بسرعة.

Der Tag war lang und hart gewesen und Buck war erschöpft.

لقد كان اليوم طويلاً وشاقًا، وكان باك مرهقًا.

Er schlief tief und fest, obwohl seine Träume wild waren.

لقد نام بعمق وبشكل مريح، على الرغم من أن أحلامه كانت جامحة.

Er knurrte und bellte im Schlaf und wand sich im Traum.

كان يزأر وينبح أثناء نومه، ويتلوى أثناء حلمه.

Buck wachte erst auf, als im Lager bereits Leben erwachte.

لم يستيقظ باك إلا عندما بدأ المخيم ينبض بالحياة بالفعل.

Zuerst wusste er nicht, wo er war oder was passiert war.

في البداية، لم يكن يعرف أين هو أو ماذا حدث.

Über Nacht war Schnee gefallen und hatte seinen Körper vollständig begraben.

تساقطت الثلوج طوال الليل ودفنت جسده بالكامل.

Der Schnee umgab ihn von allen Seiten dicht.

كان الثلج يضغط عليه من جميع الجوانب.

Plötzlich durchfuhr eine Welle der Angst Bucks ganzen Körper.

فجأة، موجة من الخوف اجتاح جسد باك بأكمله.

Es war die Angst, gefangen zu sein, eine Angst aus tiefen
Instinkten.

كان الخوف من الوقوع في الفخ، خوفًا من الغرائز العميقة.

Obwohl er noch nie eine Falle gesehen hatte, lebte die Angst
in ihm.

رغم أنه لم يرى فخًا قط، إلا أن الخوف عاش بداخله.

Er war ein zahmer Hund, aber jetzt erwachten seine alten
wilden Instinkte.

لقد كان كلبًا أليفًا، لكن غرائزه البرية القديمة كانت تستيقظ الآن.

Bucks Muskeln spannten sich an und sein Fell stellte sich
auf seinem ganzen Rücken auf.

توترت عضلات باك، ووقف فروه على ظهره بالكامل.

Er knurrte wild und sprang senkrecht durch den Schnee
nach oben.

لقد هدر بشدة وقفز مباشرة عبر الثلج.

Als er ins Tageslicht trat, flog Schnee in alle Richtungen.

تطايرت الثلوج في كل اتجاه عندما انفجر في ضوء النهار.

Schon vor der Landung sah Buck das Lager vor sich
ausgebreitet.

حتى قبل الهبوط، رأى باك المخيم منتشرًا أمامه.

Er erinnerte sich auf einmal an alles vom Vortag.

لقد تذكر كل شيء من اليوم السابق، دفعة واحدة.

Er erinnerte sich daran, wie er mit Manuel spazieren
gegangen war und an diesem Ort gelandet war.

تذكر أنه كان يتجول مع مانويل وينتهي به الأمر في هذا المكان.

Er erinnerte sich daran, wie er das Loch gegraben hatte und
in der Kälte eingeschlafen war.

تذكر أنه حفر الحفرة ونام في البرد.

Jetzt war er wach und die wilde Welt um ihn herum war
klar.

والآن أصبح مستيقظًا، والعالم البري من حوله أصبح واضحًا.

Ein Ruf von François begrüßte Bucks plötzliches
Auftauchen.

صرخة من فرانسوا ترحب بظهور باك المفاجئ.

„Was habe ich gesagt?", rief der Hundeführer Perrault laut
zu.

ماذا قلت؟ "صرخ سائق الكلب بصوت عالٍ إلى بيرولت"ـ

„Dieser Buck lernt wirklich sehr schnell", fügte François
hinzu.

وأضاف فرانسوا "من المؤكد أن باك يتعلم بسرعة أكبر من أي شيء
آخر"ـ

Perrault nickte ernst und war offensichtlich mit dem
Ergebnis zufrieden.

أومأ بيرولت برأسه بجدية، وكان سعيدًا بوضوح بالنتيجة.

Als Kurier für die kanadische Regierung beförderte er
Depeschen.

وباعتباره رسولًا للحكومة الكندية، فقد كان يحمل الإرساليات.

Er war bestrebt, die besten Hunde für seine wichtige
Mission zu finden.

وكان حريصًا على العثور على أفضل الكلاب لمهمته المهمة.

Er war besonders erfreut, dass Buck nun Teil des Teams war.

لقد شعر بسعادة خاصة الآن لأن باك أصبح جزءًا من الفريق.

Innerhalb einer Stunde kamen drei weitere Huskies zum
Team hinzu.

تمت إضافة ثلاثة كلاب هاسكي أخرى إلى الفريق خلال ساعة.

Damit betrug die Gesamtzahl der Hunde im Team neun.

وبذلك أصبح العدد الإجمالي للكلاب في الفريق تسعة.

Innerhalb von fünfzehn Minuten lagen alle Hunde im
Geschirr.

في غضون خمسة عشر دقيقة كانت جميع الكلاب في أحزمةهم.

Das Schlittenteam schwang sich den Weg hinauf in
Richtung Dyea Cañon.

كان فريق الزلاجات يتأرجح على طول الطريق نحو ديا كانون.

Buck war froh, gehen zu können, auch wenn die Arbeit, die
vor ihm lag, hart war.

شعر باك بالسعادة لمغادرته، حتى لو كان العمل الذي ينتظره صعبًا.

Er stellte fest, dass er weder die Arbeit noch die Kälte
besonders verabscheute.

لقد اكتشف أنه لا يحتقر العمل أو البرد بشكل خاص.

Er war überrascht von der Begeisterung, die das gesamte
Team erfüllte.

لقد تفاجأ بالحماس الذي ملأ الفريق بأكمله.

Noch überraschender war die Veränderung, die bei Dave und Solleks vor sich ging.

وكان الأمر الأكثر إثارة للدهشة هو التغيير الذي طرأ على ديف وسوليكس.

Diese beiden Hunde waren völlig unterschiedlich, als sie ein Geschirr trugen.

كان هذان الكلبان مختلفين تمامًا عندما تم تسخيرهما.

Ihre Passivität und Sorglosigkeit waren völlig verschwunden.

لقد اختفى سلبيتهم وعدم اهتمامهم تمامًا.

Sie waren aufmerksam und aktiv und bestrebt, ihre Arbeit gut zu machen.

وكانوا متيقظين ونشيطين ومتحمسين للقيام بعملهم على أكمل وجه.

Sie reagierten äußerst verärgert über alles, was zu Verzögerungen oder Verwirrung führte.

لقد أصبحوا منزعجين بشدة من أي شيء يسبب التأخير أو الارتباك.

Die harte Arbeit an den Zügeln stand im Mittelpunkt ihres gesamten Wesens.

كان العمل الشاق على اللجام هو مركز وجودهم بأكمله.

Das Schlittenziehen schien das Einzige zu sein, was ihnen wirklich Spaß machte.

يبدو أن سحب الزلاجات كان الشيء الوحيد الذي يستمتعون به حقًا.

Dave war am Ende der Gruppe und dem Schlitten am nächsten.

وكان ديف في مؤخرة المجموعة، الأقرب إلى الزلاجة نفسها.

Buck landete vor Dave und Solleks zog an Buck vorbei.

تم وضع باك أمام ديف، وسوليكس متقدمًا على باك.

Die übrigen Hunde liefen in einer Reihe vorn.

تم تجميع بقية الكلاب في صف واحد في المقدمة.

Die Führungsposition an der Spitze besetzte Spitz.

شغل سبيتز منصب القائد في المقدمة.

Buck war zur Einweisung zwischen Dave und Solleks platziert worden.

تم وضع باك بين ديف وسوليكس للحصول على التعليمات.

Er lernte schnell und sie waren strenge und fähige Lehrer.

لقد كان سريع التعلم، وكانوا معلمين حازمين وقادرين.

Sie ließen nie zu, dass Buck lange im Irrtum blieb.

لم يسمحوا لباك أبدًا بالبقاء في الخطأ لفترة طويلة.

Sie erteilten ihre Lektionen, wenn nötig, mit scharfen Zähnen.

لقد قاموا بتدريس دروسهم بأسنان حادة عندما كان ذلك ضروريا.

Dave war fair und zeigte eine ruhige, ernste Art von Weisheit.

كان ديف عادلاً وأظهر نوعًا من الحكمة الهادئة والجادة.

Er hat Buck nie ohne guten Grund gebissen.

لم يعض باك أبدًا دون سبب وجيه للقيام بذلك.

Aber er hat es nie versäumt, zuzubeißen, wenn Buck eine Korrektur brauchte.

ولكنه لم يفشل أبدًا في العض عندما كان باك بحاجة إلى التصحيح.

François' Peitsche war immer bereit und untermauerte ihre Autorität.

وكان سوط فرانسوا جاهزًا دائمًا ويدعم سلطتهم.

Buck merkte bald, dass es besser war zu gehorchen, als sich zu wehren.

سرعان ما أدرك باك أنه من الأفضل أن يطيع بدلاً من أن يقاتل.

Einmal verhedderte sich Buck während einer kurzen Pause in den Zügeln.

ذات مرة، أثناء فترة راحة قصيرة، تشابك باك في اللجام.

Er verzögerte den Start und brachte die Bewegungen des Teams durcheinander.

أدى إلى تأخير البداية وإرباك حركة الفريق.

Dave und Solleks stürzten sich auf ihn und verprügelten ihn brutal.

طار ديف وسوليكس نحوه وضربوه بشدة.

Das Gewirr wurde nur noch schlimmer, aber Buck lernte seine Lektion.

لقد أصبح التشابك أسوأ، لكن باك تعلم درسه جيدًا.

Von da an hielt er die Zügel straff und arbeitete vorsichtig.

ومنذ ذلك الحين، أبقى زمام الأمور مشدودة، وعمل بعناية.

Bevor der Tag zu Ende war, hatte Buck einen Großteil seiner Aufgabe gemeistert.

قبل أن ينتهي اليوم، كان باك قد أتقن جزءًا كبيرًا من مهمته.

Seine Teamkollegen hörten fast auf, ihn zu korrigieren oder zu beißen.

كاد زملاؤه في الفريق أن يتوقفوا عن تصحيحه أو عضه.

François' Peitsche knallte immer seltener durch die Luft.

أصبح صوت سوط فرانسوا يتكسر في الهواء بشكل أقل وأقل.

Perrault hob sogar Bucks Füße an und untersuchte sorgfältig jede Pfote.

حتى أن بيرولت رفع قدمي باك وفحص كل مخلب بعناية.

Es war ein harter Tageslauf gewesen, lang und anstrengend für alle.

لقد كان يومًا شاقًا، طويلًا ومضنيًا بالنسبة لهم جميعًا.

Sie reisten den Cañon hinauf, durch Sheep Camp und an den Scales vorbei.

لقد سافروا عبر الوادي، عبر معسكر الأغنام، وبعد ذلك عبر المقاييس.

Sie überquerten die Baumgrenze, dann Gletscher und meterhohe Schneeverwehungen.

لقد عبروا خط الأشجار، ثم عبروا الأنهار الجليدية والثلوج التي يصل عمقها إلى عدة أقدام.

Sie erklommen die große, kalte und unwirtliche Chilkoot-Wasserscheide.

لقد تسلقوا منحدر تشيلكوت البارد والشديد القسوة.

Dieser hohe Bergrücken lag zwischen Salzwasser und dem gefrorenen Landesinneren.

كانت تلك التلال المرتفعة تقع بين المياه المالحة والداخل المتجمد.

Die Berge bewachten den traurigen und einsamen Norden mit Eis und steilen Anstiegen.

تحرس الجبال الشمال الحزين والوحيد بالجليد والمنحدرات الشديدة.

Sie kamen gut voran und erreichten eine lange Kette von Seen unterhalb der Wasserscheide.

لقد حققوا وقتًا جيدًا في النزول عبر سلسلة طويلة من البحيرات أسفل التقسيم.

Diese Seen füllten die alten Krater erloschener Vulkane.

كانت تلك البحيرات تملأ فوهات البراكين المنقرضة القديمة.

Spät in der Nacht erreichten sie ein großes Lager am Lake Bennett.

وفي وقت متأخر من تلك الليلة، وصلوا إلى معسكر كبير في بحيرة بينيت.

Tausende Goldsucher waren dort und bauten Boote für den Frühling.

كان هناك آلاف الباحثين عن الذهب، يقومون ببناء القوارب للربيع.

Das Eis würde bald aufbrechen und sie mussten bereit sein.

كان الجليد على وشك أن يتكسر قريبًا، وكان عليهم أن يكونوا مستعدين.

Buck grub sein Loch in den Schnee und fiel in einen tiefen Schlaf.

حفر باكٍ حفرته في الثلج وسقط في نوم عميق.

Er schlief wie ein Arbeiter, erschöpft von einem harten Arbeitstag.

لقد نام كرجل عامل، منهكًا من يوم العمل الشاق.

Doch zu früh wurde er in der Dunkelheit aus dem Schlaf gerissen.

ولكن في وقت مبكر جدًا من الظلام، تم سحبه من النوم.

Er wurde wieder mit seinen Kumpels angeschirrt und vor den Schlitten gespannt.

تم ربطه مع زملائه مرة أخرى وربطه بالزلاجة.

An diesem Tag legten sie sechzig Kilometer zurück, weil der Schnee festgetreten war.

في ذلك اليوم قطعوا أربعين ميلاً، لأن الثلج كان ممطراً بشكل كبير.

Am nächsten Tag und noch viele Tage danach war der Schnee weich.

وفي اليوم التالي، ولعدة أيام بعد ذلك، كان الثلج ناعمًا.

Sie mussten den Weg selbst bahnen, härter arbeiten und langsamer vorankommen.

كان عليهم أن يصنعوا الطريق بأنفسهم، ويبذلوا جهدًا أكبر ويتحركوا ببطء.

Normalerweise ging Perrault mit Schwimmhäuten an den Schneeschuhen vor dem Team her.

عادة، كان بيرولت يمشي أمام الفريق مرتديًا أحذية الثلج المزودة بشبكة.

Seine Schritte verdichteten den Schnee und erleichterten so die Fortbewegung des Schlittens.

كانت خطواته تضغط على الثلج، مما يجعل من السهل على الزلاجة التحرك.

François, der vom Steuerstand aus steuerte, übernahm manchmal die Kontrolle.

كان فرانسوا، الذي كان يقود من اتجاه الجي، يتولى القيادة في بعض الأحيان.

Aber es kam selten vor, dass François die Führung übernahm

ولكن كان من النادر أن يتولى فرانسوا زمام المبادرة

weil Perrault es eilig hatte, die Briefe und Pakete auszuliefern.

لأن بيرولت كان في عجلة من أمره لتسليم الرسائل والطرود.

Perrault war stolz auf sein Wissen über Schnee und insbesondere Eis.

كان بيرولت فخوراً بمعرفته بالثلج، وخاصة الجليد.

Dieses Wissen war von entscheidender Bedeutung, da das Eis im Herbst gefährlich dünn war.

كانت هذه المعرفة ضرورية، لأن الجليد في الخريف كان رقيقًا بشكل خطير.

Wo das Wasser unter der Oberfläche schnell floss, gab es überhaupt kein Eis.

حيث كان الماء يتدفق بسرعة تحت السطح، ولم يكن هناك جليد على الإطلاق.

Tag für Tag wiederholte sich endlos die gleiche Routine.

يوما بعد يوم، نفس الروتين يتكرر بلا نهاية.

Buck arbeitete unermüdlich von morgens bis abends in den Zügeln.

كان باك يتعب بلا نهاية في قيادة الحصان من الفجر حتى الليل.

Sie verließen das Lager im Dunkeln, lange bevor die Sonne aufgegangen war.

غادروا المخيم في الظلام، قبل وقت طويل من شروق الشمس.

Als es Tag wurde, hatten sie bereits viele Kilometer zurückgelegt.

وبحلول ضوء النهار، كانوا قد قطعوا أميالاً عديدة بالفعل.

Sie schlugen ihr Lager nach Einbruch der Dunkelheit auf, aßen Fisch und gruben sich in den Schnee ein.

أقاموا المخيم بعد حلول الظلام، وأكلوا الأسماك وحفروا في الثلوج.

Buck war immer hungrig und mit seiner Ration nie wirklich zufrieden.

كان باك دائمًا جائعًا ولم يكن راضيًا أبدًا عن حصته.

Er erhielt jeden Tag anderthalb Pfund getrockneten Lachs.

كان يتلقى رطلاً ونصفًا من سمك السلمون المجفف يوميًا.

Doch das Essen schien in ihm zu verschwinden und ließ den Hunger zurück.

لكن الطعام بدا وكأنه يختفي بداخله، تاركا الجوع خلفه.

Er litt unter ständigem Hunger und träumte von mehr Essen.

كان يعاني من نوبات الجوع المستمرة، ويحلم بالمزيد من الطعام.

Die anderen Hunde haben nur ein Pfund abgenommen, sind aber stark geblieben.

حصلت الكلاب الأخرى على رطل واحد فقط من الطعام، لكنها ظلت قوية.

Sie waren kleiner und in das Leben im Norden hineingeboren.

لقد كانوا أصغر حجمًا، وولدوا في الحياة الشمالية.

Er verlor rasch die Sorgfalt, die sein früheres Leben geprägt hatte.

لقد فقد بسرعة الصرامة التي ميزت حياته القديمة.

Er war ein gieriger Esser gewesen, aber jetzt war das nicht mehr möglich.

لقد كان يأكل طعامًا لذيذًا، لكن الآن لم يعد ذلك ممكنًا.

Seine Kameraden waren zuerst fertig und raubten ihm seine noch nicht aufgegessene Ration.

انتهى أصدقاؤه أولاً وسرقوا منه حصته غير المكتملة.

Als sie einmal damit anfingen, gab es keine Möglichkeit mehr, sein Essen vor ihnen zu verteidigen.

بمجرد أن بدأوا لم يكن هناك طريقة للدفاع عن طعامه منهم.

Während er zwei oder drei Hunde abwehrte, stahlen die anderen den Rest.

بينما كان يقاتل كلبين أو ثلاثة، قام الآخرون بسرقة الباقي.

Um dies zu beheben, begann er, so schnell zu essen wie die anderen.

ولإصلاح ذلك، بدأ يأكل بسرعة مثل الآخرين.

Der Hunger trieb ihn so sehr an, dass er sogar Essen zu sich nahm, das ihm nicht gehörte.

كان الجوع يدفعه بقوة إلى أن يتناول طعامًا ليس من حقه.

Er beobachtete die anderen und lernte schnell aus ihren Handlungen.

لقد راقب الآخرين وتعلم بسرعة من أفعالهم.

Er sah, wie Pike, ein neuer Hund, Perrault eine Scheibe Speck stahl.

لقد رأى بايك، وهو كلب جديد، يسرق شريحة من لحم الخنزير المقدد من بيرولت.

Pike hatte gewartet, bis Perrault sich umdrehte, um den Speck zu stehlen.

انتظر بايك حتى أصبح ظهر بيرولت بعيدًا لسرقة لحم الخنزير المقدد.

Am nächsten Tag machte Buck es Pike nach und stahl das ganze Stück.

في اليوم التالي، قام باك بنسخ بايك وسرق القطعة بأكملها.

Es folgte ein großer Aufruhr, doch Buck wurde nicht verdächtigt.

وقد أعقب ذلك ضجة كبيرة، لكن لم يكن هناك أي شك في باك.

Stattdessen wurde Dub bestraft, ein tollpatschiger Hund, der immer erwischt wurde.

دب، الكلب الأخرق الذي يتم القبض عليه دائمًا، تم معاقبته بدلاً من ذلك.

Dieser erste Diebstahl machte Buck zu einem Hund, der in der Lage war, im Norden zu überleben.

كانت تلك السرقة الأولى بمثابة إشارة إلى أن باك هو الكلب المناسب للبقاء على قيد الحياة في الشمال.

Er zeigte, dass er sich an neue Bedingungen anpassen und schnell lernen konnte.

وأظهر أنه قادر على التكيف مع الظروف الجديدة والتعلم بسرعة.

Ohne diese Anpassungsfähigkeit wäre er schnell und auf schlimme Weise gestorben.

ولولا هذه القدرة على التكيف لكان قد مات بسرعة وبصورة سيئة.

Es markierte auch den Zusammenbruch seiner moralischen Natur und seiner früheren Werte.

كما أنها كانت بمثابة انهيار لطبيعته الأخلاقية وقيمه الماضية.

Im Südland hatte er nach dem Gesetz der Liebe und Güte gelebt.

لقد عاش في الجنوب تحت قانون الحب واللطف.

Dort war es sinnvoll, Eigentum und die Gefühle anderer Hunde zu respektieren.

هناك كان من المنطقي احترام الممتلكات ومشاعر الكلاب الأخرى.

Aber das Nordland befolgte das Gesetz der Keule und das Gesetz der Reißzähne.

لكن سكان نورثلاند اتبعوا قانون النادي وقانون الأنياب.

Wer hier alte Werte respektierte, war dumm und würde scheitern.

من احترم القيم القديمة هنا كان أحمقًا وسوف يفشل.

Buck hat das alles nicht durchdacht.

لم يكن باك قادراً على تفسير كل هذا في ذهنه.

Er war fit und passte sich daher an, ohne darüber
nachdenken zu müssen.

لقد كان لائقًا، لذا فقد تكيف دون الحاجة إلى التفكير.

Sein ganzes Leben lang war er noch nie vor einem Kampf
davongelaufen.

طوال حياته، لم يهرب أبدًا من القتال.

Doch die Holzkeule des Mannes im roten Pullover änderte
diese Regel.

لكن الهراوة الخشبية للرجل ذو السترة الحمراء غيّرت هذه القاعدة.

Jetzt folgte er einem tieferen, älteren Code, der in sein
Wesen eingeschrieben war.

والآن أصبح يتبع قانونًا أعمق وأقدم مكتوبًا في كيانه.

Er stahl nicht aus Vergnügen, sondern aus Hunger.

لم يسرق من أجل المتعة، بل من أجل ألم الجوع.

Er raubte nie offen, sondern stahl mit List und Sorgfalt.

لم يسرق علانيةً قط، بل سرق بمكر وحرص.

Er handelte aus Respekt vor der Holzkeule und aus Angst
vor dem Fangzahn.

لقد تصرف بدافع الاحترام للنادي الخشبي والخوف من الناب.

Kurz gesagt, er hat das getan, was einfacher und sicherer
war, als es nicht zu tun.

باختصار، لقد فعل ما كان أسهل وأكثر أمانًا من عدم فعله.

Seine Entwicklung – oder vielleicht seine Rückkehr zu alten
Instinkten – verlief schnell.

وكان تطوره - أو ربما عودته إلى غرائزه القديمة - سريعًا.

Seine Muskeln verhärteten sich, bis sie sich stark wie Eisen
anfühlten.

تصلبت عضلاته حتى أصبح شعرها قويا مثل الحديد.

Schmerzen machten ihm nichts mehr aus, es sei denn, sie
waren ernst.

لم يعد يهتم بالألم، إلا إذا كان خطيرًا.

Er wurde durch und durch effizient und verschwendete
überhaupt nichts.

لقد أصبح فعالاً من الداخل والخارج، ولم يهدر أي شيء على الإطلاق.

Er konnte Dinge essen, die scheußlich, verdorben oder
schwer verdaulich waren.

كان بإمكانه أن يأكل أشياء كريهة، أو فاسدة، أو صعبة الهضم.

Was auch immer er aß, sein Magen verbrauchte das letzte
bisschen davon.

مهما كان ما يأكله، فإن معدته تستهلك كل ما فيه من قيمة.

Sein Blut transportierte die Nährstoffe weit durch seinen
kräftigen Körper.

حمل دمه العناصر الغذائية إلى كل أنحاء جسده القوي.

Dadurch baute er starkes Gewebe auf, das ihm eine
unglaubliche Ausdauer verlieh.

لقد أدى ذلك إلى بناء أنسجة قوية أعطته قدرة تحمل لا تصدق.

Sein Seh- und Geruchssinn wurden viel feiner als zuvor.

أصبحت حاسة البصر والشم لديه أكثر حساسية من ذي قبل.

Sein Gehör wurde so scharf, dass er im Schlaf leise
Geräusche wahrnehmen konnte.

لقد أصبح سمعه حادًا لدرجة أنه كان قادرًا على اكتشاف الأصوات الخافتة
أثناء النوم.

In seinen Träumen wusste er, ob die Geräusche Sicherheit
oder Gefahr bedeuteten.

كان يعرف في أحلامه ما إذا كانت الأصوات تعني الأمان أم الخطر.

Er lernte, mit den Zähnen auf das Eis zwischen seinen
Zehen zu beißen.

لقد تعلم كيفية قضم الجليد بين أصابع قدميه بأسنانه.

Wenn ein Wasserloch zufror, brach er das Eis mit seinen
Beinen.

إذا تجمدت حفرة الماء، فإنه يكسر الجليد بساقيه.

Er bäumte sich auf und schlug mit seinen steifen
Vorderbeinen hart auf das Eis.

نهض وضرب الجليد بقوة بأطرافه الأمامية الصلبة.

Seine bemerkenswerteste Fähigkeit war die Vorhersage von
Windänderungen über Nacht.

كانت قدرته الأبرز هي التنبؤ بتغيرات الرياح أثناء الليل.

Selbst bei Windstille suchte er sich windgeschützte Stellen
aus.

حتى عندما كان الهواء ساكنًا، اختار أماكن محمية من الرياح.

Wo auch immer er sein Nest grub, der Wind des nächsten Tages strich an ihm vorbei.

أينما حفر عشه، مرت به رياح اليوم التالي.

Er landete immer gemütlich und geschützt, in Lee der Brise.

لقد انتهى به الأمر دائمًا إلى أن يكون مرتاحًا ومحميًا، في مأمن من النسيم.

Buck hat nicht nur durch Erfahrung gelernt – auch seine Instinkte sind zurückgekehrt.

لم يتعلم باك من خلال الخبرة فحسب، بل عادت غرائزه أيضًا.

Die Gewohnheiten der domestizierten Generationen begannen zu verschwinden.

بدأت عادات الأجيال المستأنسة في التلاشي.

Er erinnerte sich vage an die alten Zeiten seiner Rasse.

وبطرق غامضة، تذكر العصور القديمة لسلالاته.

Er dachte an die Zeit zurück, als wilde Hunde in Rudeln durch die Wälder rannten.

لقد فكر في الوقت الذي كانت فيه الكلاب البرية تركض في مجموعات عبر الغابات.

Sie hatten ihre Beute gejagt und getötet, während sie sie verfolgten.

لقد طاردوا فريستهم وقتلوها أثناء مطاردتها.

Buck lernte leicht, mit Biss und Schnelligkeit zu kämpfen.

لقد كان من السهل على باك أن يتعلم كيفية القتال بقوة وسرعة.

Er verwendete Schnitte, Hiebe und schnelle Schnappschüsse, genau wie seine Vorfahren.

لقد استخدم القطع والتشريح والالتقاطات السريعة تمامًا مثل أسلافه.

Diese Vorfahren regten sich in ihm und erweckten seine wilde Natur.

لقد تحرك هؤلاء الأجداد في داخله وأيقظوا طبيعته البرية.

Ihre alten Fähigkeiten waren ihm durch die Blutlinie vererbt worden.

لقد انتقلت مهاراتهم القديمة إليه من خلال سلالة الدم.

Ihre Tricks gehörten ihm nun, ohne dass er üben oder sich anstrengen musste.

أصبحت حيلهم الآن بين يديه، دون الحاجة إلى التدريب أو بذل الجهد.

In stillen, kalten Nächten hob Buck die Nase und heulte.

في الليالي الباردة الهادئة، كان باك يرفع أنفه ويصرخ.

Er heulte lang und tief, so wie es die Wölfe vor langer Zeit getan hatten.

عوى طويلاً وعميقاً، كما فعل الذئاب منذ زمن بعيد.

Durch ihn streckten seine toten Vorfahren ihre Nasen und heulten.

ومن خلاله أشار أسلافه الموتى بأنوفهم وعووا.

Sie heulten durch die Jahrhunderte mit seiner Stimme und Gestalt.

لقد صرخوا عبر القرون بصوته وشكلته.

Seine Kadenzen waren ihre, alte Schreie, die von Kummer und Kälte erzählten.

كانت إيقاعاته هي إيقاعاتهم، صرخات قديمة تحكي عن الحزن والبرد.

Sie sangen von Dunkelheit, Hunger und der Bedeutung des Winters.

لقد غنوا عن الظلام، والجوع، ومعنى الشتاء.

Buck bewies, wie das Leben von Kräften jenseits des eigenen Ichs geprägt wird.

أثبت باك كيف تتشكل الحياة من خلال قوى خارج الذات،

Das uralte Lied stieg durch Buck auf und ergriff seine Seele.

ارتفعت الأغنية القديمة عبر باك واستولت على روحه.

Er fand sich selbst, weil Menschen im Norden Gold gefunden hatten.

لقد وجد نفسه لأن الرجال وجدوا الذهب في الشمال.

Und er fand sich selbst, weil Manuel, der Gärtnergehilfe, Geld brauchte.

ووجد نفسه لأن مانويل، مساعد البستاني، كان يحتاج إلى المال.

Das dominante Urtier
الوحش البدائي المسيطر

In Buck war das dominante Urtier so stark wie eh und je.

كان الوحش البدائي المهيمن قويًا كما كان دائمًا في باك.

Doch das dominante Urtier hatte in ihm geschlummert.

لكن الوحش البدائي المسيطر كان كامنًا بداخله.

Das Leben auf dem Trail war hart, aber es stärkte das Tier in Buck.

كانت حياة الطريق قاسية، لكنها عززت الوحش داخل باك.

Insgeheim wurde das Biest von Tag zu Tag stärker.

في الخفاء، أصبح الوحش أقوى وأقوى كل يوم.

Doch dieses innere Wachstum blieb der Außenwelt verborgen.

لكن هذا النمو الداخلي بقي مخفيا عن العالم الخارجي.

In Buck baute sich eine stille und ruhige Urkraft auf.

كانت هناك قوة بدائية هادئة وساكنة تتراكم داخل باك.

Neue Gerissenheit verlieh Buck Gleichgewicht, Ruhe und Selbstbeherrschung.

لقد أعطى المكر الجديد باك التوازن والتحكم الهادئ والاتزان.

Buck konzentrierte sich sehr auf die Anpassung und fühlte sich nie völlig entspannt.

ركز باك بشدة على التكيف، ولم يشعر بالاسترخاء التام أبدًا.

Er ging Konflikten aus dem Weg, fing nie Streit an und suchte auch nie Ärger.

كان يتجنب الصراع، ولا يبدأ القتال أبدًا، ولا يسعى إلى المتاعب.

Jede Bewegung von Buck war von langsamer, stetiger Nachdenklichkeit geprägt.

كان التفكير البطيء والثابت هو الذي شكل كل تحركات باك.

Er vermied überstürzte Entscheidungen und plötzliche, rücksichtslose Entschlüsse.

كان يتجنب الاختيارات المتهورة والقرارات المفاجئة المتهورة.

Obwohl Buck Spitz zutiefst hasste, zeigte er ihm gegenüber keine Aggression.

على الرغم من أن باك كان يكره سبيتز بشدة، إلا أنه لم يظهر له أي عدوان.

Buck hat Spitz nie provoziert und sein Verhalten zurückhaltend gehalten.

لم يستفز باك سبيتز أبدًا، وحافظ على أفعاله مقيدة.

Spitz hingegen spürte die wachsende Gefahr, die von Buck ausging.

ومن ناحية أخرى، شعر سبيتز بالخطر المتزايد في باك.

Er sah in Buck eine Bedrohung und eine ernsthafte Herausforderung seiner Macht.

لقد رأى باك كتهديد وتحدي خطير لسلطته.

Er nutzte jede Gelegenheit, um zu knurren und seine scharfen Zähne zu zeigen.

لقد استغل كل فرصة للهجوم وإظهار أسنانه الحادة.

Er versuchte, den tödlichen Kampf zu beginnen, der bevorstand.

لقد كان يحاول بدء القتال المميت الذي كان لا بد أن يأتي.

Schon zu Beginn der Reise wäre es beinahe zu einem Streit zwischen ihnen gekommen.

وفي وقت مبكر من الرحلة، كاد قتال أن يندلع بينهما.

Doch ein unerwarteter Unfall verhinderte den Kampf.

ولكن حادث غير متوقع منع حدوث القتال.

An diesem Abend schlugen sie ihr Lager am bitterkalten Lake Le Barge auf.

وفي ذلك المساء أقاموا مخيمهم على بحيرة لو بارج شديدة البرودة.

Es schneite heftig und der Wind war schneidend wie ein Messer.

كان الثلج يتساقط بغزارة، والريح تقطع مثل السكين.

Die Nacht war zu schnell hereingebrochen und Dunkelheit umgab sie.

لقد جاء الليل سريعًا جدًا، والظلام يحيط بهم.

Sie hätten sich kaum einen schlechteren Ort zum Ausruhen aussuchen können.

لم يكن بإمكانهم اختيار مكان أسوأ للراحة.

Die Hunde suchten verzweifelt nach einem Platz zum Hinlegen.

بحثت الكلاب بشكل يائس عن مكان للاستلقاء.

Hinter der kleinen Gruppe erhob sich steil eine hohe Felswand.

ارتفع جدار صخري طويل بشكل حاد خلف المجموعة الصغيرة.

Das Zelt wurde in Dyea zurückgelassen, um die Last zu erleichtern.

لقد تم ترك الخيمة في دايا لتخفيف الحمل.

Ihnen blieb nichts anderes übrig, als das Feuer auf dem Eis selbst zu machen.

لم يكن أمامهم خيار سوى إشعال النار على الجليد نفسه.

Sie breiten ihre Schlafmäntel direkt auf dem zugefrorenen See aus.

قاموا بنشر أردية نومهم مباشرة على البحيرة المتجمدة.

Ein paar Stücke Treibholz gaben ihnen ein wenig Feuer.

أعطتهم بضعة أعواد من الخشب الطافي القليل من النار.

Doch das Feuer wurde auf dem Eis entfacht und taute hindurch.

لكن النار اشتعلت على الجليد، وذابت من خلاله.

Schließlich aßen sie ihr Abendessen im Dunkeln.

وفي النهاية كانوا يتناولون عشاءهم في الظلام.

Buck rollte sich neben dem Felsen zusammen, geschützt vor dem kalten Wind.

انحنى باك بجانب الصخرة، محميًا من الرياح الباردة.

Der Platz war so warm und sicher, dass Buck es hasste, wegzugehen.

كان المكان دافئًا وآمنًا لدرجة أن باك كان يكره الانتقال بعيدًا.

Aber François hatte den Fisch aufgewärmt und verteilte die Rationen.

لكن فرانسوا قام بتسخين الأسماك وقام بتوزيع الحصص.

Buck aß schnell fertig und ging zurück in sein Bett.

انتهى باك من تناول الطعام بسرعة، وعاد إلى سريره.

Aber Spitz lag jetzt dort, wo Buck sein Bett gemacht hatte.

لكن سبيتز كان مستلقيًا الآن حيث صنع باك سريره.

Ein leises Knurren warnte Buck, dass Spitz sich weigerte, sich zu bewegen.

حذرت صرخة منخفضة باك من أن سبيتز رفض التحرك.

Bisher hatte Buck diesen Kampf mit Spitz vermieden.

حتى الآن، كان باك يتجنب هذه المعركة مع سبيتز.

Doch tief in Bucks Innerem brach das Biest schließlich aus.

ولكن في أعماق باك، انطلق الوحش أخيرًا.

Der Diebstahl seines Schlafplatzes war zu viel für ihn.

لقد كانت سرقة مكان نومه أمراً لا يطاق.

Buck stürzte sich voller Wut und Zorn auf Spitz.

انقض باك على سبيتز، وكان مليئًا بالغضب والغضب.

Bis jetzt hatte Spitz gedacht, Buck sei bloß ein großer Hund.

حتى ذلك الوقت كان سبيتز يعتقد أن باك كان مجرد كلب كبير.

Er glaubte nicht, dass Buck durch seinen Geist überlebt hatte.

لم يعتقد أن باك قد نجا من خلال روحه.

Er erwartete Angst und Feigheit, nicht Wut und Rache.

كان يتوقع الخوف والجبن، وليس الغضب والانتقام.

François starrte die beiden Hunde an, als sie aus dem zerstörten Nest stürmten.

حدق فرانسوا بينما خرج الكلبان من العش المدمر.

Er verstand sofort, was den wilden Kampf ausgelöst hatte.

لقد فهم على الفور سبب بدء الصراع الوحشي.

„Aa-ah!", rief François, um dem braunen Hund zuzujubeln.

"آه-آه".صرخ فرانسوا دعماً للكلب البني.

„Verprügelt ihn! Bei Gott, bestraft diesen hinterhältigen Dieb!"

"اضربوه، والله، عاقبوا هذا اللص الماكر."

Spitz zeigte gleichermaßen Bereitschaft und wilden Kampfeswillen.

وأظهر سبيتز استعدادًا مماثلاً وحماسًا شديدًا للقتال.

Er schrie wütend auf, während er schnell im Kreis kreiste und nach einer Öffnung suchte.

صرخ بغضب وهو يدور بسرعة، باحثًا عن فرصة.

Buck zeigte den gleichen Kampfeshunger und die gleiche Vorsicht.

وأظهر باك نفس الرغبة في القتال، ونفس الحذر.

Auch er umkreiste seinen Gegner und versuchte, im Kampf die Oberhand zu gewinnen.

كما حاصر خصمه أيضًا، محاولًا كسب اليد العليا في المعركة.

Dann geschah etwas Unerwartetes und veränderte alles.

ثم حدث شيء غير متوقع وغير كل شيء.

Dieser Moment verzögerte den letztendlichen Kampf um die Führung.

لقد أدت تلك اللحظة إلى تأخير المعركة النهائية على القيادة.

Bis zum Ende warteten noch viele Meilen voller Mühe und Anstrengung.

لا تزال أميال عديدة من الطريق والنضال تنتظر قبل النهاية.

Perrault stieß einen Fluch aus, als eine Keule auf Knochen schlug.

صرخ بيرولت بقسم بينما كانت الهراوة تصطدم بالعظم.

Es folgte ein scharfer Schmerzensschrei, dann brach überall Chaos aus.

تبع ذلك صرخة حادة من الألم، ثم انفجرت الفوضى في كل مكان.

Dunkle Gestalten bewegten sich im Lager; wilde Huskys, ausgehungert und wild.

تحركت الأشكال المظلمة في المخيم؛ كلاب الهاسكي البرية، الجائعة والشرسة.

Vier oder fünf Dutzend Huskys hatten das Lager von weitem erschnüffelt.

كان هناك أربعة أو خمسة عشرات من الكلاب الهاسكي تشم المخيم من بعيد.

Sie hatten sich leise hineingeschlichen, während die beiden Hunde in der Nähe kämpften.

لقد تسللوا بهدوء بينما كان الكلبان يتقاتلان في مكان قريب.

François und Perrault griffen an und schwangen Knüppel auf die Eindringlinge.

هاجم فرانسوا وبيرو الغزاة، ولوحوا بالهراوات في وجههم.

Die ausgehungerten Huskies zeigten ihre Zähne und wehrten sich rasend.

أظهرت الكلاب الهاسكي الجائعة أسنانها وقاتلت بشراسة.

Der Geruch von Fleisch und Brot hatte sie alle Angst vertreiben lassen.

لقد دفعتهم رائحة اللحوم والخبز إلى تجاوز كل الخوف.

Perrault schlug einen Hund, der seinen Kopf in der Fresskiste vergraben hatte.

ضرب بيرولت كلبًا دفن رأسه في صندوق الطعام.

Der Schlag war hart, die Schachtel kippte um und das Essen quoll heraus.

كانت الضربة قوية، وانقلب الصندوق، وتناثر الطعام خارجه.

Innerhalb von Sekunden rissen sich zwanzig wilde Tiere
über das Brot und das Fleisch her.

في ثوانٍ، هاجمت مجموعة من الوحوش البرية الخبز واللحم.

Die Keulen der Männer landeten Schlag auf Schlag, doch
kein Hund ließ nach.

وسددت أندية الرجال ضربة تلو الأخرى، لكن لم يتراجع أحد.

Sie schrien vor Schmerz, kämpften aber, bis kein Futter
mehr übrig war.

لقد صرخوا من الألم، لكنهم قاتلوا حتى لم يبق طعام.

Inzwischen waren die Schlittenhunde aus ihren
verschneiten Betten gesprungen.

وفي هذه الأثناء، قفزت كلاب الزلاجات من أسرتها الثلجية.

Sie wurden sofort von den bösartigen, hungrigen Huskys
angegriffen.

لقد تعرضوا على الفور لهجوم من قبل الكلاب الهاسكي الجائعة الشرسة.

Buck hatte noch nie zuvor so wilde und ausgehungerte Tiere
gesehen.

لم يسبق لباك أن رأى مثل هذه المخلوقات البرية والجائعة من قبل.

Ihre Haut hing lose und verbarg kaum ihr Skelett.

كانت جلودهم متدلية، بالكاد تخفي هياكلهم العظمية.

In ihren Augen brannte ein Feuer aus Hunger und
Wahnsinn

وكان في عيونهم نار من الجوع والجنون

Sie waren nicht aufzuhalten, ihrem wilden Ansturm war
kein Widerstand zu leisten.

لم يكن هناك ما يوقفهم، ولا ما يقاوم اندفاعهم الوحشي.

Die Schlittenhunde wurden zurückgedrängt und gegen die
Felswand gedrückt.

تم دفع كلاب الزلاجات إلى الخلف، وضغطها على جدار الجرف.

Drei Huskies griffen Buck gleichzeitig an und rissen ihm
das Fleisch auf.

هاجم ثلاثة كلاب هاسكي باك في وقت واحد، وقاموا بتمزيق لحمه.

Aus den Schnittwunden an seinem Kopf und seinen
Schultern strömte Blut.

تدفق الدم من رأسه وكتفيه حيث تم قطعه.

Der Lärm erfüllte das Lager: Knurren, Jaulen und
Schmerzensschreie.

امتلأ المخيم بالضجيج؛ هدير، صراخ، صراخ، وصراخ الألم.

Billee weinte wie immer laut, gefangen im Kampf und in der Panik.

بكت بيلي بصوتٍ عالٍ، كعادتها، وهي عالقة في المعركة والذعر.

Dave und Solleks standen Seite an Seite, blutend, aber trotzig.

كان ديف وسوليكس واقفين جنبًا إلى جنب، ينزفان ولكنهما متحدان.

Joe kämpfte wie ein Dämon und biss alles, was ihm zu nahe kam.

كان جو يقاتل مثل الشيطان، يعض أي شيء يقترب منه.

Mit einem brutalen Schnappen seines Kiefers zerquetschte er das Bein eines Huskys.

لقد سحق ساق الهاسكي بضربة وحشية من فكيه.

Pike sprang auf den verletzten Husky und brach ihm sofort das Genick.

قفز بايك على الهاسكي الجريح وكسر رقبته على الفور.

Buck packte einen Husky an der Kehle und riss ihm die Ader auf.

أمسك باك كلب الهاسكي من حلقه ومزقه من خلال الوريد.

Blut spritzte und der warme Geschmack trieb Buck in Raserei.

تناثر الدم، والطعم الدافئ دفع باك إلى الجنون.

Ohne zu zögern stürzte er sich auf einen anderen Angreifer.

ألقى بنفسه على مهاجم آخر دون تردد.

Im selben Moment gruben sich scharfe Zähne in Bucks Kehle.

وفي نفس اللحظة، حفرت أسنان حادة في حلق باك.

Spitz hatte von der Seite zugeschlagen und ohne Vorwarnung angegriffen.

لقد ضرب سبيتز من الجانب، مهاجمًا دون سابق إنذار.

Perrault und François hatten die Hunde besiegt, die das Futter stahlen.

تمكن بيرولت وفرانسوا من هزيمة الكلاب التي كانت تسرق الطعام.

Nun eilten sie ihren Hunden zu Hilfe, um die Angreifer abzuwehren.

والآن سارعوا لمساعدة كلابهم في محاربة المهاجمين.

Die ausgehungerten Hunde zogen sich zurück, als die
Männer ihre Keulen schwangen.

تراجعت الكلاب الجائعة بينما كان الرجال يهزون هراواتهم.

Buck konnte sich dem Angriff befreien, doch die Flucht war
nur von kurzer Dauer.

تمكن باك من الهروب من الهجوم، لكن الهروب كان قصيرًا.

Die Männer rannten los, um ihre Hunde zu retten, und die
Huskies kamen erneut zum Vorschein.

ركض الرجال لإنقاذ كلابهم، وهاجمتهم الكلاب الهاسكي مرة أخرى.

Billee, der aus Angst Mut fasste, sprang in die Hundemeute.

بيلي، خائفًا من الشجاعة، قفز إلى مجموعة الكلاب.

Doch dann floh er in blanker Angst und Panik über das Eis.

لكن بعد ذلك هرب عبر الجليد، في حالة من الرعب والذعر.

Pike und Dub folgten dicht dahinter und rannten um ihr
Leben.

وتبعهما بايك ودب عن كثب، يركضان لإنقاذ حياتهما.

Der Rest des Teams löste sich auf, zerstreute sich und folgte
ihnen.

بقية الفريق انكسر وتشتت، وتبعهم.

Buck nahm all seine Kräfte zusammen, um loszurennen,
doch dann sah er einen Blitz.

جمع باك قوته للركض، ولكن بعد ذلك رأى وميضًا.

Spitz stürzte sich auf Buck und versuchte, ihn zu Boden zu
schlagen.

انقض سبيتز على جانب باك، محاولاً إسقاطه على الأرض.

Unter dieser Meute von Huskys hätte Buck nicht
entkommen können.

تحت هذا الحشد من الكلاب الهاسكي، لم يكن لدى باك أي فرصة للهروب.

Aber Buck blieb standhaft und wappnete sich für den
Schlag von Spitz.

لكن باك صمد وقاوم الضربة التي وجهها له سبيتز.

Dann drehte er sich um und rannte mit dem fliehenden
Team auf das Eis hinaus.

ثم استدار وركض إلى الجليد مع الفريق الهارب.

Später versammelten sich die neun Schlittenhunde im
Schutz des Waldes.

وفي وقت لاحق، تجمعت الكلاب التسعة في ملجأ الغابة.

Niemand verfolgte sie mehr, aber sie waren geschlagen und verwundet.

لم يعد أحد يطاردهم، لكنهم تعرضوا للضرب والجرح.

Jeder Hund hatte Wunden; vier oder fünf tiefe Schnitte an jedem Körper.

كان لدى كل كلب جروح؛ أربعة أو خمسة جروح عميقة في كل جسم.

Dub hatte ein verletztes Hinterbein und konnte kaum noch laufen.

كان لدى داب إصابة في ساقه الخلفية وكان يكافح من أجل المشي الآن.

Dolly, der neueste Hund aus Dyea, hatte eine aufgeschlitzte Kehle.

دوللي، أحدث كلب من دايا، أصيب بجرح في الحلق.

Joe hatte ein Auge verloren und Billees Ohr war in Stücke geschnitten

لقد فقد جو إحدى عينيه، وقُطعت أذن بيلي إلى قطع.

Alle Hunde schrien die ganze Nacht vor Schmerz und Niederlage.

بكت كل الكلاب من الألم والهزيمة طوال الليل.

Im Morgengrauen krochen sie wund und gebrochen zurück ins Lager.

وعند الفجر، تسللوا عائدين إلى المخيم، متألمين ومكسورين.

Die Huskies waren verschwunden, aber der Schaden war angerichtet.

لقد اختفت الكلاب الهاسكي، لكن الضرر كان قد وقع.

Perrault und François standen schlecht gelaunt vor der Ruine.

كان بيرولت وفرانسوا واقفين في مزاج سيئ فوق الأنقاض.

Die Hälfte der Lebensmittel war verschwunden und von den hungrigen Dieben geschnappt worden.

لقد اختفى نصف الطعام، وسرقه اللصوص الجائعون.

Die Huskies hatten Schlittenbindungen und Planen zerrissen.

لقد مزقت الكلاب الهاسكي أربطة الزلاجات والقماش.

Alles, was nach Essen roch, wurde vollständig verschlungen.

لقد تم التهام أي شيء له رائحة الطعام بالكامل.

Sie aßen ein Paar von Perraults Reisestiefeln aus Elchleder.

لقد أكلوا زوجًا من أحذية السفر المصنوعة من جلد الموظ الخاصة بـ
بيرولت.

Sie zerkauten Lederreis und ruinierten Riemen, sodass sie
nicht mehr verwendet werden konnten.

لقد قاموا بمضغ الريس الجلدي وإتلاف الأشرطة حتى أصبحت غير
صالحة للاستخدام.

François hörte auf, auf die zerrissene Peitsche zu starren, um
nach den Hunden zu sehen.

توقف فرانسوا عن النظر إلى الرموش الممزقة للتحقق من الكلاب.

„Ah, meine Freunde", sagte er mit leiser, besorgter Stimme.

آه، أصدقائي، "قال بصوت منخفض ومليء بالقلق".

„Vielleicht verwandeln euch all diese Bisse in tollwütige
Tiere."

ربما كل هذه اللدغات سوف تحولك إلى وحوش مجنونة".-

„Vielleicht alles tollwütige Hunde, heiliger Scheiß! Was
meinst du, Perrault?"

ربما كل الكلاب المسعورة، يا إلهي-ما رأيك يا بيرولت؟

Perrault schüttelte den Kopf, seine Augen waren dunkel vor
Sorge und Angst.

هز بيرولت رأسه، وكانت عيناه مظلمتين بالقلق والخوف.

Zwischen ihnen und Dawson lagen noch
sechshundertvierzig Kilometer.

لا يزال هناك أربعمائة ميل بينهم وبين داوسون.

Der Hundewahnsinn könnte nun jede Überlebenschance
zerstören.

جنون الكلب الآن قد يدمر أي فرصة للبقاء على قيد الحياة.

Sie verbrachten zwei Stunden damit, zu fluchen und zu
versuchen, die Ausrüstung zu reparieren.

لقد أمضوا ساعتين في الشتائم ومحاولة إصلاح المعدات.

Das verwundete Team verließ schließlich gebrochen und
besiegt das Lager.

وأخيراً غادر الفريق الجريح المعسكر مكسوراً ومهزوماً.

Dies war der bisher schwierigste Weg und jeder Schritt war
schmerzhaft.

لقد كان هذا هو الطريق الأصعب حتى الآن، وكل خطوة كانت مؤلمة.

Der Thirty Mile River war nicht zugefroren und rauschte
wild.

لم يتجمد نهر الثلاثين ميلاً، وكان يتدفق بعنف.

Nur an ruhigen Stellen und in wirbelnden Wirbeln konnte das Eis halten.

لم يتمكن الجليد من الصمود إلا في الأماكن الهادئة والتيارات الدوامية.

Sechs Tage harter Arbeit vergingen, bis die dreißig Meilen geschafft waren.

لقد مرت ستة أيام من العمل الشاق حتى تم قطع الثلاثين ميلاً.

Jeder Kilometer des Weges barg Gefahren und Todesgefahr.

كان كل ميل من الطريق يحمل خطرًا وتهديدًا بالموت.

Die Männer und Hunde riskierten mit jedem schmerzhaften Schritt ihr Leben.

لقد خاطر الرجال والكلاب بحياتهم مع كل خطوة مؤلمة.

Perrault durchbrach ein Dutzend Mal dünne Eisbrücken.

نجح بيرولت في اختراق الجسور الجليدية الرقيقة عشرات المرات المختلفة.

Er trug eine Stange und ließ sie über das Loch fallen, das sein Körper hinterlassen hatte.

حمل عمودًا وتركه يسقط على الحفرة التي صنعها جسده.

Mehr als einmal rettete diese Stange Perrault vor dem Ertrinken.

لقد أنقذ هذا العمود بيرولت من الغرق أكثر من مرة.

Die Kältewelle hielt an, die Lufttemperatur lag bei minus fünfzig Grad.

ظلت موجة البرد قوية، وكانت درجة حرارة الهواء خمسين درجة تحت الصفر.

Jedes Mal, wenn er hineinfiel, musste Perrault ein Feuer anzünden, um zu überleben.

في كل مرة كان يسقط فيها، كان على بيرولت أن يشعل النار ليتمكن من البقاء على قيد الحياة.

Nasse Kleidung gefror schnell, also trocknete er sie in der Nähe der sengenden Hitze.

تجمدت الملابس المبللة بسرعة، لذا قام بتجفيفها بالقرب من الحرارة الشديدة.

Perrault hatte nie Angst und das machte ihn zu einem Kurier.

لم يكن الخوف يمس بيرولت على الإطلاق، وهذا ما جعله رسولاً.

Er wurde für die Gefahr auserwählt und begegnete ihr mit stiller Entschlossenheit.

لقد تم اختياره لمواجهة الخطر، وقابله بهدوء وتصميم.

Er drängte sich gegen den Wind vorwärts, sein runzliges Gesicht war erfroren.

تقدم للأمام في مواجهة الريح، وكان وجهه المتجعد مغطى بالصقيع.

Von der Morgendämmerung bis zum Einbruch der Nacht führte Perrault sie weiter.

من الفجر الخافت حتى حلول الليل، قادهم بيرولت إلى الأمام.

Er ging auf einer schmalen Eiskante, die bei jedem Schritt knackte.

كان يمشي على حافة الجليد الضيقة التي كانت تتشقق مع كل خطوة.

Sie wagten nicht, anzuhalten – jede Pause hätte das Risiko eines tödlichen Zusammenbruchs bedeutet.

لم يجرؤوا على التوقف - كل توقف كان يهدد بانهيار مميت.

Einmal brach der Schlitten durch und zog Dave und Buck hinein.

في إحدى المرات، اخترقت الزلاجة الطريق، وسحبت ديف وبوك إلى الداخل.

Als sie freigezogen wurden, waren beide fast erfroren.

بحلول الوقت الذي تم فيه سحبهما بحرية، كان كلاهما متجمدين تقريبًا.

Die Männer machten schnell ein Feuer, um Buck und Dave am Leben zu halten.

قام الرجال بإشعال النار بسرعة لإبقاء باك وديف على قيد الحياة.

Die Hunde waren von der Nase bis zum Schwanz mit Eis bedeckt und steif wie geschnitztes Holz.

كانت الكلاب مغطاة بالجليد من الأنف إلى الذيل، صلبة مثل الخشب المنحوت.

Die Männer ließen sie in der Nähe des Feuers im Kreis laufen, um ihre Körper aufzutauen.

قام الرجال بتدويرهم في دوائر بالقرب من النار لتذويب أجسادهم.

Sie kamen den Flammen so nahe, dass ihr Fell versengt wurde.

لقد اقتربوا من النيران لدرجة أن فرائهم احترق.

Als nächster durchbrach Spitz das Eis und zog das Team hinter sich her.

ثم اخترق سبيتز الجليد، وسحب الفريق خلفه.

Der Bruch reichte bis zu der Stelle, an der Buck zog.

وصل الكسر إلى كل الطريق حتى حيث كان باك يسحب.

Buck lehnte sich weit zurück, seine Pfoten rutschten und zitterten auf der Kante.

انحنى باك إلى الخلف بقوة، وكانت كفوفه تنزلق وترتجف على الحافة.

Dave streckte sich ebenfalls nach hinten, direkt hinter Buck auf der Leine.

كما بذل ديف جهدًا كبيرًا في التراجع إلى الخلف، خلف باك مباشرة على الخط

François zog den Schlitten, seine Muskeln knackten vor Anstrengung.

سحب فرانسوا الزلاجة، وكانت عضلاته تتكسر من شدة الجهد.

Ein anderes Mal brach das Randeis vor und hinter dem Schlitten.

في مرة أخرى، تصدع الجليد على الحافة أمام الزلاجة وخلفها.

Sie hatten keinen anderen Ausweg, als eine gefrorene Felswand zu erklimmen.

لم يكن لديهم أي وسيلة للخروج سوى تسلق جدار الجرف المتجمد.

Perrault schaffte es irgendwie, die Mauer zu erklimmen; wie durch ein Wunder blieb er am Leben.

تمكن بيرولت بطريقة ما من تسلق الجدار؛ وأبقته معجزة على قيد الحياة.

François blieb unten und betete um dasselbe Glück.

وبقي فرانسوا في الأسفل، وهو يصلي من أجل نفس النوع من الحظ

Sie banden jeden Riemen, jede Zurrschnur und jede Leine zu einem langen Seil zusammen.

قاموا بربط كل حزام، وربط، وأثر في حبل واحد طويل.

Die Männer zogen jeden Hund einzeln nach oben.

سحب الرجال كل كلب على حدة إلى الأعلى.

François kletterte als Letzter, nach dem Schlitten und der gesamten Ladung.

تسلق فرانسوا أخيرًا، بعد الزلاجة والحمولة بأكملها.

Dann begann eine lange Suche nach einem Weg von den Klippen hinunter.

ثم بدأ بحث طويل عن طريق للنزول من المنحدرات.

Schließlich stiegen sie mit demselben Seil ab, das sie selbst hergestellt hatten.

نزلوا أخيرا باستخدام نفس الحبل الذي صنعوه.

Es wurde Nacht, als sie erschöpft und wund zum Flussbett zurückkehrten.

حل الليل عندما عادوا إلى مجرى النهر، مرهقين ومتألمين.

Der ganze Tag hatte ihnen nur eine Viertelmeile Gewinn eingebracht.

لقد حصلوا على ربع ميل فقط من المكسب خلال اليوم الكامل.

Als sie das Hootalinqua erreichten, war Buck erschöpft.

بحلول الوقت الذي وصلوا فيه إلى هوتالينكوا، كان باك مرهقًا.

Die anderen Hunde litten ebenso sehr unter den Bedingungen auf dem Trail.

عانت الكلاب الأخرى بنفس القدر من سوء حالة الطريق.

Aber Perrault musste Zeit gutmachen und trieb sie jeden Tag weiter an.

لكن بيرولت كان بحاجة إلى استعادة الوقت، وضغط عليهم كل يوم.

Am ersten Tag reisten sie dreißig Meilen nach Big Salmon.

في اليوم الأول سافروا مسافة ثلاثين ميلاً إلى بيج سالمون.

Am nächsten Tag reisten sie fünfunddreißig Meilen nach Little Salmon.

وفي اليوم التالي سافروا خمسة وثلاثين ميلاً إلى ليتل سالمون.

Am dritten Tag kämpften sie sich durch sechzig Kilometer lange, eisige Strecken.

وفي اليوم الثالث، تمكنوا من قطع مسافة أربعين ميلاً متجمداً.

Zu diesem Zeitpunkt näherten sie sich der Siedlung Five Fingers.

وبحلول ذلك الوقت، كانوا يقتربون من مستوطنة فايف فينجرز.

Bucks Füße waren weicher als die harten Füße der einheimischen Huskys.

كانت أقدام باك أكثر نعومة من أقدام الكلاب الهاسكي الأصلية الصلبة.

Seine Pfoten waren im Laufe vieler zivilisierter Generationen zart geworden.

لقد أصبحت أقدامه رقيقة على مر الأجيال المتحضرة.

Vor langer Zeit wurden seine Vorfahren von Flussmännern oder Jägern gezähmt.

منذ زمن بعيد، تم ترويض أسلافه من قبل رجال النهر أو الصيادين.

Jeden Tag humpelte Buck unter Schmerzen und ging auf wunden, schmerzenden Pfoten.

كان باك يعرج كل يوم من الألم، ويمشي على أقدامه الخام المؤلمة.

Im Lager fiel Buck wie eine leblose Gestalt in den Schnee.

في المخيم، سقط باك مثل جسد بلا حياة على الثلج.

Obwohl Buck am Verhungern war, stand er nicht auf, um sein Abendessen einzunehmen.

على الرغم من الجوع، لم ينهض باك لتناول وجبة العشاء.

François brachte Buck seine Ration und legte ihm Fisch neben die Schnauze.

أحضر فرانسوا لبوك حصته من السمك، ووضعه على فمه.

Jeden Abend massierte der Fahrer Bucks Füße eine halbe Stunde lang.

كل ليلة كان السائق يدلك قدمي باك لمدة نصف ساعة.

François hat sogar seine eigenen Mokassins zerschnitten, um daraus Hundeschuhe zu machen.

حتى أن فرانسوا قام بتقطيع أحذية الموكاسين الخاصة به لصنع أحذية للكلاب.

Vier warme Schuhe waren für Buck eine große und willkommene Erleichterung.

أربعة أحذية دافئة منحت باك راحة كبيرة ومرحب بها.

Eines Morgens vergaß François die Schuhe und Buck weigerte sich aufzustehen.

في صباح أحد الأيام، نسي فرانسوا الأحذية، ورفض باك النهوض.

Buck lag auf dem Rücken, die Füße in der Luft, und wedelte mitleiderregend damit herum.

استلقى باك على ظهره، وقدميه في الهواء، ولوح بهما بشكل مثير للشفقة.

Sogar Perrault grinste beim Anblick von Bucks dramatischer Bitte.

حتى بيرولت ابتسم عندما رأى نداء باك الدرامي.

Bald wurden Bucks Füße hart und die Schuhe konnten weggeworfen werden.

وسرعان ما أصبحت أقدام باك قاسية، وأصبح من الممكن التخلص من الأحذية.

In Pelly stieß Dolly beim Angeschirrtwerden ein schreckliches Heulen aus.

في بيلي، أثناء وقت التسخير، أطلقت دوللي عواءً مروعًا.

Der Schrei war lang und voller Wahnsinn und erschütterte jeden Hund.

كانت الصرخة طويلة ومليئة بالجنون، تهز كل كلب.

Jeder Hund zuckte vor Angst zusammen, ohne den Grund zu kennen.

كان كل كلب يشعر بالخوف دون أن يعرف السبب.

Dolly war verrückt geworden und stürzte sich direkt auf Buck.

لقد جن جنون دوللي وألقت بنفسها على باك مباشرة.

Buck hatte noch nie Wahnsinn gesehen, aber sein Herz war von Entsetzen erfüllt.

لم يرى باك الجنون أبدًا، لكن الرعب ملأ قلبه.

Ohne nachzudenken, drehte er sich um und floh in absoluter Panik.

وبدون تفكير، استدار وهرب في حالة من الذعر المطلق.

Dolly jagte ihm hinterher, ihre Augen waren wild, Speichel spritzte aus ihrem Maul.

طاردته دوللي، وكانت عيناها متوحشتين، وكان اللعاب يطير من فكيها.

Sie blieb direkt hinter Buck, holte nie auf und fiel nie zurück.

لقد بقيت خلف باك مباشرة، ولم تكسب أبدًا ولم تتراجع أبدًا.

Buck rannte durch den Wald, die Insel hinunter und über zerklüftetes Eis.

ركض باك عبر الغابات، أسفل الجزيرة، عبر الجليد المتعرج.

Er überquerte die Insel und erreichte eine weitere, bevor er im Kreis zurück zum Fluss ging.

عبر إلى جزيرة، ثم إلى أخرى، ثم عاد في اتجاه النهر.

Dolly jagte ihn immer noch und knurrte ihn bei jedem Schritt an.

لا تزال دوللي تطارده، وهديرها قريب من خلفه في كل خطوة.

Buck konnte ihren Atem und ihre Wut hören, obwohl er es nicht wagte, zurückzublicken.

كان باك يستطيع سماع أنفاسها وغضبها، على الرغم من أنه لم يجرؤ على النظر إلى الوراء.

François rief aus der Ferne und Buck drehte sich in die Richtung der Stimme um.

صرخ فرانسوا من بعيد، والتفت باك نحو الصوت.

Immer noch nach Luft schnappend rannte Buck vorbei und setzte seine ganze Hoffnung auf François.

مازال يلهث لالتقاط أنفاسه، ركض باك، واضعًا كل أمله في فرانسوا.

Der Hundeführer hob eine Axt und wartete, während Buck vorbeiflog.

رفع سائق الكلب فأسًا وانتظر بينما طار باك.

Die Axt kam schnell herunter und traf Dollys Kopf mit tödlicher Wucht.

نزل الفأس بسرعة وضرب رأس دوللي بقوة مميتة.

Buck brach neben dem Schlitten zusammen, keuchte und konnte sich nicht bewegen.

انهار باك بالقرب من الزلاجة، وكان يلهث وغير قادر على الحركة.

In diesem Moment hatte Spitz die Chance, einen erschöpften Gegner zu schlagen.

أعطت تلك اللحظة لسبيتز فرصته لضرب عدو منهك.

Zweimal biss er Buck und riss das Fleisch bis auf den weißen Knochen auf.

لقد عض باك مرتين، مما أدى إلى تمزيق لحمه حتى العظم الأبيض.

François' Peitsche knallte und traf Spitz mit voller, wütender Wucht.

انطلق سوط فرانسوا، وضرب سبيتز بقوة شديدة وعنيفة.

Buck sah mit Freude zu, wie Spitz seine bisher härteste Tracht Prügel bekam.

كان باك يراقب بفرح بينما تلقى سبيتز أقسى الضربات التي تلقاها حتى الآن.

„Er ist ein Teufel, dieser Spitz", murmelte Perrault düster vor sich hin.

إنه شيطان، ذلك سبيتز، "تمتم بيرولت في نفسه بصوت قاتم".

„Eines Tages wird dieser verfluchte Hund Buck töten – das schwöre ich."

في يوم قريب، سوف يقتل هذا الكلب الملعون باك - أقسم بذلك".

„Dieser Buck hat zwei Teufel in sich", antwortete François mit einem Nicken.

هذا باك لديه شيطانان بداخله"، أجاب فرانسوا مع إيماءة".

„Wenn ich Buck beobachte, weiß ich, dass etwas Wildes in ihm lauert."

عندما أشاهد باك، أعلم أن هناك شيئًا شرسًا ينتظره"-".

„Eines Tages wird er rasend vor Wut werden und Spitz in Stücke reißen."

في يوم من الأيام، سوف يجن جنونه كالنار ويمزق سبيتز إلى أشلاء".ـ"

„Er wird den Hund zerkauen und ihn auf den gefrorenen
Schnee spucken."

سيقوم بمضغ هذا الكلب وبصقه على الثلج المتجمد".ـ"

„Das weiß ich ganz sicher tief in meinem Innern."

من المؤكد أنني أعرف هذا في أعماق عظامي".ـ"

Von diesem Moment an befanden sich die beiden Hunde im
Krieg.

منذ تلك اللحظة، أصبح الكلبان في حالة حرب.

Spitz führte das Team an und hatte die Macht, aber Buck
stellte das in Frage.

كان سبيتز قائدًا للفريق ويحتفظ بالسلطة، لكن باك تحدى ذلك.

Spitz sah seinen Rang durch diesen seltsamen Fremden aus
dem Süden bedroht.

رأى سبيتز أن رتبته مهددة من قبل هذا الغريب من ساوثلاند.

Buck war anders als alle Südstaatenhunde, die Spitz zuvor
gekannt hatte.

كان باك مختلفًا عن أي كلب جنوبي عرفه سبيتز من قبل.

Die meisten von ihnen scheiterten – sie waren zu schwach,
um Kälte und Hunger zu überleben.

لقد فشل معظمهم ـ كانوا ضعفاء للغاية لدرجة أنهم لم يتمكنوا من العيش
في البرد والجوع.

Sie starben schnell unter der harten Arbeit, dem Frost und
der langsamen Hungersnot.

لقد ماتوا بسرعة بسبب العمل، والصقيع، والحرق البطيء للمجاعة.

Buck stand abseits – mit jedem Tag stärker, klüger und
wilder.

لقد كان باك يقف منفردًا ـ أقوى وأذكى وأكثر وحشية كل يوم.

Er gedieh trotz aller Härte und wuchs heran, bis er den
nördlichen Huskies ebenbürtig war.

لقد ازدهر في ظل المشقة، ونما ليصبح منافسًا لكلاب الهاسكي الشمالية.

Buck hatte Kraft, wilde Geschicklichkeit und einen
geduldigen, tödlichen Instinkt.

كان باك يتمتع بالقوة والمهارة البرية وغريزة قاتلة وصبر.

Der Mann mit der Keule hatte Buck die Unbesonnenheit
ausgetrieben.

لقد ضرب الرجل الذي يحمل النادي باك حتى خرج من حالة التهور.

Die blinde Wut war verschwunden und durch stille Gerissenheit und Kontrolle ersetzt worden.

لقد ذهب الغضب الأعمى، وتم استبداله بالمكر الهادئ والسيطرة.

Er wartete ruhig und ursprünglich und wartete auf den richtigen Moment.

كان ينتظر بهدوء وتلقائية، يبحث عن اللحظة المناسبة.

Ihr Kampf um die Vorherrschaft wurde unvermeidlich und deutlich.

لقد أصبح صراعهم على القيادة أمراً لا مفر منه وواضحاً.

Buck strebte nach einer Führungsposition, weil sein Geist es verlangte.

لقد رغب باك في القيادة لأن روحه طالبت بذلك.

Er wurde von dem seltsamen Stolz getrieben, der aus der Jagd und dem Geschirr entstand.

لقد كان مدفوعًا بالفخر الغريب الذي ولد من الدرب والحزام.

Dieser Stolz ließ die Hunde ziehen, bis sie im Schnee zusammenbrachen.

هذا الفخر جعل الكلاب تسحب نفسها حتى انهارت على الثلج.

Der Stolz verleitete sie dazu, all ihre Kraft einzusetzen.

لقد أغرتهم الكبرياء بإعطاء كل القوة التي لديهم.

Stolz kann einen Schlittenhund sogar in den Tod treiben.

يمكن للكبرياء أن يغري كلب الزلاجة حتى الموت.

Der Verlust des Geschirrs ließ die Hunde gebrochen und ziellos zurück.

فقدان الحزام يترك الكلاب مكسورة وبدون هدف.

Das Herz eines Schlittenhundes kann vor Scham brechen, wenn er in den Ruhestand geht.

يمكن أن يُسحق قلب كلب الزلاجة بالخجل عندما يتقاعد.

Dave lebte von diesem Stolz, während er den Schlitten hinter sich herzog.

لقد عاش ديف بهذا الفخر بينما كان يسحب الزلاجة من الخلف.

Auch Solleks gab mit grimmiger Stärke und Loyalität alles.

كما أعطى سوليكس كل ما لديه من قوة وإخلاص.

Jeden Morgen verwandelte der Stolz ihre Verbitterung in Entschlossenheit.

في كل صباح، كان الكبرياء يحولهم من مريرين إلى مصممين.

Sie drängten den ganzen Tag und verstummten dann am Ende des Lagers.

لقد دفعوا طوال اليوم، ثم ساد الصمت في نهاية المخيم.

Dieser Stolz gab Spitz die Kraft, Drückeberger zur Räson zu bringen.

لقد أعطى هذا الكبرياء سبيتز القوة للتغلب على المتقاعسين.

Spitz fürchtete Buck, weil Buck denselben tiefen Stolz in sich trug.

كان سبيتز يخشى باك لأن باك كان يحمل نفس الفخر العميق.

Bucks Stolz wandte sich nun gegen Spitz, und er ließ nicht locker.

لقد تحرك كبرياء باك الآن ضد سبيتز، ولم يتوقف.

Buck widersetzte sich Spitz' Macht und hinderte ihn daran, Hunde zu bestrafen.

تحدى باك قوة سبيتز ومنعه من معاقبة الكلاب.

Als andere versagten, stellte sich Buck zwischen sie und ihren Anführer.

عندما فشل الآخرون، تدخل باك بينهم وبين زعيمهم.

Er tat dies mit Absicht und brachte seine Herausforderung offen und deutlich zum Ausdruck.

لقد فعل ذلك عن قصد، مما جعل تحديه مفتوحًا وواضحًا.

In einer Nacht hüllte schwerer Schnee die Welt in tiefe Stille.

في إحدى الليالي، غطت الثلوج الكثيفة العالم بصمت عميق.

Am nächsten Morgen stand Pike, faul wie immer, nicht zur Arbeit auf.

في صباح اليوم التالي، لم يستيقظ بايك للذهاب إلى العمل، كعادته، لأنه كان كسولًا.

Er blieb in seinem Nest unter einer dicken Schneeschicht verborgen.

لقد بقي مختبئًا في عشه تحت طبقة سميكة من الثلج.

François rief und suchte, konnte den Hund jedoch nicht finden.

نادى فرانسوا وبحث، لكنه لم يتمكن من العثور على الكلب.

Spitz wurde wütend und stürmte durch das schneebedeckte Lager.

لقد أصبح سبيتز غاضبًا واقتحم المخيم المغطى بالثلوج.

Er knurrte und schnüffelte und grub wie verrückt mit
flammenden Augen.

لقد هدّر وشمّ، وحفر بجنون مع عيون مشتعلة.

Seine Wut war so heftig, dass Pike vor Angst unter dem
Schnee zitterte.

كان غضبه شديدًا لدرجة أن بايك كان يرتجف تحت الثلج من الخوف.

Als Pike schließlich gefunden wurde, stürzte sich Spitz auf
den versteckten Hund, um ihn zu bestrafen.

عندما تم العثور على بايك أخيرًا، انقض سبيتز لمعاقبة الكلب المختبئ.

Doch Buck sprang mit einer Wut zwischen sie, die Spitz'
eigener ebenbürtig war.

لكن باك اندفع بينهما بغضب مماثل لغضب سبيتز.

Der Angriff erfolgte so plötzlich und geschickt, dass Spitz
umfiel.

كان الهجوم مفاجئًا وذكيًا لدرجة أن سبيتز سقط على قدميه.

Pike, der gezittert hatte, schöpfte aus diesem Trotz neuen
Mut.

لقد استمد بايك، الذي كان يرتجف، الشجاعة من هذا التحدي.

Er sprang auf den gefallenen Spitz und folgte Bucks
mutigem Beispiel.

لقد قفز على سبيتز الساقط، متبعًا مثال باك الجريء.

Buck, der nicht länger an Fairness gebunden war, beteiligte
sich am Angriff auf Spitz.

انضم باك، الذي لم يعد ملزماً بالعدالة، إلى الإضراب ضد سبيتز.

François, amüsiert, aber dennoch diszipliniert, schwang
seine schwere Peitsche.

كان فرانسوا مسليًا ولكنه حازم في الانضباط، وهو يلوح بسوطه الثقيل.

Er schlug Buck mit aller Kraft, um den Kampf zu beenden.

ضرب باك بكل قوته لفض القتال.

Buck weigerte sich, sich zu bewegen und blieb auf dem
gefallenen Anführer sitzen.

رفض باك التحرك وبقي فوق الزعيم الساقط

Dann benutzte François den Griff der Peitsche und schlug
Buck damit heftig.

ثم استخدم فرانسوا مقبض السوط، وضرب باك بقوة.

Buck taumelte unter dem Schlag und fiel zurück.

ترنح باك من الضربة، وسقط إلى الخلف تحت الهجوم.

François schlug immer wieder zu, während Spitz Pike
bestrafte.

ضرب فرانسوا مرارا وتكرارا بينما عاقب سبيتز بايك.

Die Tage vergingen und Dawson City kam immer näher.

ومرت الأيام، وأصبحت مدينة داوسون أقرب فأقرب.

Buck mischte sich immer wieder ein und schlüpfte zwischen
Spitz und andere Hunde.

استمر باك في التدخل، والانزلاق بين سبيتز والكلاب الأخرى.

Er wählte seine Momente gut und wartete immer darauf,
dass François ging.

لقد اختار لحظاته جيدًا، وكان دائمًا ينتظر رحيل فرانسوا.

Bucks stille Rebellion breitete sich aus und im Team breitete
sich Unordnung aus.

انتشرت ثورة باك الهادئة، وترسخت الفوضى في الفريق.

Dave und Solleks blieben loyal, andere jedoch wurden
widerspenstig.

ظل ديف وسوليكس مخلصين، لكن الآخرين أصبحوا غير منضبطين.

Die Situation im Team wurde immer schlimmer – es wurde
unruhig, streitsüchtig und geriet aus der Reihe.

أصبح الفريق أسوأ - مضطربًا، ومتشاجرًا، وخارجًا عن المسار.

Nichts lief mehr reibungslos und es kam immer wieder zu
Streit.

لم يعد أي شيء يعمل بسلاسة، وأصبحت المعارك أمرًا شائعًا.

Buck blieb im Zentrum des Chaos und provozierte ständig
Unruhe.

وبقي باك في قلب المشكلة، مثيرًا للاضطرابات دائمًا.

François blieb wachsam, aus Angst vor dem Kampf
zwischen Buck und Spitz.

ظل فرانسوا متيقظًا، خائفًا من القتال بين باك وسبيتز.

Jede Nacht wurde er durch Rangeleien geweckt, aus Angst,
dass es endlich losgehen würde.

في كل ليلة، كانت المشاجرات توقظه، خوفًا من أن تكون البداية قد وصلت
أخيرًا.

Er sprang aus seiner Robe, bereit, den Kampf zu beenden.

قفز من ردائه، مستعدًا لفض القتال.

Aber der Moment kam nie und sie erreichten schließlich Dawson.

ولكن اللحظة لم تأت أبدًا، ووصلوا إلى داوسون أخيرًا.

Das Team betrat die Stadt an einem trüben Nachmittag, angespannt und still.

دخل الفريق إلى المدينة في فترة ما بعد الظهيرة الكئيبة، وكان الجو متوتراً وهادئاً.

Der große Kampf um die Führung hing noch immer in der eisigen Luft.

لا تزال المعركة الكبرى على القيادة معلقة في الهواء المتجمد.

Dawson war voller Männer und Schlittenhunde, die alle mit der Arbeit beschäftigt waren.

كانت داوسون مليئة بالرجال والكلاب المزلجة، وكان الجميع مشغولين بالعمل.

Buck beobachtete die Hunde von morgens bis abends beim Lastenziehen.

كان باك يراقب الكلاب وهي تسحب الأحمال من الصباح حتى الليل.

Sie transportierten Baumstämme und Brennholz und lieferten Vorräte an die Minen.

قاموا بنقل الأخشاب والحطب، ونقلوا الإمدادات إلى المناجم.

Wo früher im Süden Pferde arbeiteten, schufteten heute Hunde.

حيث كانت الخيول تعمل في السابق في منطقة الجنوب، أصبحت الكلاب تعمل الآن.

Buck sah einige Hunde aus dem Süden, aber die meisten waren wolfsähnliche Huskys.

رأى باك بعض الكلاب من الجنوب، لكن معظمها كانت من نوع الهاسكي التي تشبه الذئاب.

Nachts erhoben die Hunde pünktlich zum ersten Mal ihre Stimmen zum Singen.

في الليل، كالعادة، كانت الكلاب ترفع أصواتها بالغناء.

Um neun, um Mitternacht und erneut um drei begann der Gesang.

وفي الساعة التاسعة، وفي منتصف الليل، ومرة أخرى في الساعة الثالثة، بدأ الغناء.

Buck liebte es, in ihren unheimlichen Gesang einzustimmen, der wild und uralt klang.

كان باك يحب الانضمام إلى ترانيمهم الغريبة، البرية والقديمة في الصوت.

Das Polarlicht flammte, die Sterne tanzten und das Land war mit Schnee bedeckt.

اشتعلت الأضواء الشمالية، ورقصت النجوم، وغطى الثلج الأرض.

Der Gesang der Hunde erhob sich als Aufschrei gegen die Stille und die bittere Kälte.

وارتفعت أغنية الكلاب كصرخة ضد الصمت والبرد القارس.

Doch in jedem langen Ton ihres Heulens war Trauer und nicht Trotz zu hören.

لكن عواءهم كان يحمل الحزن، وليس التحدي، في كل نغمة طويلة.

Jeder Klageschrei war voller Flehen; die Last des Lebens selbst.

كانت كل صرخة عويل مليئة بالتوسل، وكان ذلك عبء الحياة نفسها.

Dieses Lied war alt – älter als Städte und älter als Feuer

كانت تلك الأغنية قديمة ـ أقدم من المدن، وأقدم من الحرائق

Dieses Lied war sogar älter als die Stimmen der Menschen.

كانت تلك الأغنية أقدم حتى من أصوات الرجال.

Es war ein Lied aus der jungen Welt, als alle Lieder traurig waren.

كانت أغنية من عالم الشباب، عندما كانت كل الأغاني حزينة.

Das Lied trug den Kummer unzähliger Hundegenerationen in sich.

حملت الأغنية الحزن من أجيال لا تعد ولا تحصى من الكلاب.

Buck spürte die Melodie tief und stöhnte vor jahrhundertealtem Schmerz.

أحس باك باللحن بعمق، وكان يتأوه من الألم المتجذر في العصور.

Er schluchzte aus einem Kummer, der so alt war wie das wilde Blut in seinen Adern.

لقد بكى من حزن قديم مثل الدم البري في عروقه.

Die Kälte, die Dunkelheit und das Geheimnisvolle berührten Bucks Seele.

لقد لمس البرد والظلام والغموض روح باك.

Dieses Lied bewies, wie weit Buck zu seinen Ursprüngen zurückgekehrt war.

لقد أثبتت هذه الأغنية مدى عودة باك إلى أصوله.

Durch Schnee und Heulen hatte er den Anfang seines eigenen Lebens gefunden.

ومن خلال الثلوج والعويل، وجد بداية حياته الخاصة.

Sieben Tage nach ihrer Ankunft in Dawson brachen sie
erneut auf.

وبعد سبعة أيام من وصولهم إلى داوسون، انطلقوا مرة أخرى.

Das Team verließ die Kaserne und fuhr hinunter zum
Yukon Trail.

نزل الفريق من الثكنات إلى طريق يوكون.

Sie begannen die Rückreise nach Dyea und Salt Water.

بدأوا الرحلة عائدين نحو دايا والمياه المالحة.

Perrault überbrachte noch dringlichere Depeschen als zuvor.

كان بيرولت يحمل رسائل أكثر إلحاحًا من ذي قبل.

Auch ihn packte der Trail-Stolz, und er wollte einen Rekord
aufstellen.

وقد استولى عليه أيضًا كبرياء المسار وهدف إلى تسجيل رقم قياسي.

Diesmal hatte Perrault mehrere Vorteile.

هذه المرة، كانت هناك عدة مزايا لصالح بيرولت.

Die Hunde hatten eine ganze Woche lang geruht und ihre
Kräfte wiedererlangt.

لقد استراحت الكلاب لمدة أسبوع كامل واستعادت قوتها.

Die Spur, die sie gebahnt hatten, wurde nun von anderen
festgestampft.

لقد كان الطريق الذي فتحوه الآن ممهداً من قبل الآخرين.

An manchen Stellen hatte die Polizei Futter für Hunde und
Menschen gelagert.

وفي بعض الأماكن، قامت الشرطة بتخزين الطعام للكلاب والرجال على
حد سواء.

Perrault reiste mit leichtem Gepäck und bewegte sich
schnell, ohne dass ihn etwas belastete.

كان بيرولت يسافر بخفة، ويتحرك بسرعة مع القليل من الأشياء التي تثقله.

Sie erreichten Sixty-Mile, eine Strecke von achtzig
Kilometern, noch in der ersten Nacht.

وصلوا إلى مسافة الستين ميلاً، وهي مسافة خمسين ميلاً، في الليلة الأولى.

Am zweiten Tag eilten sie den Yukon hinauf nach Pelly.

وفي اليوم الثاني، سارعوا إلى يوكون باتجاه بيلي.

Doch dieser tolle Fortschritt war für François mit vielen
Strapazen verbunden.

لكن هذا التقدم الرائع جاء مصحوبًا بقدر كبير من الضغط على فرانسوا.

Bucks stille Rebellion hatte die Disziplin des Teams
zerstört.

لقد أدى تمرد باك الهادئ إلى تحطيم انضباط الفريق.

Sie zogen nicht mehr wie ein Tier an den Zügeln.

لم يعودوا متحدين مثل وحش واحد في اللجام.

Buck hatte durch sein mutiges Beispiel andere zum Trotz
verleitet.

لقد قاد باك الآخرين إلى التحدي من خلال مثاله الجريء.

Spitz' Befehl stieß weder auf Furcht noch auf Respekt.

لم يعد أمر سبيتز يُقابل بالخوف أو الاحترام.

Die anderen verloren ihre Ehrfurcht vor ihm und wagten es,
sich seiner Herrschaft zu widersetzen.

لقد فقد الآخرون رهبتهم منه وتجرأوا على مقاومة حكمه.

Eines Nachts stahl Pike einen halben Fisch und aß ihn vor
Bucks Augen.

في إحدى الليالي، سرق بايك نصف سمكة وأكلها تحت عين باك.

In einer anderen Nacht kämpften Dub und Joe gegen Spitz
und blieben ungestraft.

في ليلة أخرى، خاض داب وجو معركة ضد سبيتز ولم يتعرضا للعقاب.

Sogar Billee jammerte weniger süß und zeigte eine neue
Schärfe.

حتى بيلي أصبح يتذمر بشكل أقل حلاوة، وأظهر حدة جديدة.

Buck knurrte Spitz jedes Mal an, wenn sich ihre Wege
kreuzten.

كان باك يزأر في وجه سبيتز في كل مرة عبروا فيها مساراتهم.

Bucks Haltung wurde dreist und bedrohlich, fast wie die
eines Tyrannen.

أصبح موقف باك جريئًا ومهددًا، تقريبًا مثل المتمرد.

Mit stolzgeschwellter Brust und voller spöttischer
Bedrohung schritt er vor Spitz auf und ab.

كان يسير جيئة وذهابا أمام سبيتز بتبختر، مليئا بالتهديد الساخر.

Dieser Zusammenbruch der Ordnung breitete sich auch
unter den Schlittenhunden aus.

وانتشر انهيار النظام أيضًا بين كلاب الزلاجات.

Sie stritten und stritten mehr denn je und erfüllten das
Lager mit Lärm.

لقد قاتلوا وتجادلوا أكثر من أي وقت مضى، مما ملأ المخيم بالضوضاء.

Das Lagerleben verwandelte sich jede Nacht in ein wildes, heulendes Chaos.

تحولت حياة المخيم إلى فوضى عارمة وصاخبة كل ليلة.

Nur Dave und Solleks blieben ruhig und konzentriert.

فقط ديف وسوليكس بقيا ثابتين ومركزين.

Doch selbst sie wurden durch die ständigen Schlägereien ungehalten.

ولكن حتى هم أصبحوا سريعي الانفعال بسبب المشاجرات المستمرة.

François fluchte in fremden Sprachen und stampfte frustriert auf.

شتم فرانسوا بألسنة غريبة وداس على الأرض بإحباط.

Er riss sich die Haare aus und schrie, während der Schnee unter seinen Füßen wirbelte.

مزق شعره وصرخ بينما كان الثلج يطير تحت قدميه.

Seine Peitsche knallte über das Rudel, konnte es aber kaum in Schach halten.

انطلق سوطه عبر المجموعة لكنه بالكاد نجح في إبقاءهم في خط واحد.

Immer wenn er sich umdrehte, brachen die Kämpfe erneut aus.

كلما أدار ظهره اندلعت المعارك مرة أخرى.

François setzte die Peitsche für Spitz ein, während Buck die Rebellen anführte.

استخدم فرانسوا السوط ضد سبيتز، بينما قاد باك المتمردين.

Jeder kannte die Rolle des anderen, aber Buck vermied jegliche Schuldzuweisungen.

كان كل واحد منهما يعرف دور الآخر، لكن باك تجنب أي لوم.

François hat Buck nie dabei erwischt, wie er eine Schlägerei anfing oder sich vor seiner Arbeit drückte.

لم يتمكن فرانسوا أبدًا من رؤية باك وهو يبدأ قتالًا أو يتهرب من وظيفته.

Buck arbeitete hart im Geschirr – die Mühe erfüllte ihn jetzt mit Begeisterung.

كان باك يعمل بجد في السرج - وكان العمل الشاق الآن يثير روحه.

Doch noch mehr Freude bereitete ihm das Anzetteln von Kämpfen und Chaos im Lager.

ولكنه وجد متعة أكبر في إثارة المعارك والفوضى في المخيم.

Eines Abends schreckte Dub an der Mündung des Tahkeena ein Kaninchen auf.

في أحد الأمسيات، عند فم تاكينا، فاجأ داب أرنبًا.

Er verpasste den Fang und das Schneeschuhkaninchen sprang davon.

لقد أخطأ في الصيد، وقفز أرنب الثلج بعيدًا.

Innerhalb von Sekunden nahm das gesamte Schlittenteam unter wildem Geschrei die Verfolgung auf.

في ثوان، قام فريق الزلاجات بأكمله بمطاردته مع صرخات برية.

In der Nähe beherbergte ein Lager der Northwest Police fünfzig Huskys.

وفي مكان قريب، كان معسكر شرطة الشمال الغربي يضم خمسين كلبًا من فصيلة الهاسكي.

Sie schlossen sich der Jagd an und stürmten gemeinsam den zugefrorenen Fluss hinunter.

انضموا إلى الصيد، واندفعوا معًا عبر النهر المتجمد.

Das Kaninchen verließ den Fluss und floh in ein gefrorenes Bachbett.

انحرف الأرنب عن النهر، وهرب إلى مجرى مائي متجمد.

Das Kaninchen hüpfte leichtfüßig über den Schnee, während die Hunde sich durchkämpften.

قفز الأرنب بخفة فوق الثلج بينما كانت الكلاب تكافح من أجل العبور.

Buck führte das riesige Rudel von sechzig Hunden um jede Kurve.

قاد باك المجموعة الضخمة المكونة من ستين كلبًا حول كل منعطف ملتوٍ.

Er drängte tief und eifrig vorwärts, konnte jedoch keinen Boden gutmachen.

لقد دفع إلى الأمام، منخفضًا ومتحمسًا، لكنه لم يتمكن من كسب الأرض.

Bei jedem kraftvollen Sprung blitzte sein Körper im blassen Mondlicht auf.

كان جسده يلمع تحت ضوء القمر الشاحب مع كل قفزة قوية.

Vor uns bewegte sich das Kaninchen wie ein Geist, lautlos und zu schnell, um es einzufangen.

أمامًا، كان الأرنب يتحرك مثل الشبح، صامتًا وسريعًا جدًا بحيث لا يمكن الإمساك به.

All diese alten Instinkte – der Hunger, der Nervenkitzel – durchströmten Buck.

كل تلك الغرائز القديمة ـ الجوع، الإثارة ـ تسارعت في باك.

Manchmal verspüren Menschen diesen Instinkt und werden
dazu getrieben, mit Gewehr und Kugel zu jagen.

يشعر البشر بهذه الغريزة في بعض الأحيان، مما يدفعهم إلى الصيد
بالبنادق والرصاص.

Aber Buck empfand dieses Gefühl auf einer tieferen und
persönlicheren Ebene.

لكن باك شعر بهذا الشعور على مستوى أعمق وأكثر شخصية.

Sie konnten die Wildnis nicht in ihrem Blut spüren, so wie
Buck sie spüren konnte.

لم يتمكنوا من الشعور بالبرية في دمائهم بالطريقة التي شعر بها باك.

Er jagte lebendes Fleisch, bereit, mit seinen Zähnen zu töten
und Blut zu schmecken.

كان يطارد اللحوم الحية، مستعدًا للقتل بأسنانه وتذوق الدم.

Sein Körper spannte sich vor Freude, er wollte in warmem,
rotem Leben baden.

كان جسده متوتراً من الفرح، راغباً في الاستحمام في حياة حمراء دافئة.

Eine seltsame Freude markiert den höchsten Punkt, den das
Leben jemals erreichen kann.

فرحة غريبة تمثل أعلى نقطة يمكن أن تصل إليها الحياة على الإطلاق.

Das Gefühl eines Gipfels, bei dem die Lebenden vergessen,
dass sie überhaupt am Leben sind.

شعور بالذروة حيث ينسى الأحياء أنهم على قيد الحياة.

Diese tiefe Freude berührt den Künstler, der sich in
glühender Inspiration verliert.

هذا الفرح العميق يلمس الفنان الضائع في الإلهام المشتعل.

Diese Freude ergreift den Soldaten, der wild kämpft und
keinen Feind verschont.

هذه الفرحة تسيطر على الجندي الذي يقاتل بضراوة ولا يرحم أحداً من
الأعداء.

Diese Freude erfasste nun Buck, der das Rudel mit seinem
Urhunger anführte.

لقد استحوذ هذا الفرح الآن على باك عندما قاد المجموعة في الجوع
البدائي.

Er heulte mit dem uralten Wolfsschrei, aufgeregt durch die
lebendige Jagd.

عوى بصرخة الذئب القديمة، منبهرًا بالمطاردة الحية.

Buck hat den ältesten Teil seiner selbst angezapft, der in der Wildnis verloren war.

استغل باك الجزء الأقدم من نفسه، المفقود في البرية.

Er griff tief in sein Inneres, in die Vergangenheit, in die raue, uralte Zeit.

لقد وصل إلى أعماق الذاكرة الماضية، إلى الزمن الخام القديم.

Eine Welle puren Lebens durchströmte jeden Muskel und jede Sehne.

تدفقت موجة من الحياة النقية عبر كل عضلة ووتر.

Jeder Sprung schrie, dass er lebte, dass er durch den Tod ging.

كل قفزة كانت تصرخ بأنه عاش، وأنه تحرك عبر الموت.

Sein Körper schwebte freudig über stilles, kaltes Land, das sich nie regte.

ارتفع جسده بفرح فوق أرض باردة ثابتة لا تتحرك أبدًا.

Spitz blieb selbst in seinen wildesten Momenten kalt und listig.

ظل سبيتز باردًا وماكرًا، حتى في أكثر لحظاته جنونًا.

Er verließ den Pfad und überquerte das Land, wo der Bach eine weite Biegung machte.

ترك المسار وعبر الأرض حيث انحنى الخور على نطاق واسع.

Buck, der davon nichts wusste, blieb auf dem gewundenen Pfad des Kaninchens.

لم يكن باك على علم بهذا، وبقي على المسار المتعرج للأرنب.

Dann, als Buck um eine Kurve bog, stand das geisterhafte Kaninchen vor ihm.

ثم، عندما انعطف باك حول المنعطف، كان الأرنب الشبح أمامه.

Er sah, wie eine zweite Gestalt vor der Beute vom Ufer sprang.

لقد رأى شخصية ثانية تقفز من البنك أمام الفريسة.

Bei der Gestalt handelte es sich um Spitz, der direkt auf dem Weg des fliehenden Kaninchens landete.

كان هذا الشكل هو سبيتز، الذي هبط مباشرة في طريق الأرنب الهارب.

Das Kaninchen konnte sich nicht umdrehen und traf mitten in der Luft auf Spitz' Kiefer.

لم يتمكن الأرنب من الدوران والتقى بفكي سبيتز في الهواء.

Das Rückgrat des Kaninchens brach mit einem Schrei, der so scharf war wie der Schrei eines sterbenden Menschen.

انكسر عمود الأرنب الفقري مع صرخة حادة مثل صرخة إنسان يحتضر.

Bei diesem Geräusch – dem Sturz vom Leben in den Tod – heulte das Rudel laut auf.

عند هذا الصوت - السقوط من الحياة إلى الموت - عوت المجموعة بصوت عالٍ.

Hinter Buck erhob sich ein wilder Chor voller dunkler Freude.

ارتفعت جوقة وحشية من خلف باك، مليئة بالبهجة المظلمة.

Buck gab keinen Schrei von sich, keinen Laut, und stürmte direkt auf Spitz zu.

لم يصدر باك أي صرخة أو صوت، واندفع مباشرة نحو سبيتز.

Er zielte auf die Kehle, traf aber stattdessen die Schulter.

كان يهدف إلى الحلق، لكنه ضرب الكتف بدلا من ذلك.

Sie stürzten durch den weichen Schnee, ihre Körper waren in einen Kampf verstrickt.

لقد تدحرجوا عبر الثلج الناعم، وكانت أجسادهم متشابكة في قتال.

Spitz sprang schnell auf, als wäre er nie niedergeschlagen worden.

قفز سبيتز بسرعة، كما لو أنه لم يُسقط على الإطلاق.

Er schlug auf Bucks Schulter und sprang dann aus dem Kampf.

لقد قطع كتف باك، ثم قفز بعيدًا عن القتال.

Zweimal schnappten seine Zähne wie Stahlfallen, seine Lippen waren grimmig gekräuselt.

انكسرت أسنانه مرتين مثل مصائد الفولاذ، شفتيه ملتفة وشرسة.

Er wich langsam zurück und suchte festen Boden unter seinen Füßen.

تراجع ببطء، باحثًا عن أرض ثابتة تحت قدميه.

Buck verstand den Moment sofort und vollkommen.

لقد فهم باك اللحظة على الفور وبشكل كامل.

Die Zeit war gekommen; der Kampf würde ein Kampf auf Leben und Tod werden.

لقد حان الوقت، وكان القتال سيكون قتالًا حتى الموت.

Die beiden Hunde umkreisten knurrend den Raum, legten die Ohren an und kniffen die Augen zusammen.

كان الكلبان يدوران، وهما يزأران، وآذانهما مسطحة، وعيونهما ضيقة.

Jeder Hund wartete darauf, dass der andere Schwäche zeigte oder einen Fehltritt machte.

كان كل كلب ينتظر من الآخر أن يظهر الضعف أو الخطأ.

Buck hatte ein unheimliches Gefühl, die Szene zu kennen und tief in Erinnerung zu behalten.

بالنسبة لباك، كان المشهد يبدو مألوفًا بشكل مخيف ولا يزال في الذاكرة بعمق.

Die weißen Wälder, die kalte Erde, die Schlacht im Mondlicht.

الغابات البيضاء، والأرض الباردة، والمعركة تحت ضوء القمر.

Eine schwere Stille erfüllte das Land, tief und unnatürlich.

ملأ صمت ثقيل الأرض، عميق وغير طبيعي.

Kein Wind regte sich, kein Blatt bewegte sich, kein Geräusch unterbrach die Stille.

لم تحرك الرياح، ولم تتحرك الأوراق، ولم يكسر الصمت أي صوت.

Der Atem der Hunde stieg wie Rauch in die eiskalte, stille Luft.

ارتفعت أنفاس الكلاب مثل الدخان في الهواء المتجمد والهادئ.

Das Kaninchen war von der Meute der wilden Tiere längst vergessen.

لقد نسي قطيع الوحوش البرية الأرنب منذ زمن طويل.

Diese halb gezähmten Wölfe standen nun still in einem weiten Kreis.

الآن، وقفت هذه الذئاب نصف المروضة في دائرة واسعة.

Sie waren still, nur ihre leuchtenden Augen verrieten ihren Hunger.

لقد كانوا هادئين، فقط عيونهم المتوهجة كشفت عن جوعهم.

Ihr Atem stieg auf, als sie den Beginn des Endkampfes beobachteten.

ارتفع أنفاسهم إلى الأعلى، وهم يشاهدون بداية القتال النهائي.

Für Buck war dieser Kampf alt und erwartet, überhaupt nicht ungewöhnlich.

بالنسبة لباك، كانت هذه المعركة قديمة ومتوقعة، وليست غريبة على الإطلاق.

Es fühlte sich an wie die Erinnerung an etwas, das schon immer passieren sollte.

لقد شعرت وكأنها ذكرى لشيء كان من المفترض أن يحدث دائمًا.

Spitz war ein ausgebildeter Kampfhund, gestählt durch
zahllose wilde Schlägereien.

كان سبيتز كلبًا مدربًا على القتال، وتم صقل مهاراته من خلال المشاركة
في عدد لا يحصى من المعارك البرية.

Von Spitzbergen bis Kanada hatte er viele Feinde besiegt.

من سبيتسبيرجن إلى كندا، كان قد تغلب على العديد من الأعداء.

Er war voller Wut, ließ seiner Wut jedoch nie freien Lauf.

لقد كان مليئا بالغضب، لكنه لم يسمح أبدا بالسيطرة على الغضب.

Seine Leidenschaft war scharf, aber immer durch einen
harten Instinkt gemildert.

لقد كان شغفه حادًا، لكنه كان دائمًا مخففًا بالغريزة القاسية.

Er griff nie an, bis seine eigene Verteidigung stand.

لم يهاجم أبدًا حتى أصبح دفاعه جاهزًا.

Buck versuchte immer wieder, Spitz' verwundbaren Hals zu
erreichen.

حاول باك مرارا وتكرارا الوصول إلى رقبة سبيتز الضعيفة.

Doch jeder Schlag wurde von Spitz' scharfen Zähnen mit
einem Hieb beantwortet.

لكن كل ضربة قوبلت بضربة من أسنان سبيتز الحادة.

Ihre Reißzähne prallten aufeinander und beide Hunde
bluteten aus den aufgerissenen Lippen.

تصادمت أنيابهما، وسقطت الدماء من شفتيهما الممزقتين.

Egal, wie sehr Buck sich auch wehrte, er konnte die
Verteidigung nicht durchbrechen.

بغض النظر عن الطريقة التي انقض بها باك، فإنه لم يتمكن من اختراق
الدفاع.

Er wurde immer wütender und stürmte mit wilden
Kraftausbrüchen hinein.

لقد أصبح أكثر غضبًا، واندفع نحوها بدفعات جامحة من القوة.

Immer wieder schlug Buck nach der weißen Kehle von
Spitz.

مرة تلو الأخرى، ضرب باك الحلق الأبيض لسبيتز.

Jedes Mal wich Spitz aus und schlug mit einem
schneidenden Biss zurück.

في كل مرة كان سبيتز يتجنب ويضرب بقوة.

Dann änderte Buck seine Taktik und stürzte sich erneut
darauf, als wolle er ihm die Kehle zu Leibe rücken.

ثم غيّر باك تكتيكاته، واندفع كما لو كان يتجه نحو الحلق مرة أخرى.

Doch er zog sich mitten im Angriff zurück und drehte sich
um, um von der Seite zuzuschlagen.

ولكنه تراجع في منتصف الهجوم، وتحول لضرب من الجانب.

Er warf Spitz seine Schulter entgegen, um ihn
niederzuschlagen.

ألقى بكتفه على سبيتز، بهدف إسقاطه.

Bei jedem Versuch wich Spitz aus und konterte mit einem
Hieb.

في كل مرة حاول فيها، كان سبيتز يتفادى الهجوم ويرد بضربة.

Bucks Schulter wurde wund, als Spitz nach jedem Schlag
davonsprang.

أصبح كتف باك خامًا عندما قفز سبيتز بوضوح بعد كل ضربة.

Spitz war nicht berührt worden, während Buck aus vielen
Wunden blutete.

لم يتأثر سبيتز، في حين كان باك ينزف من العديد من الجروح.

Bucks Atem ging schnell und schwer, sein Körper war
blutverschmiert.

كان أنفاس باك سريعة وثقيلة، وكان جسده زلقًا بالدماء.

Mit jedem Biss und Angriff wurde der Kampf brutaler.

أصبح القتال أكثر وحشية مع كل عضة وهجمة.

Um sie herum warteten sechzig stille Hunde darauf, dass der
erste fiel.

حولهم، كان هناك ستون كلبًا صامتًا ينتظرون السقوط الأول.

Wenn ein Hund zu Boden ging, würde das Rudel den
Kampf beenden.

إذا سقط كلب واحد، فإن المجموعة سوف تنهي القتال.

Spitz sah, dass Buck schwächer wurde, und begann, den
Angriff voranzutreiben.

رأى سبيتز أن باك أصبح ضعيفًا، وبدأ في الضغط على الهجوم.

Er brachte Buck aus dem Gleichgewicht und zwang ihn, um
Halt zu kämpfen.

لقد أبقى باك خارج التوازن، مما أجبره على القتال من أجل موطئ قدم.

Einmal stolperte Buck und fiel, und alle Hunde standen auf.

في إحدى المرات، تعثر باك وسقط، فنهضت كل الكلاب.

Doch Buck richtete sich mitten im Fall auf und alle sanken wieder zu Boden.

لكن باك استعاد توازنه في منتصف السقوط، وسقط الجميع إلى الأسفل.

Buck hatte etwas Seltenes – eine Vorstellungskraft, die aus tiefem Instinkt geboren war.

كان لدى باك شيئًا نادرًا ـ الخيال المولود من غريزة عميقة.

Er kämpfte mit natürlichem Antrieb, aber auch mit List.

لقد قاتل بدافع طبيعي، لكنه قاتل أيضًا بالمكر.

Er griff erneut an, als würde er seinen Schulterangriffstrick wiederholen.

لقد هاجم مرة أخرى كما لو كان يكرر خدعة هجوم كتفه.

Doch in der letzten Sekunde ließ er sich fallen und flog unter Spitz hindurch.

ولكن في اللحظة الأخيرة، هبط إلى مستوى منخفض وحلق تحت سبيتز.

Seine Zähne schnappten um Spitz' linkes Vorderbein.

انغلقت أسنانه على الساق اليسرى الأمامية لسبيتز بقوة.

Spitz stand nun unsicher da, sein Gewicht ruhte nur noch auf drei Beinen.

أصبح سبيتز الآن غير مستقر، وكان وزنه يعتمد على ثلاث أرجل فقط

Buck schlug erneut zu und versuchte dreimal, ihn zu Fall zu bringen.

ضرب باك مرة أخرى، وحاول ثلاث مرات إسقاطه.

Beim vierten Versuch nutzte er denselben Zug mit Erfolg

وفي المحاولة الرابعة استخدم نفس الحركة بنجاح

Diesmal gelang es Buck, Spitz in das rechte Bein zu beißen.

هذه المرة نجح باك في عض الساق اليمنى لسبيتز.

Obwohl Spitz verkrüppelt war und große Schmerzen litt, kämpfte er weiter ums Überleben.

على الرغم من إصابته بالشلل ومعاناته، ظل سبيتز يكافح من أجل البقاء.

Er sah, wie der Kreis der Huskys enger wurde, die Zungen herausstreckten und deren Augen leuchteten.

لقد رأى دائرة الهاسكي تتقلص، وألسنتها تخرج، وعيون متوهجة.

Sie warteten darauf, ihn zu verschlingen, so wie sie es mit anderen getan hatten.

وانتظروا أن يلتهموه، كما فعلوا مع الآخرين.

Dieses Mal stand er im Mittelpunkt: besiegt und verdammt.

هذه المرة، وقف في الوسط؛ مهزومًا ومحكومًا عليه بالهلاك.

Für den weißen Hund gab es jetzt keine Möglichkeit mehr
zu entkommen.

لم يعد هناك خيار للهروب بالنسبة للكلب الأبيض الآن.

Buck kannte keine Gnade, denn Gnade hatte in der Wildnis
nichts zu suchen.

لم يُظهر باك أي رحمة، لأن الرحمة لا تنتمي إلى البرية.

Buck bewegte sich vorsichtig und bereitete sich auf den
letzten Angriff vor.

تحرك باك بحذر، استعدادًا للهجوم النهائي.

Der Kreis der Huskys schloss sich, er spürte ihren warmen
Atem.

اقتربت دائرة الهاسكي منه، وشعر بأنفاسهم الدافئة.

Sie duckten sich und waren bereit, im richtigen Moment zu
springen.

انحنوا منخفضين، مستعدين للقفز عندما تأتي اللحظة.

Spitz zitterte im Schnee, knurrte und veränderte seine
Haltung.

ارتجف سبيتز في الثلج، وهو يزأر ويغير من موقفه.

Seine Augen funkelten, seine Lippen waren gekräuselt und
seine Zähne blitzten in verzweifelter Drohung.

كانت عيناه متوهجتين، وشفتاه ملتفة، وأسنانه تتألق في تهديد يائس.

Er taumelte und versuchte immer noch, dem kalten Biss des
Todes standzuhalten.

لقد ترنح، وهو لا يزال يحاول صد لدغة الموت الباردة.

Er hatte das schon früher erlebt, aber immer von der
Gewinnerseite.

لقد رأى هذا من قبل، ولكن دائمًا من الجانب المنتصر.

Jetzt war er auf der Verliererseite, der Besiegte, die Beute,
der Tod.

الآن أصبح على الجانب الخاسر؛ المهزوم؛ الفريسة؛ الموت.

Buck umkreiste ihn für den letzten Schlag, der Hundekreis
rückte näher.

دار باك حول نفسه استعدادًا للضربة النهائية، وكانت مجموعة الكلاب
تضغط عليه بشكل أقرب.

Er konnte ihren heißen Atem spüren; bereit zum Töten.

كان بإمكانه أن يشعر بأنفاسهم الساخنة؛ مستعدين للقتل.

Stille breitete sich aus; alles war an seinem Platz; die Zeit war stehen geblieben.

ساد الصمت؛ كل شيء كان في مكانه؛ توقف الزمن.

Sogar die kalte Luft zwischen ihnen gefror für einen letzten Moment.

حتى الهواء البارد بينهما تجمد للحظة أخيرة.

Nur Spitz bewegte sich und versuchte, sein bitteres Ende abzuwenden.

كان سبيتز هو الوحيد الذي تحرك، محاولاً صد نهايته المريرة.

Der Kreis der Hunde schloss sich um ihn, und das war sein Schicksal.

كانت دائرة الكلاب تقترب منه، كما كان مصيره.

Er war jetzt verzweifelt, da er wusste, was passieren würde.

لقد كان يائسًا الآن، لأنه كان يعلم ما كان على وشك الحدوث.

Buck sprang hinein, Schulter an Schulter traf ein letztes Mal.

اندفع باك إلى الداخل، والتقى كتفه بكتفه للمرة الأخيرة.

Die Hunde drängten vorwärts und deckten Spitz in der verschneiten Dunkelheit.

انطلقت الكلاب إلى الأمام، وغطت سبيتز بالظلام الثلجي.

Buck sah zu, aufrecht stehend; der Sieger in einer wilden Welt.

كان باك يراقب، وهو يقف طويل القامة؛ المنتصر في عالم وحشي.

Das dominante Urtier hatte seine Beute gemacht, und es war gut.

لقد حقق الوحش البدائي المهيمن هدفه، وكان جيدًا.

Wer die Meisterschaft erlangt hat
هو الذي فاز بالسيادة

„Wie? Was habe ich gesagt? Ich sage die Wahrheit, wenn ich sage, dass Buck ein Teufel ist."

إيه؟ ماذا قلت؟ صدقت عندما قلت إن باك شيطان".-"

François sagte dies am nächsten Morgen, nachdem er festgestellt hatte, dass Spitz verschwunden war.

قال فرانسوا هذا في صباح اليوم التالي بعد العثور على سبيتز في عداد المفقودين.

Buck stand da, übersät mit Wunden aus dem erbitterten Kampf.

كان باك واقفا هناك، مغطى بالجروح من القتال الشرس.

François zog Buck zum Feuer und zeigte auf die Verletzungen.

سحب فرانسوا باك بالقرب من النار وأشار إلى الإصابات.

„Dieser Spitz hat gekämpft wie der Devik", sagte Perrault und beäugte die tiefen Schnittwunden.

قال بيرولت وهو ينظر إلى الجروح العميقة: "لقد قاتل هذا الشبيتز مثل "الديفيك.

„Und dieser Buck hat wie zwei Teufel gekämpft", antwortete François sofort.

وذلك باك قاتل مثل شيطانين"، أجاب فرانسوا على الفور".-

„Jetzt kommen wir gut voran; kein Spitz mehr, kein Ärger mehr."

الآن سوف نحقق الوقت المناسب؛ لا مزيد من سبيتز، لا مزيد من " المتاعب.-"

Perrault packte die Ausrüstung und belud den Schlitten sorgfältig.

كان بيرولت يحزم المعدات ويحمل الزلاجة بعناية.

François spannte die Hunde für den Lauf des Tages an.

قام فرانسوا بتسخير الكلاب استعدادًا للركض في ذلك اليوم.

Buck trabte direkt an die Führungsposition, die einst Spitz innehatte.

انطلق باك مباشرة إلى موقع الصدارة الذي كان يحتله سبيتز.-

Doch François bemerkte es nicht und führte Solleks nach vorne.

ولكن فرانسوا، دون أن يلاحظ، قاد سوليكس إلى الأمام.

Nach François' Einschätzung war Solleks nun der beste Leithund.

في رأي فرانسوا، أصبح سوليكس الآن أفضل كلب قائد.

Buck stürzte sich wütend auf Solleks und trieb ihn aus Protest zurück.

اندفع باك نحو سولييكس بغضب ودفعه إلى الوراء احتجاجًا.

Er stand dort, wo einst Spitz gestanden hatte, und beanspruchte die Führungsposition.

لقد وقف حيث كان سبيتز يقف ذات يوم، مدعيًا موقع القيادة.

„Wie? Wie?", rief François und schlug sich amüsiert auf die Schenkel.

إيه؟ إيه؟ "صرخ فرانسوا وهو يصفع فخذيه بمرح".

„Sehen Sie sich Buck an – er hat Spitz umgebracht und jetzt will er ihm den Job wegnehmen!"

انظر إلى باك - لقد قتل سبيتز، والآن يريد أن يأخذ الوظيفة".

„Geh weg, Chook!", schrie er und versuchte, Buck zu vertreiben.

اذهب بعيدًا يا تشوك"صرخ محاولًا إبعاد باك ".

Aber Buck weigerte sich, sich zu bewegen und blieb fest im Schnee stehen.

لكن باك رفض التحرك وظل ثابتًا في الثلج.

François packte Buck am Genick und zog ihn beiseite.

أمسك فرانسوا باك من قفاه، وسحبه جانبًا.

Buck knurrte leise und drohend, griff aber nicht an.

أطلق باك صوتًا منخفضًا وتهديديًا لكنه لم يهاجم.

François brachte Solleks wieder in Führung und versuchte, den Streit zu schlichten

أعاد فرانسوا سوليكس إلى الصدارة، محاولًا تسوية النزاع

Der alte Hund zeigte Angst vor Buck und wollte nicht bleiben.

أظهر الكلب العجوز خوفًا من باك ولم يرغب في البقاء.

Als François ihm den Rücken zuwandte, verjagte Buck Solleks wieder.

عندما أدار فرانسوا ظهره، أخرج باك سوليكس مرة أخرى.

Solleks leistete keinen Widerstand und trat erneut leise zur Seite.

لم يقاوم سوليكس وتنحى جانبا بهدوء مرة أخرى.

François wurde wütend und schrie: „Bei Gott, ich werde dich heilen!"

فغضب فرانسوا وصاح: والله إني أشفيك.

Er kam mit einer schweren Keule in der Hand auf Buck zu.

لقد جاء نحو باك وهو يحمل هراوة ثقيلة في يده.

Buck erinnerte sich gut an den Mann im roten Pullover.

تذكر باك الرجل ذو السترة الحمراء جيدًا.

Er zog sich langsam zurück, beobachtete François, knurrte jedoch tief.

تراجع ببطء، وهو يراقب فرانسوا، لكنه كان يزأر بعمق.

Er eilte nicht zurück, auch nicht, als Solleks an seiner Stelle stand.

ولم يسارع إلى العودة، حتى عندما وقف سوليكس في مكانه.

Buck kreiste knapp außerhalb seiner Reichweite und knurrte wütend und protestierend.

كان باك يدور بعيدًا عن متناول يده، وهو يزأر بغضب واحتجاج.

Er behielt den Schläger im Auge und war bereit auszuweichen, falls François warf.

لقد أبقى عينيه على النادي، مستعدًا للتهرب إذا رمى فرانسوا.

Er war weise und vorsichtig geworden im Umgang mit bewaffneten Männern.

لقد أصبح حكيماً وحذراً في التعامل مع الرجال الذين يحملون الأسلحة.

François gab auf und rief Buck erneut an seinen alten Platz.

استسلم فرانسوا واستدعى باك إلى مكانه السابق مرة أخرى.

Aber Buck trat vorsichtig zurück und weigerte sich, dem Befehl Folge zu leisten.

لكن باك تراجع بحذر، رافضًا تنفيذ الأمر.

François folgte ihm, aber Buck wich nur ein paar Schritte zurück.

وتبعه فرانسوا، لكن باك لم يتراجع إلا بضع خطوات أخرى.

Nach einiger Zeit warf François frustriert die Waffe hin.

وبعد مرور بعض الوقت، ألقى فرانسوا السلاح أرضًا في إحباط.

Er dachte, Buck hätte Angst vor einer Tracht Prügel und würde ruhig kommen.

اعتقد أن باك كان خائفًا من الضرب وكان سيأتي بهدوء.

Aber Buck wollte sich nicht vor einer Strafe drücken – er kämpfte um seinen Rang.

لكن باك لم يكن يتجنب العقاب، بل كان يقاتل من أجل رتبته.

Er hatte sich den Platz als Leithund durch einen Kampf auf Leben und Tod verdient

لقد حصل على مكان الكلب الرائد من خلال قتال حتى الموت

er würde sich mit nichts Geringerem zufrieden geben, als der Anführer zu sein.

لم يكن ليرضى بأقل من أن يكون الزعيم.

Perrault beteiligte sich an der Verfolgung, um den rebellischen Buck zu fangen.

أخذ بيرولت يده في المطاردة للمساعدة في القبض على باك المتمرد.

Gemeinsam ließen sie ihn fast eine Stunde lang durch das Lager laufen.

قاموا معًا بحمله حول المخيم لمدة ساعة تقريبًا.

Sie warfen Knüppel nach ihm, aber Buck wich jedem Schlag geschickt aus.

لقد ألقوا عليه الهراوات، لكن باك تهرب من كل واحدة منها بمهارة.

Sie verfluchten ihn, seine Vorfahren, seine Nachkommen und jedes Haar an ihm.

لعنوه، وآبائه، وذريته، وكل شعرة عليه.

Aber Buck knurrte nur zurück und blieb gerade außerhalb ihrer Reichweite.

لكن باك اكتفى بالهدير وظل بعيدًا عن متناولهم.

Er versuchte nie wegzulaufen, sondern umkreiste das Lager absichtlich.

لم يحاول الهروب أبدًا، بل كان يدور حول المخيم عمدًا.

Er machte klar, dass er gehorchen würde, sobald sie ihm gäben, was er wollte.

وأوضح أنه سوف يطيع بمجرد أن يعطوه ما يريد.

Schließlich setzte sich François hin und kratzte sich frustriert am Kopf.

جلس فرانسوا أخيرًا وحك رأسه من الإحباط.

Perrault sah auf seine Uhr, fluchte und murmelte etwas über die verlorene Zeit.

تحقق بيرولت من ساعته، وأقسم، وتذمر بشأن الوقت الضائع.

Obwohl sie eigentlich auf der Spur sein sollten, war bereits eine Stunde vergangen.

لقد مرت ساعة بالفعل عندما كان من المفترض أن يكونوا على الطريق.

François zuckte verlegen mit den Achseln, als der Kurier resigniert seufzte.

هز فرانسوا كتفيه بخجل في وجه الرسول الذي تنهد هزيمة.

Dann ging François zu Solleks und rief Buck noch einmal.

ثم ذهب فرانسوا إلى سوليكس ونادى على باك مرة أخرى.

Buck lachte wie ein Hund, wahrte jedoch vorsichtig seine Distanz.

ضحك باك كما يضحك الكلب، لكنه أبقى على مسافة حذرة.

François nahm Solleks das Geschirr ab und brachte ihn an seinen Platz zurück.

قام فرانسوا بإزالة حزام سوليكس وأعاده إلى مكانه.

Das Schlittenteam stand voll angespannt da, nur ein Platz war unbesetzt.

كان فريق الزلاجات جاهزًا بالكامل، مع وجود مكان واحد فقط شاغرًا.

Die Führungsposition blieb leer und war eindeutig nur für Buck bestimmt.

ظل موقع الصدارة فارغًا، ومن الواضح أنه مخصص لباك وحده.

François rief erneut, und wieder lachte Buck und blieb standhaft.

نادى فرانسوا مرة أخرى، وضحك باك مرة أخرى وثبت على موقفه.

„Wirf die Keule weg", befahl Perrault ohne zu zögern.

ألقِ بالنادي أرضًا"، أمر بيرولت دون تردد".

François gehorchte und Buck trabte sofort stolz vorwärts.

أطاع فرانسوا، وركض باك على الفور إلى الأمام بفخر.

Er lachte triumphierend und übernahm die Führungsposition.

ضحك منتصرا وصعد إلى موقع القيادة.

François befestigte seine Leinen und der Schlitten wurde losgerissen.

قام فرانسوا بتأمين آثاره، وتم تحرير الزلاجة.

Beide Männer liefen neben dem Team her, als es auf den Flusspfad rannte.

ركض الرجلان جنبًا إلى جنب بينما كان الفريق يتسابق نحو مسار النهر.

François hatte Bucks „zwei Teufel" sehr geschätzt,

"كان فرانسوا قد فكر كثيرًا في "شيطاني باك

aber er merkte bald, dass er den Hund tatsächlich
unterschätzt hatte.

ولكنه سرعان ما أدرك أنه في الواقع قد قلل من شأن الكلب.

Buck übernahm schnell die Führung und erbrachte
hervorragende Leistungen.

تولى باك القيادة بسرعة وأدى بشكل ممتاز.

In puncto Urteilsvermögen, schnelles Denken und schnelles
Handeln übertraf Buck Spitz.

في الحكم، والتفكير السريع، والتصرف السريع، تفوق باك على سبيتز.

François hatte noch nie einen Hund gesehen, der dem von
Buck gleichkam.

لم يسبق لفرانسوا أن رأى كلبًا مساوٍ لما يعرضه باك الآن.

Aber Buck war wirklich herausragend darin, für Ordnung
zu sorgen und Respekt zu erlangen.

لكن باك كان متميزًا حقًّا في فرض النظام وفرض الاحترام.

Dave und Solleks akzeptierten die Änderung ohne
Bedenken oder Protest.

لقد تقبل ديف وسوليكس التغيير دون قلق أو احتجاج.

Sie konzentrierten sich nur auf die Arbeit und zogen kräftig
die Zügel an.

لقد ركزوا فقط على العمل والضغط بقوة على زمام الأمور.

Es war ihnen egal, wer führte, solange der Schlitten in
Bewegung blieb.

لم يهتموا كثيرًا بمن يقود، طالما استمرت الزلاجة في الحركة.

Billee, der Fröhliche, hätte, soweit es sie interessierte, die
Führung übernehmen können.

كان بإمكان بيلي، البشوش، أن يقود الجميع مهما كان الأمر.

Was ihnen wichtig war, waren Frieden und Ordnung in den
Reihen.

ما كان يهمهم هو السلام والنظام في صفوفهم.

Der Rest des Teams war während Spitz' Niedergang
unbändig geworden.

أصبح بقية الفريق غير منضبط أثناء انحدار سبيتز.

Sie waren schockiert, als Buck sie sofort zur Ordnung rief.

لقد صدموا عندما أحضرهم باك على الفور إلى النظام.

Pike war immer faul gewesen und hatte Buck
hinterhergehangen.

لقد كان بايك دائمًا كسولًا ويجر قدميه خلف باك.

Doch nun wurde er von der neuen Führung scharf
diszipliniert.

لكن الآن تم تأديبه بشدة من قبل القيادة الجديدة.

Und er lernte schnell, seinen Teil zum Team beizutragen.

وسرعان ما تعلم كيفية تحمل مسؤولياته في الفريق.

Am Ende des Tages hatte Pike härter gearbeitet als je zuvor.

وبحلول نهاية اليوم، كان بايك يعمل بجهد أكبر من أي وقت مضى.

In dieser Nacht im Lager wurde Joe, der mürrische Hund,
endlich beruhigt.

في تلك الليلة في المخيم، تم إخضاع جو، الكلب الحامض، أخيرًا.

Spitz hatte es nicht geschafft, ihn zu disziplinieren, aber
Buck versagte nicht.

لقد فشل سبيتز في تأديبه، لكن باك لم يفشل.

Durch die Nutzung seines größeren Gewichts überwältigte
Buck Joe in Sekundenschnelle.

وباستخدام وزنه الأكبر، تمكن باك من التغلب على جو في ثوانٍ.

Er biss und schlug Joe, bis dieser wimmerte und aufhörte,
sich zu wehren.

لقد عض جو وضربه حتى أنين وتوقف عن المقاومة.

Von diesem Moment an verbesserte sich das gesamte Team.

لقد تحسن الفريق بأكمله منذ تلك اللحظة.

Die Hunde erlangten ihre alte Einheit und Disziplin zurück.

استعادت الكلاب وحدتها وانضباطها القديم.

In Rink Rapids kamen zwei neue einheimische Huskies
hinzu, Teek und Koona.

في رينك رابيدز، انضم اثنان من كلاب الهاسكي الأصلية الجديدة، تيك
وكونا.

Bucks schnelle Ausbildung erstaunte sogar François.

لقد أذهل تدريب باك السريع لهم حتى فرانسوا.

„So einen Hund wie diesen Buck hat es noch nie gegeben!",
rief er erstaunt.

لم يكن هناك قط كلب مثل هذا باك"صرخ في دهشة ".

„Nein, niemals! Er ist tausend Dollar wert, bei Gott!"

لا، أبدًا.إنه يستحق ألف دولار، والله .

„Wie? Was sagst du dazu, Perrault?", fragte er stolz.

إيه؟ ماذا تقول يا بيرولت؟ "سأل بفخر".

Perrault nickte zustimmend und überprüfte seine Notizen.

أومأ بيرولت برأسه موافقًا وراجع ملاحظاته.

Wir liegen bereits vor dem Zeitplan und kommen täglich
weiter voran.

نحن بالفعل متقدمون على الجدول الزمني ونكتسب المزيد كل يوم.

Der Weg war festgestampft und glatt, es lag kein
Neuschnee.

كان الطريق ممهدًا وواسعًا، ولم يكن به أي ثلوج جديدة.

Es war konstant kalt und lag die ganze Zeit bei minus
fünfzig Grad.

كان البرد مستمرًا، حيث وصلت درجة الحرارة إلى خمسين درجة تحت
الصفر في كل مكان.

Die Männer ritten und rannten abwechselnd, um sich warm
zu halten und Zeit zu gewinnen.

ركب الرجال وركضوا بالتناوب للتدفئة وإيجاد الوقت.

Die Hunde rannten schnell, mit wenigen Pausen, immer
vorwärts.

ركضت الكلاب بسرعة مع توقفات قليلة، وكانت دائمًا تدفع إلى الأمام.

Der Thirty Mile River war größtenteils zugefroren und
leicht zu überqueren.

كان نهر الثلاثين ميلاً متجمدًا في معظمه وكان من السهل السفر عبره.

Was zehn Tage gedauert hatte, wurde an einem Tag
verschickt.

لقد خرجوا في يوم واحد ما استغرق دخوله عشرة أيام.

Sie legten einen sechsundneunzig Kilometer langen Sprint
vom Lake Le Barge nach White Horse zurück.

لقد قاموا برحلة مسافتها ستين ميلاً من بحيرة لو بارج إلى وايت هورس.

Sie bewegten sich unglaublich schnell über die Seen Marsh,
Tagish und Bennett.

وعبروا بحيرات مارش وتاجيش وبينيت، تحركوا بسرعة لا تصدق.

Der laufende Mann wird an einem Seil hinter dem Schlitten
hergezogen.

الرجل الذي يركض مسحوبًا خلف الزلاجة بحبل.

In der letzten Nacht der zweiten Woche erreichten sie ihr
Ziel.

وفي الليلة الأخيرة من الأسبوع الثاني وصلوا إلى وجهتهم.

Sie hatten gemeinsam die Spitze des White Pass erreicht.

لقد وصلوا إلى قمة وايت باس معًا.

Sie sanken auf Meereshöhe hinab, mit den Lichtern von Skaguay unter ihnen.

لقد هبطوا إلى مستوى سطح البحر مع أضواء سكاغواي تحتهم.

Es war ein Rekordlauf durch kilometerlange kalte Wildnis.

لقد كان هذا سباقًا قياسيًا عبر أميال من البرية الباردة.

An vierzehn aufeinanderfolgenden Tagen legten sie im Durchschnitt satte vierundsechzig Kilometer zurück.

على مدى أربعة عشر يومًا متواصلة، قطعوا مسافة أربعين ميلًا في المتوسط.

In Skaguay transportierten Perrault und François Fracht durch die Stadt.

وفي سكاغواي، قام بيرولت وفرانسوا بنقل البضائع عبر المدينة.

Die bewundernde Menge jubelte ihnen zu und bot ihnen viele Getränke an.

وقد تم الترحيب بهم وتزويدهم بالعديد من المشروبات من قبل الحشود المعجبة.

Hundefänger und Arbeiter versammelten sich um das berühmte Hundegespann.

تجمع صائدو الكلاب والعمال حول فريق الكلاب الشهير.

Dann kamen Gesetzlose aus dem Westen in die Stadt und erlitten eine brutale Niederlage.

ثم جاء الخارجون عن القانون الغربيون إلى المدينة وواجهوا هزيمة عنيفة.

Die Leute vergaßen bald das Team und konzentrierten sich auf neue Dramen.

سرعان ما نسي الناس الفريق وركزوا على الدراما الجديدة.

Dann kamen die neuen Befehle, die alles auf einen Schlag veränderten.

ثم جاءت الأوامر الجديدة التي غيرت كل شيء دفعة واحدة.

François rief Buck zu sich und umarmte ihn mit tränenreichem Stolz.

نادى فرانسوا باك عليه وعانقه بفخر دامع.

In diesem Moment sah Buck François zum letzten Mal wieder.

كانت تلك اللحظة هي المرة الأخيرة التي رأى فيها باك فرانسوا مرة
أخرى.

Wie viele Männer zuvor waren sowohl François als auch
Perrault nicht mehr da.

وكما حدث مع العديد من الرجال من قبل، فقد رحل كل من فرانسوا
وبيرو.

Ein schottischer Mischling übernahm das Kommando über
Buck und seine Schlittenhunde-Kollegen.

تولى رجل من أصل اسكتلندي مختلط مسؤولية باك وزملائه في فريق
كلاب الزلاجات.

Mit einem Dutzend anderer Hundegespanne kehrten sie auf
dem Weg nach Dawson zurück.

ومع اثني عشر فريقًا آخر من الكلاب، عادوا على طول الطريق إلى
داووسن.

Es war kein Schnelllauf mehr, sondern harte Arbeit mit
einer schweren Last jeden Tag.

لم يعد الأمر سريعًا الآن ـ فقط عمل شاق مع حمل ثقيل كل يوم.

Dies war der Postzug, der den Goldsuchern in der Nähe des
Pols Nachrichten brachte.

كان هذا قطار البريد، الذي ينقل الأخبار إلى صيادي الذهب بالقرب من
القطب.

Buck mochte die Arbeit nicht, ertrug sie jedoch gut und war
stolz auf seine Leistung.

لم يكن باك يحب العمل، لكنه تحمله جيدًا، وكان فخوراً بجهوده.

Wie Dave und Solleks zeigte Buck Hingabe bei jeder
täglichen Aufgabe.

مثل ديف وسوليكس، أظهر باك تفانيًا في كل مهمة يومية.

Er stellte sicher, dass jeder seiner Teamkollegen seinen Teil
beitrug.

لقد تأكد من أن زملائه في الفريق قاموا بكل ما في وسعهم.

Das Leben auf dem Trail wurde langweilig und wiederholte
sich mit der Präzision einer Maschine.

أصبحت حياة الدرب مملة، تتكرر بدقة الآلة.

Jeder Tag fühlte sich gleich an, ein Morgen ging in den
nächsten über.

كان كل يوم يبدو متشابهًا، كل صباح يمتزج بالصباح التالي.

Zur gleichen Stunde standen die Köche auf, um Feuer zu machen und Essen zuzubereiten.

وفي نفس الساعة، نهض الطهاة لإشعال النيران وإعداد الطعام.

Nach dem Frühstück verließen einige das Lager, während andere die Hunde anspannten.

بعد الإفطار، غادر البعض المخيم بينما قام آخرون بتسخير الكلاب.

Sie machten sich auf den Weg, bevor die schwache Morgendämmerung den Himmel berührte.

لقد بدأوا رحلتهم قبل أن يلامس ضوء الفجر الخافت السماء.

Nachts hielten sie an, um ihr Lager aufzuschlagen, wobei jeder Mann eine festgelegte Aufgabe hatte.

وفي الليل، توقفوا لإقامة المخيم، وكان لكل رجل منهم مهمة محددة.

Einige stellten die Zelte auf, andere hackten Feuerholz und sammelten Kiefernzweige.

قام البعض بنصب الخيام، وقام آخرون بقطع الحطب وجمع أغصان الصنوبر.

Zum Abendessen wurde den Köchen Wasser oder Eis mitgebracht.

تم نقل الماء أو الثلج إلى الطهاة لتناول وجبة العشاء.

Die Hunde wurden gefüttert und das war für sie der schönste Teil des Tages.

تم إطعام الكلاب، وكان هذا أفضل جزء من اليوم بالنسبة لهم.

Nachdem sie Fisch gegessen hatten, entspannten sich die Hunde und machten es sich in der Nähe des Feuers gemütlich.

بعد تناول السمك، استرخى الكلاب وجلسوا بالقرب من النار.

Im Konvoi waren noch hundert andere Hunde, unter die man sich mischen konnte.

وكان هناك مائة كلب آخر في القافلة ليختلطوا معهم.

Viele dieser Hunde waren wild und kämpften ohne Vorwarnung.

وكان العديد من تلك الكلاب شرسة وسريعة القتال دون سابق إنذار.

Doch nach drei Siegen war Buck selbst den härtesten Kämpfern überlegen.

لكن بعد ثلاثة انتصارات، تمكن باك من التغلب حتى على أقوى المقاتلين.

Als Buck nun knurrte und die Zähne fletschte, traten sie zur Seite.

والآن عندما زأر باك وأظهر أسنانه، تنحوا جانباً.

Und das Beste war vielleicht, dass Buck es liebte, neben dem
flackernden Lagerfeuer zu liegen.

وربما كان الأفضل من كل هذا هو أن باك كان يحب الاستلقاء بالقرب من
نار المخيم المتوهجة.

Er hockte mit angezogenen Hinterbeinen und nach vorne
gestreckten Vorderbeinen.

كان يجلس القرفصاء مع رجليه الخلفيتين مطوية ورجليه الأماميتين ممتدة
إلى الأمام.

Er hatte den Kopf erhoben und blinzelte sanft in die
glühenden Flammen.

رفع رأسه وهو يرمش بهدوء عند رؤية النيران المتوهجة.

Manchmal musste er an Richter Millers großes Haus in
Santa Clara denken.

وفي بعض الأحيان كان يتذكر منزل القاضي ميلر الكبير في سانتا كلارا.

Er dachte an den Zementpool, an Ysabel und den Mops
namens Toots.

كان يفكر في حوض الأسمنت، وفي إيزابيل، وفي الكلب الصغير الذي
يدعى توتس.

Aber häufiger musste er an die Keule des Mannes mit dem
roten Pullover denken.

لكن في أغلب الأحيان كان يتذكر الرجل ذو السترة الحمراء.

Er erinnerte sich an Curlys Tod und seinen erbitterten
Kampf mit Spitz.

تذكر موت كيرلي ومعركته الشرسة مع سبيتز.

Er erinnerte sich auch an das gute Essen, das er gegessen
hatte oder von dem er immer noch träumte.

وتذكر أيضًا الطعام اللذيذ الذي أكله أو ما زال يحلم به.

Buck hatte kein Heimweh – das warme Tal war weit weg
und unwirklich.

لم يكن باك يشعر بالحنين إلى الوطن - كان الوادي الدافئ بعيدًا وغير
حقيقي.

Die Erinnerungen an Kalifornien hatten keine große
Anziehungskraft mehr auf ihn.

لم تعد ذكريات كاليفورنيا تشكل له أي تأثير حقيقي.

Stärker als die Erinnerung waren die tief in seinem Blut
verwurzelten Instinkte.

كانت الغرائز العميقة في سلالته أقوى من الذاكرة.

Einst verlorene Gewohnheiten waren zurückgekehrt und durch den Weg und die Wildnis wiederbelebt worden.

لقد عادت العادات التي فقدناها ذات يوم، وأحيتها الطريق والبرية.

Während Buck das Feuerlicht betrachtete, veränderte sich seine Wahrnehmung manchmal.

بينما كان باك يراقب ضوء النار، كان أحيانًا يتحول إلى شيء آخر.

Er sah im Feuerschein ein anderes Feuer, älter und tiefer als das gegenwärtige.

رأى في ضوء النار نارًا أخرى، أقدم وأعمق من النار الحالية.

Neben dem anderen Feuer hockte ein Mann, der anders aussah als der Mischlingskoch.

بجانب تلك النار الأخرى كان يجلس رجل لا يشبه الطاهي الهجين.

Diese Figur hatte kurze Beine, lange Arme und harte, verknotete Muskeln.

كان لهذا الشكل أرجل قصيرة، وأذرع طويلة، وعضلات صلبة ومعقدة.

Sein Haar war lang und verfilzt und fiel von den Augen nach hinten ab.

كان شعره طويلاً ومتشابكًا، وينحدر إلى الخلف بعيدًا عن العينين.

Er gab seltsame Geräusche von sich und starrte voller Angst in die Dunkelheit.

أصدر أصواتًا غريبة وحدق في الظلام بخوف.

Er hielt eine Steinkeule tief in seiner langen, rauen Hand fest.

كان يحمل عصا حجرية منخفضة، ممسكًا بها بإحكام في يده الخشنة الطويلة.

Der Mann trug wenig, nur eine verkohlte Haut, die ihm den Rücken hinunterhing.

كان الرجل يرتدي القليل؛ مجرد جلد متفحم يتدلى على ظهره.

Sein Körper war an Armen, Brust und Oberschenkeln mit dichtem Haar bedeckt.

كان جسده مغطى بشعر كثيف على ذراعيه وصدره وفخذيه.

Einige Teile des Haares waren zu rauen Fellbüscheln verfilzt.

كانت بعض أجزاء الشعر متشابكة في بقع من الفراء الخشن.

Er stand nicht gerade, sondern war von der Hüfte bis zu den Knien nach vorne gebeugt.

لم يكن يقف بشكل مستقيم بل كان ينحني للأمام من الوركين إلى الركبتين.

Seine Schritte waren federnd und katzenartig, als wäre er immer zum Sprung bereit.

وكانت خطواته مرنة وخطوات القطط، كما لو كان مستعدًا دائمًا للقفز.

Er war in höchster Wachsamkeit, als lebte er in ständiger Angst.

كان هناك يقظة حادة، كما لو كان يعيش في خوف دائم.

Dieser alte Mann schien mit Gefahr zu rechnen, ob er die Gefahr nun sah oder nicht.

يبدو أن هذا الرجل القديم كان يتوقع الخطر، سواء كان الخطر مرئيًا أم لا.

Manchmal schlief der haarige Mann am Feuer, den Kopf zwischen die Beine gesteckt.

في بعض الأحيان كان الرجل المشعر ينام بجانب النار، ورأسه بين ساقيه.

Seine Ellbogen ruhten auf seinen Knien, die Hände waren über seinem Kopf gefaltet.

كانت مرفقيه مستندة على ركبتيه، ويديه مضمومتين فوق رأسه.

Wie ein Hund benutzte er seine haarigen Arme, um den fallenden Regen abzuschütteln.

مثل الكلب استخدم ذراعيه المشعرتين للتخلص من المطر المتساقط.

Hinter dem Feuerschein sah Buck zwei Kohlen im Dunkeln glühen.

خلف ضوء النار، رأى باك جمرين متوهجين في الظلام.

Immer zu zweit, waren sie die Augen der sich anpirschenden Raubtiere.

كانوا دائمًا اثنان اثنان، وكانوا بمثابة عيون الوحوش المفترسة المتسللة.

Er hörte, wie Körper durchs Unterholz krachten und Geräusche in der Nacht.

سمع أصوات أجساد تتحطم وسط الشجيرات وأصواتًا تحدث في الليل.

Buck lag blinzelnd am Ufer des Yukon und träumte am Feuer.

مستلقيا على ضفة نهر يوكون، يرمش، باك يحلم بالنار.

Die Anblicke und Geräusche dieser wilden Welt ließen ihm die Haare zu Berge stehen.

إن مشاهد وأصوات هذا العالم البري جعلت شعره يقف.

Das Fell stand ihm über den Rücken, die Schultern und den Hals hinauf.

ارتفع الفراء على طول ظهره، وكتفيه، ورقبته.

Er wimmerte leise oder gab ein tiefes Knurren aus der Brust von sich.

كان يئن بهدوء أو يصدر صوت هدير منخفض عميق في صدره.

Dann rief der Mischlingskoch: „Hey, du Buck, wach auf!"

ثم صاح الطاهي ذو السلالة المختلطة، "يا باك، استيقظ"

Die Traumwelt verschwand und das wirkliche Leben kehrte in Bucks Augen zurück.

لقد اختفى عالم الأحلام، وعادت الحياة الحقيقية إلى عيون باك.

Er wollte aufstehen, sich strecken und gähnen, als wäre er aus einem Nickerchen erwacht.

كان على وشك النهوض، والتمدد، والتثاؤب، وكأنه استيقظ من قيلولة.

Die Reise war anstrengend, da sie den Postschlitten hinter sich herziehen mussten.

كانت الرحلة صعبة، وكان زلاجة البريد تجر خلفهم.

Schwere Lasten und harte Arbeit zermürbten die Hunde jeden langen Tag.

كانت الأحمال الثقيلة والعمل الشاق يرهق الكلاب كل يوم طويل.

Sie kamen dünn und müde in Dawson an und brauchten über eine Woche Ruhe.

وصلوا إلى داوسون نحيفين، متعبين، ويحتاجون إلى أكثر من أسبوع من الراحة.

Doch nur zwei Tage später machten sie sich erneut auf den Weg den Yukon hinunter.

ولكن بعد يومين فقط، انطلقوا في رحلة أخرى عبر نهر يوكون.

Sie waren mit weiteren Briefen beladen, die für die Außenwelt bestimmt waren.

لقد تم تحميلهم بالمزيد من الرسائل الموجهة إلى العالم الخارجي.

Die Hunde waren erschöpft und die Männer beschwerten sich ständig.

لقد كانت الكلاب منهكة وكان الرجال يشكون باستمرار.

Jeden Tag fiel Schnee, der den Weg weicher machte und die Schlitten verlangsamte.

كان الثلج يتساقط كل يوم، مما أدى إلى تليين المسار وإبطاء الزلاجات.

Dies führte zu einem stärkeren Ziehen und einem größeren Widerstand der Läufer.

أدى هذا إلى زيادة صعوبة السحب وزيادة السحب على العدائين.

Trotzdem waren die Fahrer fair und kümmerten sich um
ihre Teams.

وعلى الرغم من ذلك، كان السائقون منصفين وأهتموا بفرقهم.

Jeden Abend wurden die Hunde gefüttert, bevor die Männer
etwas zu essen bekamen.

في كل ليلة، يتم إطعام الكلاب قبل أن يحصل الرجال على الطعام.

Kein Mann geht schlafen, ohne vorher die Pfoten seines
eigenen Hundes zu kontrollieren.

لم ينم رجل قبل أن يتفقد أقدام كلبه.

Dennoch wurden die Hunde mit jeder zurückgelegten
Strecke schwächer.

ومع ذلك، أصبحت الكلاب أضعف مع مرور الأميال على أجسادها.

Sie waren den ganzen Winter über zweitausendachthundert
Kilometer gereist.

لقد سافروا مسافة ألف وثمانمائة ميل خلال فصل الشتاء.

Sie zogen Schlitten über jede Meile dieser brutalen Distanz.

لقد سحبوا الزلاجات عبر كل ميل من تلك المسافة الوحشية.

Selbst die härtesten Schlittenhunde spüren nach so vielen
Kilometern die Belastung.

حتى أقوى كلاب الزلاجات تشعر بالإجهاد بعد كل هذه الأميال.

Buck hielt durch, sorgte für die Weiterarbeit seines Teams
und sorgte für die nötige Disziplin.

لقد صمد باك، وأبقى فريقه يعمل، وحافظ على الانضباط

Aber Buck war müde, genau wie die anderen auf der langen
Reise.

لكن باك كان متعبًا، تمامًا مثل الآخرين في الرحلة الطويلة.

Billee wimmerte und weinte jede Nacht ohne Ausnahme im
Schlaf.

كان بيلي يئن ويبكي أثناء نومه كل ليلة دون انقطاع.

Joe wurde noch verbitterter und Solleks blieb kalt und
distanziert.

أصبح جو أكثر مرارة، وبقي سوليكس باردًا وبعيدًا.

Doch Dave war derjenige des gesamten Teams, der am
meisten darunter litt.

لكن ديف هو الذي عانى أكثر من الفريق بأكمله.

Irgendetwas in seinem Inneren war schiefgelaufen, doch
niemand wusste, was.

لقد حدث خطأ ما في داخله، على الرغم من أن لا أحد يعرف ما هو.

Er wurde launischer und fuhr andere mit wachsender Wut an.

لقد أصبح متقلب المزاج وبدأ يهاجم الآخرين بغضب متزايد.

Jede Nacht ging er direkt zu seinem Nest und wartete darauf, gefüttert zu werden.

كل ليلة كان يذهب مباشرة إلى عشه، في انتظار أن يتم إطعامه.

Als Dave einmal unten war, stand er bis zum Morgen nicht mehr auf.

وبمجرد سقوطه، لم يتمكن ديف من النهوض مرة أخرى حتى الصباح.

Plötzliche Rucke oder Anlaufe an den Zügeln ließen ihn vor Schmerzen aufschreien.

على اللجام، الهزات المفاجئة أو الحركات المفاجئة جعلته يصرخ من الألم.

Sein Fahrer suchte nach der Ursache, konnte jedoch keine Verletzungen feststellen.

قام سائقه بالبحث عن السبب، لكنه لم يعثر على أي إصابات.

Alle Fahrer beobachteten Dave und besprachen seinen Fall.

بدأ جميع السائقين بمراقبة ديف ومناقشة قضيته.

Sie unterhielten sich beim Essen und während ihrer letzten Zigarette des Tages.

وتحدثوا أثناء تناول وجبات الطعام وأثناء تدخينهم الأخير في ذلك اليوم.

Eines Nachts hielten sie eine Versammlung ab und brachten Dave zum Feuer.

في أحد الليالي عقدوا اجتماعًا وأحضروا ديف إلى النار.

Sie drückten und untersuchten seinen Körper und er schrie oft.

فضغطوا على جسده وفحصوه، وكان يصرخ كثيرًا.

Offensichtlich stimmte etwas nicht, auch wenn keine Knochen gebrochen zu sein schienen.

من الواضح أن هناك خطأ ما، على الرغم من عدم ظهور أي عظام مكسورة.

Als sie Cassiar Bar erreichten, war Dave am Umfallen.

بحلول الوقت الذي وصلوا فيه إلى بار كاسيار، كان ديف يسقط

Der schottische Mischling machte Schluss und nahm Dave aus dem Team.

أوقف الفريق ذو السلالة المختلطة الاسكتلندية وأزال ديف من الفريق.

Er befestigte Solleks an Daves Stelle, ganz vorne am
Schlitten.

قام بتثبيت سوليكس في مكان ديف، الأقرب إلى مقدمة الزلاجة.

Er wollte Dave ausruhen und ihm die Freiheit geben, hinter
dem fahrenden Schlitten herzulaufen.

كان يقصد أن يترك ديف يستريح ويركض بحرية خلف الزلاجة المتحركة.

Doch selbst als er krank war, hasste Dave es, von seinem Job
geholt zu werden.

ولكن حتى عندما كان مريضًا، كان ديف يكره أن يتم إبعاده من الوظيفة
التي كان يمتلكها.

Er knurrte und wimmerte, als ihm die Zügel aus dem Körper
gerissen wurden.

لقد هدّر وأنين عندما تم سحب اللجام من جسده.

Als er Solleks an seiner Stelle sah, weinte er vor
gebrochenem Herzen.

عندما رأى سوليكس في مكانه، بكى من الألم الشديد.

Dave war noch immer stolz auf seine Arbeit auf dem Weg,
selbst als der Tod nahte.

كان فخر العمل على الطريق عميقًا في قلب ديف، حتى مع اقتراب الموت.

Während der Schlitten fuhr, kämpfte sich Dave durch den
weichen Schnee in der Nähe des Pfades.

وبينما كانت الزلاجة تتحرك، كان ديف يتخبط في الثلج الناعم بالقرب من
الطريق.

Er griff Solleks an, biss ihn und stieß ihn von der Seite des
Schlittens.

هاجم سوليكس، فعضه ودفعه من جانب الزلاجة.

Dave versuchte, in das Geschirr zu springen und seinen
Arbeitsplatz zurückzuerobern.

حاول ديف القفز إلى الحزام واستعادة مكان عمله.

Er schrie, jammerte und weinte, hin- und hergerissen
zwischen Schmerz und Stolz auf die Wehen.

لقد صرخ، وتذمر، وبكى، ممزقًا بين الألم والفخر بالعمل.

Der Mischling versuchte, Dave mit seiner Peitsche vom
Team zu vertreiben.

استخدم الهجين سوطه لمحاولة إبعاد ديف عن الفريق.

Doch Dave ignorierte den Hieb und der Mann konnte nicht
härter zuschlagen.

لكن ديف تجاهل السوط، ولم يتمكن الرجل من ضربه بقوة أكبر.

Dave lehnte den einfacheren Weg hinter dem Schlitten ab, wo der Schnee festgefahren war.

رفض ديف المسار الأسهل خلف الزلاجة، حيث كان الثلج كثيفًا.

Stattdessen kämpfte er sich elend durch den tiefen Schnee neben dem Weg.

وبدلاً من ذلك، كان يكافح في الثلوج العميقة بجانب الطريق، في بؤس.

Schließlich brach Dave zusammen, blieb im Schnee liegen und schrie vor Schmerzen.

في النهاية، انهار ديف، مستلقيا على الثلج ويصرخ من الألم.

Er schrie auf, als die lange Schlittenkette einer nach dem anderen an ihm vorbeifuhr.

صرخ عندما مر به قطار الزلاجات الطويل واحدًا تلو الأخر.

Dennoch stand er mit der ihm verbleibenden Kraft auf und stolperte ihnen hinterher.

ومع ذلك، بما تبقى له من قوة، نهض وتعثر خلفهم.

Als der Zug wieder anhielt, holte er ihn ein und fand seinen alten Schlitten.

لقد لحق به عندما توقف القطار مرة أخرى ووجد زلاجته القديمة.

Er kämpfte sich an den anderen Teams vorbei und stand wieder neben Solleks.

لقد تخطى الفرق الأخرى ووقف بجانب سوليكس مرة أخرى.

Als der Fahrer anhielt, um seine Pfeife anzuzünden, nutzte Dave seine letzte Chance.

وبينما توقف السائق لإشعال غليونه، انتهز ديف فرصته الأخيرة.

Als der Fahrer zurückkam und schrie, bewegte sich das Team nicht weiter.

وعندما عاد السائق وصاح، لم يتحرك الفريق إلى الأمام.

Die Hunde hatten ihre Köpfe gedreht, verwirrt durch den plötzlichen Stopp.

لقد حركت الكلاب رؤوسها، في حيرة من التوقف المفاجئ.

Auch der Fahrer war schockiert – der Schlitten hatte sich keinen Zentimeter vorwärts bewegt.

لقد صدم السائق أيضًا - فالزلاجة لم تتحرك قيد أنملة إلى الأمام.

Er rief den anderen zu, sie sollten kommen und nachsehen, was passiert sei.

ودعا الآخرين إلى الحضور ورؤية ما حدث.

Dave hatte Solleks' Zügel durchgekaut und beide auseinandergerissen.

كان ديف قد قضم زمام سوليكس، مما أدى إلى كسر كليهما.

Nun stand er vor dem Schlitten, wieder an seinem rechtmäßigen Platz.

والآن وقف أمام الزلاجة، في مكانه الصحيح.

Dave blickte zum Fahrer auf und flehte ihn stumm an, in der Spur zu bleiben.

نظر ديف إلى السائق، متوسلاً في صمت أن يبقى على المسار.

Der Fahrer war verwirrt und wusste nicht, was er für den zappelnden Hund tun sollte.

كان السائق في حيرة من أمره، وغير متأكد مما يجب فعله للكلب الذي يعاني من صعوبات.

Die anderen Männer sprachen von Hunden, die beim Rausbringen gestorben waren.

وتحدث الرجال الآخرون عن الكلاب التي ماتت بسبب إخراجها.

Sie erzählten von alten oder verletzten Hunden, denen es das Herz brach, als sie zurückgelassen wurden.

وتحدثوا عن الكلاب العجوز أو المصابة التي تحطمت قلوبها عندما تركت وراءها.

Sie waren sich einig, dass es Gnade wäre, Dave sterben zu lassen, während er noch im Geschirr steckte.

واتفقوا على أنه من الرحمة أن يتركوا ديف يموت وهو لا يزال في حزامه.

Er wurde wieder auf dem Schlitten festgeschnallt und Dave zog voller Stolz.

تم ربطه مرة أخرى على الزلاجة، وسحبه ديف بفخر.

Obwohl er manchmal schrie, arbeitete er, als könne man den Schmerz ignorieren.

رغم أنه كان يبكي في بعض الأحيان، إلا أنه كان يعمل كما لو كان الألم يمكن تجاهله.

Mehr als einmal fiel er und wurde mitgeschleift, bevor er wieder aufstand.

سقط أكثر من مرة وسُحِب قبل أن ينهض مرة أخرى.

Einmal wurde er vom Schlitten überrollt und von diesem Moment an humpelte er.

في إحدى المرات، انقلبت عليه الزلاجة، وأصبح يعرج منذ تلك اللحظة.

Trotzdem arbeitete er, bis das Lager erreicht war, und legte sich dann ans Feuer.

ومع ذلك، فقد عمل حتى وصل إلى المخيم، ثم استلقى بجانب النار ـ

Am Morgen war Dave zu schwach, um zu reisen oder auch nur aufrecht zu stehen.

بحلول الصباح، كان ديف ضعيفًا جدًا بحيث لم يتمكن من السفر أو حتى الوقوف بشكل مستقيم ـ

Als es Zeit war, das Geschirr anzulegen, versuchte er mit zitternder Anstrengung, seinen Fahrer zu erreichen.

عندما حان وقت ربط الحزام، حاول الوصول إلى سائقه بجهد مرتجف ـ

Er rappelte sich auf, taumelte und brach auf dem schneebedeckten Boden zusammen.

أجبر نفسه على النهوض، وتعثر، وانهار على الأرض الثلجية ـ

Mithilfe seiner Vorderbeine zog er seinen Körper in Richtung des Angeschirrs.

استخدم رجليه الأماميتين لسحب جسده نحو منطقة التسخير ـ

Zentimeter für Zentimeter schob er sich auf die Arbeitshunde zu.

لقد سحب نفسه إلى الأمام، بوصة بوصة، نحو الكلاب العاملة ـ

Er verließ die Kraft, aber er machte mit seinem letzten verzweifelten Vorstoß weiter.

لقد انهارت قوته، لكنه استمر في التحرك في دفعته اليائسة الأخيرة ـ

Seine Teamkollegen sahen ihn im Schnee nach Luft schnappen und sich immer noch danach sehnen, zu ihnen zu kommen.

لقد رأى زملاؤه في الفريق أنه يلهث في الثلج، ولا يزال يتوقون للانضمام إليهم ـ

Sie hörten ihn vor Kummer schreien, als sie das Lager hinter sich ließen.

سمعوه يصرخ من الحزن عندما غادروا المخيم خلفهم ـ

Als das Team zwischen den Bäumen verschwand, hallte Daves Schrei hinter ihnen wider.

وبينما اختفى الفريق بين الأشجار، تردد صدى صرخة ديف خلفهم ـ

Der Schlittenzug hielt kurz an, nachdem er einen Abschnitt des Flusswalds überquert hatte.

توقف قطار الزلاجات لفترة وجيزة بعد عبور جزء من نهر الأخشاب ـ

Der schottische Mischling ging langsam zurück zum Lager dahinter.

سار الهجين الاسكتلندي ببطء نحو المخيم خلفه.

Die Männer verstummten, als sie ihn den Schlittenzug verlassen sahen.

توقف الرجال عن الكلام عندما رأوه يغادر قطار الزلاجات.

Dann ertönte ein einzelner Schuss klar und scharf über den Weg.

ثم سمعت طلقة نارية واحدة واضحة وحادة عبر الطريق.

Der Mann kam schnell zurück und nahm wortlos seinen Platz ein.

عاد الرجل بسرعة وجلس في مكانه دون أن يقول كلمة.

Peitschen knallten, Glöckchen bimmelten und die Schlitten rollten durch den Schnee.

انطلقت أصوات السياط، ورنّ الأجراس، وتدحرجت الزلاجات عبر الثلوج.

Aber Buck wusste, was passiert war – und alle anderen Hunde auch.

لكن باك كان يعلم ما حدث، وكان كل كلب آخر يعلم ذلك أيضًا.

Die Mühen der Zügel und des Trails
عناء اللجام والطريق

Dreißig Tage nach dem Verlassen von Dawson erreichte die Salt Water Mail Skaguay.

بعد ثلاثين يومًا من مغادرة داوسون، وصلت سفينة بريد المياه المالحة إلى سكاجواي.

Buck und seine Teamkollegen gingen in Führung, kamen aber in einem erbärmlichen Zustand an.

باك وزملاؤه حققوا التقدم، ووصلوا في حالة يرثى لها.

Buck hatte von hundertvierzig auf hundertfünfzehn Pfund abgenommen.

انخفض وزن باك من مائة وأربعين إلى مائة وخمسة عشر رطلاً.

Die anderen Hunde hatten, obwohl kleiner, noch mehr Körpergewicht verloren.

أما الكلاب الأخرى، على الرغم من صغر حجمها، فقد فقدت المزيد من وزن الجسم.

Pike, einst ein vorgetäuschter Hinker, schleppte nun ein wirklich verletztes Bein hinter sich her.

بايك، الذي كان يعرج في السابق بشكل مزيف، يسحب الآن ساقًا مصابة حقًا خلفه.

Solleks humpelte stark und Dub hatte ein verrenktes Schulterblatt.

كان سوليكس يعرج بشدة، وكان دوب يعاني من تمزق في لوح كتفه.

Die Füße aller Hunde im Team waren von den Wochen auf dem gefrorenen Pfad wund.

كان كل كلب في الفريق يعاني من آلام في قدميه بسبب الأسابيع التي قضاها على الطريق المتجمد.

Ihre Schritte waren völlig federnd und bewegten sich nur langsam und schleppend.

لم يعد لديهم أي نشاط في خطواتهم، فقط حركة بطيئة ومتثاقلة.

Ihre Füße treffen den Weg hart und jeder Schritt belastet ihren Körper stärker.

ضربت أقدامهم الطريق بقوة، وكانت كل خطوة تضيف المزيد من الضغط على أجسادهم.

Sie waren nicht krank, sondern nur so erschöpft, dass sie sich auf natürliche Weise nicht mehr erholen konnten.

لم يكونوا مرضى، بل كانوا مستنزفين إلى حد لا يمكن الشفاء منه بشكل طبيعي.

Dies war nicht die Müdigkeit eines harten Tages, die durch eine Nachtruhe geheilt werden konnte.

لم يكن هذا تعبًا من يوم شاق، تم علاجه بالراحة الليلية.

Es war eine Erschöpfung, die sich durch monatelange, zermürbende Anstrengungen langsam aufgebaut hatte.

لقد كان إرهاقًا تراكم ببطء عبر أشهر من الجهد الشاق.

Es waren keine Kraftreserven mehr vorhanden, sie hatten alles aufgebraucht, was sie hatten.

لم يتبق لديهم أي احتياطي من القوة ـ فقد استنفدوا كل ما لديهم.

Jeder Muskel, jede Faser und jede Zelle ihres Körpers war erschöpft und abgenutzt.

لقد استُنفدت كل عضلة وليفة وخلية في أجسادهم.

Und das hatte seinen Grund: Sie hatten zweitausendfünfhundert Meilen zurückgelegt.

وكان هناك سبب ـ لقد قطعوا مسافة ألفين وخمسمائة ميل.

Auf den letzten zweitausendachthundert Kilometern hatten sie sich nur fünf Tage ausgeruht.

لقد استراحوا لمدة خمسة أيام فقط خلال الثمانية عشر ميلاً الأخيرة.

Als sie Skaguay erreichten, sahen sie aus, als könnten sie kaum aufrecht stehen.

عندما وصلوا إلى سكاجواي، بدا أنهم بالكاد قادرين على الوقوف بشكل مستقيم.

Sie hatten Mühe, die Zügel straff zu halten und vor dem Schlitten zu bleiben.

لقد كافحوا من أجل إبقاء زمام الأمور مشدودة والبقاء في المقدمة أمام الزلاجة.

Auf abschüssigen Hängen konnten sie nur noch vermeiden, überfahren zu werden.

على المنحدرات، تمكنوا فقط من تجنب التعرض للدهس.

„Weiter, ihr armen, wunden Füße", sagte der Fahrer, während sie weiterhumpelten.

استمروا في السير، أيها المسكين ذو الأقدام المؤلمة"، قال السائق بينما كانوا يعرجون على الطريق.

„Das ist die letzte Strecke, danach bekommen wir alle auf jeden Fall noch eine lange Pause."

هذه هي المرحلة الأخيرة، وبعدها سنحصل جميعًا على قسط من الراحة "الطويلة، بالتأكيد."

„Eine richtig lange Pause", versprach er und sah ihnen nach, wie sie weiter taumelten.

راحة طويلة حقًا"، وعدهم وهو يراقبهم وهم يتقدمون للأمام"۔

Die Fahrer rechneten damit, dass sie nun eine lange, notwendige Pause bekommen würden.

وكان السائقون يتوقعون الآن أنهم سيحصلون على استراحة طويلة وضرورية۔

Sie hatten zweitausend Meilen zurückgelegt und nur zwei Tage Pause gemacht.

لقد سافروا مسافة ألف ومائتي ميل مع يومين راحة فقط

Sie waren der Meinung, dass sie sich die Zeit zum Entspannen verdient hätten, und das aus fairen und vernünftigen Gründen.

ومن باب الإنصاف والمنطق، فقد شعروا أنهم استحقوا الوقت للاسترخاء۔

Aber zu viele waren zum Klondike gekommen und zu wenige waren zu Hause geblieben.

لكن الكثيرين جاؤوا إلى كلوندايك، وقليل منهم بقي في المنزل۔

Es gingen unzählige Briefe von Familien ein, die zu Bergen verspäteter Post führten.

تدفقت الرسائل من العائلات، مما أدى إلى أكوام من البريد المتأخر۔

Offizielle Anweisungen trafen ein – neue Hudson Bay-Hunde würden die Nachfolge antreten.

وصلت الأوامر الرسمية ـ كان من المقرر أن يتولى كلاب هدسون باي الجدد المسؤولية.

Die erschöpften Hunde, die nun als wertlos galten, sollten entsorgt werden.

كان من المقرر التخلص من الكلاب المنهكة، والتي أصبحت الآن عديمة القيمة.

Da Geld wichtiger war als Hunde, sollten sie billig verkauft werden.

وبما أن المال كان أكثر أهمية من الكلاب، فقد كان من المقرر بيعها بثمن بخس۔

Drei weitere Tage vergingen, bevor die Hunde spürten, wie schwach sie waren.

مرت ثلاثة أيام أخرى قبل أن يشعر الكلاب بمدى ضعفهم۔

Am vierten Morgen kauften zwei Männer aus den Staaten das gesamte Team.

وفي صباح اليوم الرابع، اشترى رجلان من الولايات المتحدة الفريق بأكمله.

Der Verkauf umfasste alle Hunde sowie ihre abgenutzte Geschirrausrüstung.

شمل البيع جميع الكلاب، بالإضافة إلى أحزمة الأمان التي كانت تستخدمها.

Die Männer nannten sich gegenseitig „Hal" und „Charles", als sie den Deal abschlossen.

أطلق الرجال على بعضهم البعض اسم "هال "و"تشارلز "عندما أكملوا الصفقة.

Charles war mittleren Alters, blass, hatte schlaffe Lippen und wilde Schnurrbartspitzen.

كان تشارلز في منتصف العمر، شاحبًا، بشفاه مترهلة وشاربه كثيف.

Hal war ein junger Mann, vielleicht neunzehn, der einen Patronengürtel trug.

كان هال شابًا، ربما يبلغ من العمر تسعة عشر عامًا، يرتدي حزامًا محشوًا بالخرطوش.

Am Gürtel befanden sich ein großer Revolver und ein Jagdmesser, beide unbenutzt.

كان الحزام يحمل مسدسًا كبيرًا وسكين صيد، وكلاهما لم يستخدما.

Es zeigte, wie unerfahren und ungeeignet er für das Leben im Norden war.

وأظهر ذلك مدى قلة خبرته وعدم ملاءمته للحياة الشمالية.

Keiner der beiden Männer gehörte in die Wildnis; ihre Anwesenheit widersprach jeder Vernunft.

لم يكن أي من الرجلين ينتمي إلى البرية؛ فوجودهما يتحدى كل المنطق.

Buck beobachtete, wie das Geld zwischen Käufer und Makler den Besitzer wechselte.

كان باك يراقب الأموال وهي تنتقل بين المشتري والوكيل.

Er wusste, dass die Postzugführer sein Leben wie alle anderen verlassen würden.

لقد علم أن سائقي قطار البريد يغادرون حياته مثل بقية الناس.

Sie folgten Perrault und François, die nun unwiederbringlich verschwunden waren.

وتبعوا بيرولت وفرانسوا، اللذين أصبحا الآن في وضع لا يمكن تذكره.

Buck und das Team wurden in das schlampige Lager ihrer neuen Besitzer geführt.

تم أخذ باك وفريقه إلى المعسكر غير المنظم لأصحابهم الجدد.

Das Zelt hing durch, das Geschirr war schmutzig und alles lag in Unordnung.

كانت الخيمة مترهلة، والأطباق متسخة، وكل شيء في حالة من الفوضى.

Buck bemerkte dort auch eine Frau – Mercedes, Charles' Frau und Hals Schwester.

لاحظ باك وجود امرأة هناك أيضًا - مرسيدس، زوجة تشارلز وشقيقة هال.

Sie bildeten eine vollständige Familie, obwohl sie alles andere als für den Wanderpfad geeignet waren.

لقد شكلوا عائلة متكاملة، رغم أنهم لم يكونوا مناسبين للمسار.

Buck beobachtete nervös, wie das Trio begann, die Vorräte einzupacken.

كان باك يراقب بتوتر بينما بدأ الثلاثي في تعبئة الإمدادات.

Sie arbeiteten hart, aber ohne Ordnung – nur Aufhebens und vergeudete Mühe.

لقد عملوا بجد ولكن دون نظام - مجرد ضجة وجهد ضائع.

Das Zelt war zu einer sperrigen Form zusammengerollt und viel zu groß für den Schlitten.

تم لف الخيمة إلى شكل ضخم، أكبر بكثير من الزلاجة.

Schmutziges Geschirr wurde eingepackt, ohne dass es gespült oder getrocknet worden wäre.

تم تعبئة الأطباق المتسخة دون تنظيفها أو تجفيفها على الإطلاق.

Mercedes flatterte herum, redete, korrigierte und mischte sich ständig ein.

كانت مرسيدس ترفرف هنا وهناك، وتتحدث باستمرار، وتصحح، وتتدخل.

Als ein Sack vorne platziert wurde, bestand sie darauf, dass er hinten drankam.

عندما تم وضع الكيس في المقدمة، أصرت على وضعه في الخلف.

Sie packte den Sack ganz unten rein und im nächsten Moment brauchte sie ihn.

وضعت الكيس في الأسفل، وفي اللحظة التالية احتاجته.

Also wurde der Schlitten erneut ausgepackt, um an die eine bestimmte Tasche zu gelangen.

لذلك تم تفريغ الزلاجة مرة أخرى للوصول إلى الحقيبة المحددة.

In der Nähe standen drei Männer vor einem Zelt und beobachteten die Szene.

وفي مكان قريب، كان هناك ثلاثة رجال يقفون خارج خيمة، يراقبون المشهد.

Sie lächelten, zwinkerten und grinsten über die offensichtliche Verwirrung der Neuankömmlinge.

ابتسموا، وغمزوا، وضحكوا على الارتباك الواضح الذي أصاب الوافدين الجدد.

„Sie haben schon eine ziemlich schwere Last", sagte einer der Männer.

لقد حصلت على حمل ثقيل بالفعل" قال أحد الرجال".

„Ich glaube nicht, dass Sie das Zelt tragen sollten, aber es ist Ihre Entscheidung."

لا أعتقد أنه يجب عليك حمل تلك الخيمة، لكن هذا اختيارك".".

„Unvorstellbar!", rief Mercedes und warf verzweifelt die Hände in die Luft.

لم أحلم به"صرخت مرسيدس وهي ترفع يديها في يأس ".

„Wie könnte ich ohne Zelt reisen, unter dem ich übernachten kann?"

"كيف يمكنني أن أسافر دون خيمة للبقاء تحتها؟"

„Es ist Frühling – Sie werden kein kaltes Wetter mehr erleben", antwortete der Mann.

إنه فصل الربيع، ولن ترى الطقس البارد مرة أخرى"، أجاب الرجل".

Aber sie schüttelte den Kopf und sie stapelten weiterhin Gegenstände auf den Schlitten.

لكنها هزت رأسها، واستمروا في تكديس الأشياء على الزلاجة.

Als sie die letzten Dinge hinzufügten, türmte sich die Ladung gefährlich hoch auf.

ارتفعت الأحمال بشكل خطير عندما أضافوا الأشياء النهائية.

„Glauben Sie, der Schlitten fährt?", fragte einer der Männer mit skeptischem Blick.

هل تعتقد أن الزلاجة سوف تتحرك؟ "سأل أحد الرجال بنظرة متشككة".

„Warum sollte es nicht?", blaffte Charles mit scharfer Verärgerung zurück.

لماذا لا نفعل ذلك؟ "رد تشارلز بانزعاج حاد".

„Oh, das ist schon in Ordnung", sagte der Mann schnell und wich seiner Beleidigung aus.

أوه، لا بأس بذلك، "قال الرجل بسرعة، متراجعًا عن الإساءة"ـ

„Ich habe mich nur gewundert – es sah für mich einfach ein bisschen zu kopflastig aus."

كنت أتساءل فقط ـ لقد بدا الأمر ثقيلًا بعض الشيء بالنسبة لي"ـ"

Charles drehte sich um und band die Ladung so gut fest, wie er konnte.

استدار تشارلز وربط الحمولة بأفضل ما استطاع.

Allerdings waren die Zurrgurte locker und die Verpackung insgesamt schlecht ausgeführt.

لكن الربط كان فضفاضًا والتعبئة كانت سيئة بشكل عام.

„Klar, die Hunde machen das den ganzen Tag", sagte ein anderer Mann sarkastisch.

بالتأكيد، الكلاب ستفعل ذلك طوال اليوم"، قال رجل آخر ساخرًا"ـ

„Natürlich", antwortete Hal kalt und packte die lange Lenkstange des Schlittens.

بالطبع، "أجاب هال ببرود، وهو يمسك بعمود الزلاجة الطويل"ـ

Mit einer Hand an der Stange schwang er mit der anderen die Peitsche.

وبإحدى يديه على العمود، كان يلوح بالسوط في اليد الأخرى.

„Los geht's!", rief er. „Bewegt euch!", und trieb die Hunde zum Aufbruch an.

هيا بنا"صرخ "تحركوا" ـ حاثًا الكلاب على الانطلاق "ـ

Die Hunde lehnten sich in das Geschirr und spannten sich einige Augenblicke lang an.

انحنت الكلاب إلى الحزام وتوترت لعدة لحظات.

Dann blieben sie stehen, da sie den überladenen Schlitten keinen Zentimeter bewegen konnten.

ثم توقفوا، غير قادرين على تحريك الزلاجة المحملة قيد أنملة.

„Diese faulen Bestien!", schrie Hal und hob die Peitsche, um sie zu schlagen.

الوحوش الكسالى"صرخ هال، ورفع السوط ليضربهم "ـ

Doch Mercedes stürzte herein und riss Hal die Peitsche aus der Hand.

لكن مرسيدس هرعت وانتزعت السوط من يد هال.

„Oh, Hal, wage es ja nicht, ihnen wehzutun", rief sie alarmiert.

أوه، هال، لا تجرؤ على إيذائهم، "صرخت في حالة من الفزع"ـ

„Versprich mir, dass du nett zu ihnen bist, sonst gehe ich keinen Schritt weiter."

وعدني بأنك ستكون لطيفًا معهم، وإلا فلن أتخذ خطوة أخرى"."

„Du weißt nichts über Hunde", fuhr Hal seine Schwester an.

أنت لا تعرفين شيئًا عن الكلاب"، قال هال لأخته".

„Sie sind faul, und die einzige Möglichkeit, sie zu bewegen, besteht darin, sie zu peitschen."

إنهم كسالى، والطريقة الوحيدة لتحريكهم هي ضربهم بالسوط"."

„Fragen Sie irgendjemanden – fragen Sie einen dieser Männer dort drüben, wenn Sie mir nicht glauben."

اسأل أي شخص، اسأل أحد هؤلاء الرجال هناك إذا كنت تشك بي"."

Mercedes sah die Zuschauer mit flehenden, tränennassen Augen an.

نظرت مرسيدس إلى المتفرجين بعيون متوسلة مليئة بالدموع.

Ihr Gesicht zeigte, wie sehr sie den Anblick jeglichen Schmerzes hasste.

أظهر وجهها مدى كرهها لرؤية أي ألم.

„Sie sind schwach, das ist alles", sagte ein Mann. „Sie sind erschöpft."

إنهم ضعفاء، هذا كل ما في الأمر"، قال أحد الرجال"."لقد أُنهكوا".

„Sie brauchen Ruhe – sie haben zu lange ohne Pause gearbeitet."

إنهم يحتاجون إلى الراحة - لقد عملوا لفترة طويلة دون انقطاع"."

„Der Rest sei verflucht", murmelte Hal mit verzogenen Lippen.

الباقي ملعون "تمتم هال مع شفتيه ملتفة".

Mercedes schnappte nach Luft, sein grobes Wort schmerzte sie sichtlich.

شهقت مرسيدس، من الواضح أنها شعرت بالألم بسبب الكلمة البذيئة التي قالها لها.

Dennoch blieb sie loyal und verteidigte ihren Bruder sofort.

ومع ذلك، ظلت مخلصة ودافعت عن شقيقها على الفور.

„Kümmere dich nicht um den Mann", sagte sie zu Hal. „Das sind unsere Hunde."

لا تهتمّ لهذا الرجل، قالت لهال"."إنهم كلابنا".

„Fahren Sie sie, wie Sie es für richtig halten – tun Sie, was Sie für richtig halten."

أنت تقودهم كما تراه مناسبًا - افعل ما تعتقد أنه صحيح".ـ"

Hal hob die Peitsche und schlug die Hunde erneut gnadenlos.

رفع هال السوط وضرب الكلاب مرة أخرى دون رحمة.

Sie stürzten sich nach vorne, die Körper tief gebeugt, die Füße in den Schnee gedrückt.

اندفعوا إلى الأمام، أجسادهم منخفضة، وأقدامهم تدفع في الثلج.

Sie gaben sich alle Mühe, den Schlitten zu ziehen, aber er bewegte sich nicht.

لقد بذلوا كل قوتهم في السحب، لكن الزلاجة لم تكن تتحرك.

Der Schlitten blieb wie ein im Schnee festgefrorener Anker stecken.

ظلت الزلاجة عالقة، مثل مرساة متجمدة في الثلج المتراكم.

Nach einem zweiten Versuch blieben die Hunde wieder stehen und keuchten schwer.

وبعد محاولة ثانية، توقفت الكلاب مرة أخرى، وهي تلهث بشدة.

Hal hob die Peitsche noch einmal, gerade als Mercedes erneut eingriff.

رفع هال السوط مرة أخرى، في الوقت الذي تدخلت فيه مرسيدس مرة أخرى.

Sie fiel vor Buck auf die Knie und umarmte seinen Hals.

نزلت على ركبتيها أمام باك وعانقت رقبته.

Tränen traten ihr in die Augen, als sie den erschöpften Hund anflehte.

امتلأت عيناها بالدموع وهي تتوسل إلى الكلب المنهك.

„Ihr Armen", sagte sie, „warum zieht ihr nicht einfach stärker?"

"يا مساكين، "قالت، "لماذا لا تسحبون بقوة أكبر؟"

„Wenn du ziehst, wirst du nicht so ausgepeitscht."

إذا قمت بالسحب، فلن يتم جلدك بهذه الطريقة".ـ"

Buck mochte Mercedes nicht, aber er war zu müde, um ihr jetzt zu widerstehen.

لم يكن باك يحب مرسيدس، لكنه كان متعبًا جدًا بحيث لم يتمكن من مقاومتها الآن.

Er akzeptierte ihre Tränen als einen weiteren Teil dieses elenden Tages.

لقد تقبل دموعها باعتبارها جزءًا آخر من يومه البائس.

Einer der zuschauenden Männer ergriff schließlich das Wort, nachdem er seinen Ärger unterdrückt hatte.

تحدث أحد الرجال الذين كانوا يراقبون أخيرًا بعد أن تمكن من كبت غضبه.

„Es ist mir egal, was mit euch passiert, Leute, aber diese Hunde sind wichtig."

"لا يهمني ما يحدث لكم أيها الناس، ولكن تلك الكلاب مهمة".

„Wenn du helfen willst, mach den Schlitten los – er ist am Schnee festgefroren."

"إذا كنت تريد المساعدة، قم بكسر تلك الزلاجة - فهي متجمدة في الثلج".

„Drücken Sie fest auf die Gee-Stange, rechts und links, und brechen Sie die Eisversiegelung."

"اضغط بقوة على عمود الجي، يمينًا ويسارًا، واكسر ختم الجليد".

Ein dritter Versuch wurde unternommen, diesmal auf Vorschlag des Mannes.

وتم إجراء محاولة ثالثة، هذه المرة بناء على اقتراح الرجل.

Hal schaukelte den Schlitten von einer Seite auf die andere und löste so die Kufen.

هز هال الزلاجة من جانب إلى آخر، مما أدى إلى تحرير العدائين.

Obwohl der Schlitten überladen und unhandlich war, machte er schließlich einen Satz nach vorne.

رغم أن الزلاجة كانت مثقلة وخرقاء، إلا أنها اندفعت إلى الأمام في النهاية.

Buck und die anderen zogen wild, angetrieben von einem Sturm aus Schleudertraumen.

سحب باك والآخرون أنفسهم بعنف، تحت وطأة عاصفة من الضربات العنيفة.

Hundert Meter weiter machte der Weg eine Biegung und führte in die Straße hinein.

على بعد مائة ياردة إلى الأمام، انحنى المسار وانحدر إلى الشارع.

Um den Schlitten aufrecht zu halten, hätte es eines erfahrenen Fahrers bedurft.

كان من المفترض أن يحتاج الأمر إلى سائق ماهر للحفاظ على الزلاجة في وضع مستقيم.

Hal war nicht geschickt und der Schlitten kippte, als er um die Kurve schwang.

لم يكن هال ماهرًا، وانقلبت الزلاجة عندما تأرجحت حول المنحنى.

Lose Zurrgurte gaben nach und die Hälfte der Ladung
ergoss sich auf den Schnee.

انهارت الأربطة، وسقط نصف الحمولة على الثلج۔

Die Hunde hielten nicht an; der leichtere Schlitten flog auf
der Seite weiter.

لم تتوقف الكلاب، وكانت الزلاجة الخفيفة تطير على جانبها۔

Wütend über die Beschimpfungen und die schwere Last
rannten die Hunde noch schneller.

غاضبين من الإساءة والعبء الثقيل، ركضت الكلاب بشكل أسرع۔

Buck rannte wütend los und das Team folgte ihm.

اندفع باك في غضب شديد، وتبعه الفريق۔

Hal rief „Whoa! Whoa!", aber das Team beachtete ihn nicht.

صرخ هال "واوـواو ـلكن الفريق لم ينتبه له "۔

Er stolperte, fiel und wurde am Geschirr über den Boden
geschleift.

لقد تعثر وسقط وسحبه الحزام على الأرض۔

Der umgekippte Schlitten wurde über ihn geworfen, als die
Hunde weiterrasten.

ارتطمت الزلاجة المقلوبة به بينما كانت الكلاب تتسابق أمامه۔

Die restlichen Vorräte verteilten sich über die belebte Straße
von Skaguay.

بقية الإمدادات متناثرة في شوارع سكاغواي المزدحمة۔

Gutherzige Menschen eilten herbei, um die Hunde
anzuhalten und die Ausrüstung einzusammeln.

هرع الناس طيبو القلوب لإيقاف الكلاب وجمع المعدات۔

Sie gaben den neuen Reisenden auch direkte und praktische
Ratschläge.

كما قدموا نصائح مباشرة وعملية للمسافرين الجدد۔

„Wenn Sie Dawson erreichen wollen, nehmen Sie die halbe
Ladung und die doppelte Anzahl an Hunden mit."

إذا كنت تريد الوصول إلى داوسون، خذ نصف الحمولة وضاعف عدد "
الكلاب۔"

Hal, Charles und Mercedes hörten zu, wenn auch nicht mit
Begeisterung.

استمع هال، وتشارلز، ومرسيدس، ولكن ليس بحماس۔

Sie bauten ihr Zelt auf und begannen, ihre Vorräte zu
sortieren.

قاموا بنصب خيمتهم وبدأوا بفرز إمداداتهم.

Heraus kamen Konserven, die die Zuschauer laut lachen ließen.

وخرجت الأطعمة المعلبة، مما جعل المتفرجين يضحكون بصوت عالٍ.

„Konserven auf dem Weg? Bevor die schmelzen, verhungern Sie", sagte einer.

معلبات على الطريق؟ ستموت جوعًا قبل أن تذوب"، قال أحدهم.ـ

„Hoteldecken? Die wirfst du am besten alle weg."

بطانيات الفنادق؟ من الأفضل التخلص منها جميعًا.

„Schmeißen Sie auch das Zelt weg, und hier spült niemand mehr Geschirr."

تخلص من الخيمة أيضًا، ولن يغسل أحد الأطباق هنا".ـ"

„Sie glauben, Sie fahren in einem Pullman-Zug mit Bediensteten an Bord?"

"هل تعتقد أنك تركب قطار بولمان مع الخدم على متنه؟"

Der Prozess begann – jeder nutzlose Gegenstand wurde beiseite geworfen.

بدأت العملية ـ تم إلقاء كل عنصر عديم الفائدة جانبًا.ـ

Mercedes weinte, als ihre Taschen auf den schneebedeckten Boden geleert wurden.

بكت مرسيدس عندما أفرغت حقائبها على الأرض الثلجية.

Sie schluchzte ohne Pause über jeden einzelnen hinausgeworfenen Gegenstand.

كانت تبكي بشدة على كل قطعة تم إلقاؤها، واحدة تلو الأخرى، دون توقف.ـ

Sie schwor, keinen Schritt weiterzugehen – nicht einmal für zehn Charleses.

لقد أقسمت على عدم الذهاب خطوة أخرى ـ حتى ولو لعشرة تشارلز.ـ

Sie flehte alle Menschen in ihrer Nähe an, ihr ihre wertvollen Sachen zu überlassen.

وتوسلت إلى كل شخص قريب منها أن يسمح لها بالاحتفاظ بأشياءها الثمينة.ـ

Schließlich wischte sie sich die Augen und begann, auch die wichtigsten Kleidungsstücke wegzuwerfen.

وأخيراً مسحت عينيها وبدأت تتخلص حتى من الملابس الحيوية.ـ

Als sie mit ihrem eigenen fertig war, begann sie, die Vorräte der Männer auszuräumen.

عندما انتهت من أعمالها، بدأت في إفراغ إمدادات الرجال.

Wie ein Wirbelwind verwüstete sie die Habseligkeiten von Charles und Hal.

مثل عاصفة، مزقت ممتلكات تشارلز وهال.

Obwohl die Ladung halbiert wurde, war sie immer noch viel schwerer als nötig.

على الرغم من أن الحمل انخفض إلى النصف، إلا أنه كان لا يزال أثقل بكثير من اللازم.

In dieser Nacht gingen Charles und Hal los und kauften sechs neue Hunde.

في تلك الليلة، خرج تشارلز وهال واشتريا ستة كلاب جديدة.

Diese neuen Hunde gesellten sich zu den ursprünglichen sechs, plus Teek und Koona.

انضمت هذه الكلاب الجديدة إلى الكلاب الستة الأصلية، بالإضافة إلى تيك وكونا.

Zusammen bildeten sie ein Gespann aus vierzehn Hunden, die vor den Schlitten gespannt wurden.

لقد شكلوا معًا فريقًا مكونًا من أربعة عشر كلبًا مربوطين بالزلاجة.

Doch die neuen Hunde waren für die Schlittenarbeit ungeeignet und schlecht ausgebildet.

لكن الكلاب الجديدة كانت غير صالحة للعمل على الزلاجات ولم يتم تدريبها بشكل جيد.

Drei der Hunde waren kurzhaarige Vorstehhunde und einer war ein Neufundländer.

ثلاثة من الكلاب كانت من نوع المؤشرات ذات الشعر القصير، وكان واحد منها من نوع نيوفاوندلاند.

Bei den letzten beiden Hunden handelte es sich um Mischlinge ohne eindeutige Rasse oder Zweckbestimmung.

كان الكلبان الأخيران من الكلاب الهجينة التي ليس لها سلالة واضحة أو غرض على الإطلاق.

Sie haben den Weg nicht verstanden und ihn nicht schnell gelernt.

لم يفهموا المسار، ولم يتعلموه بسرعة.

Buck und seine Kameraden beobachteten sie mit Verachtung und tiefer Verärgerung.

كان باك وأصدقاؤه يراقبونهم بازدراء وانزعاج عميق.

Obwohl Buck ihnen beibrachte, was sie nicht tun sollten, konnte er ihnen keine Pflicht beibringen.

على الرغم من أن باك علمهم ما لا ينبغي لهم فعله، إلا أنه لم يكن قادرًا على تعليمهم الواجب.

Sie kamen mit dem Leben auf dem Wanderpfad und dem Ziehen von Zügeln und Schlitten nicht gut zurecht.

لم يتقبلوا بشكل جيد تتبع الحياة أو سحب اللجام والزلاجات.

Nur die Mischlinge versuchten, sich anzupassen, und selbst ihnen fehlte der Kampfgeist.

حاول الهجينون فقط التكيف، وحتى هم كانوا يفتقرون إلى روح القتال.

Die anderen Hunde waren durch ihr neues Leben verwirrt, geschwächt und gebrochen.

كانت الكلاب الأخرى مرتبكة، ضعيفة، ومنكسرة بسبب حياتها الجديدة.

Da die neuen Hunde ahnungslos und die alten erschöpft waren, gab es kaum Hoffnung.

مع الكلاب الجديدة التي كانت في حيرة من أمرها والكلاب القديمة المنهكة، كان الأمل ضئيلاً.

Bucks Team hatte zweitausendfünfhundert Meilen eines rauen Pfades zurückgelegt.

لقد قطع فريق باك مسافة ألفين وخمسمائة ميل من الطريق القاسي.

Dennoch waren die beiden Männer fröhlich und stolz auf ihr großes Hundegespann.

ومع ذلك، كان الرجلان مبتهجين وفخورين بفريق الكلاب الكبير الخاص بهم.

Sie dachten, sie würden mit Stil reisen, mit vierzehn Hunden an der Leine.

ظنوا أنهم يسافرون بأناقة، مع أربعة عشر كلبًا مربوطين.

Sie hatten gesehen, wie Schlitten nach Dawson aufbrachen und andere von dort ankamen.

لقد شاهدوا زلاجات تغادر إلى داوسون، وأخرى تصل منها.

Aber noch nie hatten sie eins gesehen, das von bis zu vierzehn Hunden gezogen wurde.

لكنهم لم يروا قط واحدًا يسحبه ما يصل إلى أربعة عشر كلبًا.

Es gab einen Grund, warum solche Teams in der arktischen Wildnis selten waren.

وكان هناك سبب لكون مثل هذه الفرق نادرة في البرية القطبية الشمالية.

Kein Schlitten konnte genug Futter transportieren, um vierzehn Hunde für die Reise zu versorgen.

لم يكن بمقدور أي مزلجة أن تحمل ما يكفي من الطعام لإطعام أربعة عشر كلبًا طوال الرحلة.

Aber Charles und Hal wussten das nicht – sie hatten nachgerechnet.

لكن تشارلز وهال لم يعرفا ذلك ـ لقد أجريا الحسابات.

Sie haben das Futter berechnet: so viel pro Hund, so viele Tage, fertig.

لقد خططوا للطعام: كمية محددة لكل كلب، وعدد محدد من الأيام، وتم الانتهاء من ذلك.

Mercedes betrachtete ihre Zahlen und nickte, als ob es Sinn machte.

نظرت مرسيدس إلى أرقامهم وأومأت برأسها كما لو كان الأمر منطقيًا.

Zumindest auf dem Papier erschien ihr alles sehr einfach.

لقد بدا الأمر كله بسيطًا جدًا بالنسبة لها، على الأقل على الورق.

Am nächsten Morgen führte Buck das Team langsam die verschneite Straße hinauf.

وفي صباح اليوم التالي، قاد باك الفريق ببطء إلى الشارع الثلجي.

Weder er noch die Hunde hinter ihm hatten Energie oder Tatendrang.

لم تكن هناك طاقة أو روح فيه أو في الكلاب خلفه.

Sie waren von Anfang an todmüde, es waren keine Reserven mehr vorhanden.

لقد كانوا متعبين للغاية منذ البداية ـ لم يتبق لديهم أي احتياطي.

Buck hatte bereits vier Fahrten zwischen Salt Water und Dawson unternommen.

لقد قام باك بأربع رحلات بين سولت ووتر وداوسون بالفعل.

Als er nun erneut vor derselben Spur stand, empfand er nichts als Bitterkeit.

والآن، عندما واجه نفس المسار مرة أخرى، لم يشعر إلا بالمرارة.

Er war nicht mit dem Herzen dabei und die anderen Hunde auch nicht.

لم يكن قلبه فيه، ولا قلوب الكلاب الأخرى.

Die neuen Hunde waren schüchtern und den Huskys fehlte jegliches Vertrauen.

كانت الكلاب الجديدة خجولة، وكانت كلاب الهاسكي تفتقر إلى الثقة.

Buck spürte, dass er sich auf diese beiden Männer oder ihre
Schwester nicht verlassen konnte.

أحس باك أنه لا يستطيع الاعتماد على هذين الرجلين أو أختهما.

Sie wussten nichts und zeigten auf dem Weg keine
Anzeichen, etwas zu lernen.

لم يعرفوا شيئًا ولم يظهروا أي علامات على التعلم أثناء الرحلة.

Sie waren unorganisiert und es fehlte ihnen jeglicher Sinn
für Disziplin.

لقد كانوا غير منظمين ويفتقرون إلى أي حس بالانضباط.

Sie brauchten jedes Mal die halbe Nacht, um ein
schlampiges Lager aufzubauen.

استغرق الأمر منهم نصف الليل لإقامة معسكر غير منظم في كل مرة.

Und den halben nächsten Morgen verbrachten sie wieder
damit, am Schlitten herumzufummeln.

وفي الصباح التالي قضوا نصف الوقت في محاولة التعامل مع الزلاجة
مرة أخرى.

Gegen Mittag hielten sie oft nur an, um die ungleichmäßige
Beladung zu korrigieren.

بحلول الظهر، كانوا يتوقفون في كثير من الأحيان فقط لإصلاح الحمل
غير المتساوي.

An manchen Tagen legten sie insgesamt weniger als
sechzehn Kilometer zurück.

وفي بعض الأيام، سافروا مسافة أقل من عشرة أميال إجمالاً.

An anderen Tagen schafften sie es überhaupt nicht, das
Lager zu verlassen.

وفي أيام أخرى، لم يتمكنوا من مغادرة المخيم على الإطلاق.

Sie kamen nie auch nur annähernd an die geplante
Nahrungsdistanz heran.

ولم يقتربوا أبدًا من تغطية مسافة الغذاء المخطط لها.

Wie erwartet ging das Futter für die Hunde sehr schnell aus.

كما كان متوقعًا، نفد الطعام المخصص للكلاب بسرعة كبيرة.

Sie haben die Sache noch schlimmer gemacht, indem sie in
den ersten Tagen zu viel gefüttert haben.

لقد جعلوا الأمور أسوأ بسبب الإفراط في التغذية في الأيام الأولى.

Mit jeder unvorsichtigen Ration rückte der Hungertod
näher.

وقد أدى هذا إلى تقريب المجاعة منا مع كل حصة غير مدروسة.

Die neuen Hunde hatten nicht gelernt, mit sehr wenig zu überleben.

لم تتعلم الكلاب الجديدة كيفية البقاء على قيد الحياة على القليل جدًا.

Sie aßen hungrig, ihr Appetit war zu groß für den Weg.

لقد أكلوا بشراهة، وكانت شهيتهم كبيرة جدًا بالنسبة للطريق.

Als Hal sah, wie die Hunde schwächer wurden, glaubte er, dass das Futter nicht ausreichte.

عندما رأى هال الكلاب تضعف، اعتقد أن الطعام لم يكن كافيا.

Er verdoppelte die Rationen und verschlimmerte damit den Fehler noch.

لقد ضاعف الحصص، مما جعل الخطأ أسوأ.

Mercedes verschärfte das Problem mit Tränen und leisem Flehen.

أضافت مرسيدس إلى المشكلة دموعها وتوسلاتها الناعمة.

Als sie Hal nicht überzeugen konnte, fütterte sie die Hunde heimlich.

عندما لم تتمكن من إقناع هال، قامت بإطعام الكلاب سراً.

Sie stahl den Fisch aus den Säcken und gab ihn ihnen hinter seinem Rücken.

سرقت من أكياس السمك وأعطتها لهم من وراء ظهره.

Doch was die Hunde wirklich brauchten, war nicht mehr Futter, sondern Ruhe.

لكن ما يحتاجه الكلاب حقًا لم يكن المزيد من الطعام، بل الراحة.

Sie kamen nur langsam voran, aber der schwere Schlitten schleppte sich trotzdem weiter.

لقد كانوا يحققون وقتًا سيئًا، لكن الزلاجة الثقيلة كانت لا تزال مستمرة.

Allein dieses Gewicht zehrte jeden Tag an ihrer verbleibenden Kraft.

كان هذا الوزن وحده يستنزف قوتهم المتبقية كل يوم.

Dann kam es zur Phase der Unterernährung, da die Vorräte zur Neige gingen.

ثم جاءت مرحلة نقص التغذية حيث انخفضت الإمدادات.

Eines Morgens stellte Hal fest, dass die Hälfte des Hundefutters bereits weg war.

أدرك هال في أحد الصباحات أن نصف طعام الكلب قد نفد بالفعل.

Sie hatten nur ein Viertel der gesamten Wegstrecke zurückgelegt.

لقد سافروا ربع المسافة الإجمالية للمسار فقط

Es konnten keine Lebensmittel mehr gekauft werden, egal zu welchem Preis.

لم يعد من الممكن شراء المزيد من الطعام، بغض النظر عن السعر المعروض.

Er reduzierte die Portionen der Hunde unter die normale Tagesration.

لقد خفض حصص الكلاب إلى ما دون الحصة اليومية القياسية.

Gleichzeitig forderte er längere Reisemöglichkeiten, um die Verluste auszugleichen.

وفي الوقت نفسه، طالب برحلة أطول لتعويض الخسارة.

Mercedes und Charles unterstützten diesen Plan, scheiterten jedoch bei der Umsetzung.

وقد دعم مرسيدس وتشارلز هذه الخطة، لكنهما فشلا في تنفيذها.

Ihr schwerer Schlitten und ihre mangelnden Fähigkeiten machten ein Vorankommen nahezu unmöglich.

إن زلاجاتهم الثقيلة وافتقارهم إلى المهارة جعل التقدم مستحيلاً تقريباً.

Es war einfach, weniger Futter zu geben, aber unmöglich, mehr Anstrengung zu erzwingen.

كان من السهل تقديم كمية أقل من الطعام، ولكن من المستحيل إجبار الناس على بذل المزيد من الجهد.

Sie konnten weder früher anfangen, noch konnten sie Überstunden machen.

لم يتمكنوا من البدء مبكّرا، ولم يتمكنوا من السفر لساعات إضافية.

Sie wussten nicht, wie sie mit den Hunden und überhaupt mit sich selbst arbeiten sollten.

لم يعرفوا كيفية التعامل مع الكلاب، ولا حتى مع أنفسهم، في هذا الشأن.

Der erste Hund, der starb, war Dub, der unglückliche, aber fleißige Dieb.

كان الكلب الأول الذي مات هو دوب، اللص غير المحظوظ ولكنه مجتهد.

Obwohl Dub oft bestraft wurde, leistete er ohne zu klagen seinen Beitrag.

على الرغم من معاقبته في كثير من الأحيان، كان داب يحمل ثقله دون شكوى.

Seine Schulterverletzung verschlimmerte sich ohne Pflege und nötige Ruhe.

ازدادت إصابة كتفه سوءًا دون رعاية أو حاجة للراحة.

Schließlich beendete Hal mit dem Revolver Dubs Leiden.

وأخيرًا، استخدم هال المسدس لإنهاء معاناة داب.

Ein gängiges Sprichwort besagt, dass normale Hunde an der Husky-Ration sterben.

هناك مقولة شائعة تقول أن الكلاب الطبيعية تموت على حصص الهاسكي.

Bucks sechs neue Gefährten bekamen nur die Hälfte des Futteranteils des Huskys.

كان لدى رفاق باك الستة الجدد نصف حصة الهاسكي من الطعام فقط

Zuerst starb der Neufundländer, dann die drei kurzhaarigen Vorstehhunde.

مات نيوفاوندلاند أولاً، ثم الكلاب الثلاثة ذات الشعر القصير.

Die beiden Mischlinge hielten länger durch, kamen aber schließlich wie die anderen um.

صمدت السلالتان الهجينتان لفترة أطول ولكن في النهاية هلكتا مثل البقية.

Zu diesem Zeitpunkt waren alle Annehmlichkeiten und die Sanftheit des Südens verschwunden.

بحلول هذا الوقت، اختفت كل وسائل الراحة واللطف التي كانت موجودة في منطقة الجنوب.

Die drei Menschen hatten die letzten Spuren ihrer zivilisierten Erziehung abgelegt.

لقد تخلص الأشخاص الثلاثة من آخر آثار تربيتهم المتحضرة.

Ohne Glamour und Romantik wurde das Reisen in die Arktis zur brutalen Realität.

بعد أن جردوها من السحر والرومانسية، أصبحت السفر إلى القطب الشمالي حقيقة واقعة.

Es war eine Realität, die zu hart für ihr Männlichkeits- und Weiblichkeitsgefühl war.

لقد كان الواقع قاسياً للغاية بالنسبة لإحساسهم بالرجولة والأنوثة.

Mercedes weinte nicht mehr um die Hunde, sondern nur noch um sich selbst.

لم تعد مرسيدس تبكي على الكلاب، بل أصبحت تبكي على نفسها فقط

Sie verbrachte ihre Zeit damit, zu weinen und mit Hal und Charles zu streiten.

لقد أمضت وقتها في البكاء والشجار مع هال وتشارلز.

Streiten war das Einzige, wozu sie nie zu müde waren.

كان الشجار هو الشيء الوحيد الذي لم يتعبوا من فعله أبدًا.

Ihre Gereiztheit rührte vom Elend her, wuchs mit ihm und übertraf es.

إن انفعالهم كان نابعاً من البؤس، ونما معه، وتجاوزه.

Die Geduld des Weges, die diejenigen kennen, die sich abmühen und freundlich leiden, kam nie.

إن صبر الطريق، المعروف لدى أولئك الذين يتعبون ويعانون بلطف، لم يأتِ أبدًا.

Diese Geduld, die die Sprache trotz Schmerzen süß hält, war ihnen unbekannt.

إن الصبر الذي يحفظ الكلام حلواً رغم الألم لم يكن معروفاً لهم.

Sie besaßen nicht die geringste Spur von Geduld und schöpften keine Kraft aus dem anmutigen Leiden.

لم يكن لديهم أدنى قدر من الصبر، ولم تكن لديهم القوة التي تستمد من المعاناة بالنعمة.

Sie waren steif vor Schmerz – ihre Muskeln, Knochen und ihr Herz schmerzten.

كانوا متيبسين من الألم - وجع في عضلاتهم وعظامهم وقلوبهم.

Aus diesem Grund bekamen sie eine scharfe Zunge und waren schnell im Umgang mit harten Worten.

وبسبب هذا، أصبحوا حادي اللسان وسريعي الكلام القاسي.

Jeder Tag begann und endete mit wütenden Stimmen und bitteren Klagen.

كان كل يوم يبدأ وينتهي بأصوات غاضبة وشكاوى مريرة.

Charles und Hal stritten sich, wann immer Mercedes ihnen eine Chance gab.

كان تشارلز وهال يتجادلان كلما أعطتهم مرسيدس فرصة.

Jeder Mann glaubte, dass er mehr als seinen gerechten Anteil an der Arbeit geleistet hatte.

كان كل رجل يعتقد أنه قام بأكثر من نصيبه العادل من العمل.

Keiner von beiden ließ es sich je entgehen, dies immer wieder zu sagen.

ولم يفوت أي منهما فرصة ليقول ذلك مرارا وتكرارا.

Manchmal stand Mercedes auf der Seite von Charles, manchmal auf der Seite von Hal.

في بعض الأحيان كانت مرسيدس تقف إلى جانب تشارلز، وفي بعض الأحيان كانت تقف إلى جانب هال.

Dies führte zu einem großen und endlosen Streit zwischen den dreien.

وأدى هذا إلى شجار كبير لا نهاية له بين الثلاثة.

Ein Streit darüber, wer Brennholz hacken sollte, geriet außer Kontrolle.

نشأ نزاع حول من يجب أن يقوم بتقطيع الحطب إلى حد خارج عن السيطرة.

Bald wurden Väter, Mütter, Cousins und verstorbene Verwandte genannt.

وبعد قليل، تم ذكر أسماء الآباء والأمهات وأبناء العمومة والأقارب المتوفين.

Hal's Ansichten über Kunst oder die Theaterstücke seines Onkels wurden Teil des Kampfes.

أصبحت آراء هال حول الفن أو مسرحيات عمه جزءًا من القتال.

Auch Charles' politische Überzeugungen wurden in die Debatte einbezogen.

ودخلت المعتقدات السياسية لتشارلز أيضًا في المناقشة.

Für Mercedes schienen sogar die Gerüchte über die Schwester ihres Mannes relevant zu sein.

بالنسبة لمرسيدس، حتى ثرثرة أخت زوجها بدت ذات صلة.

Sie äußerte ihre Meinung dazu und zu vielen Fehlern in Charles' Familie.

وقد أعربت عن آرائها حول هذا الموضوع وحول العديد من عيوب عائلة تشارلز.

Während sie stritten, blieb das Feuer aus und das Lager war halb fertig.

بينما كانوا يتجادلون، ظلت النار مطفأة والمخيم نصف مشتعل.

In der Zwischenzeit waren die Hunde unterkühlt und hatten nichts zu fressen.

وفي هذه الأثناء، ظلت الكلاب باردة وبدون أي طعام.

Mercedes hegte einen Groll, den sie als zutiefst persönlich betrachtete.

كان لدى مرسيدس شكوى اعتبرتها شخصية للغاية.

Sie fühlte sich als Frau misshandelt und fühlte sich ihrer Privilegien beraubt.

لقد شعرت بالمعاملة السيئة كامرأة، وحُرمت من امتيازاتها اللطيفة.

Sie war hübsch und sanft und pflegte ihr ganzes Leben lang ritterliche Gesten.

لقد كانت جميلة وناعمة، وكانت معتادة على الفروسية طوال حياتها.

Doch ihr Mann und ihr Bruder begegneten ihr nun mit Ungeduld.

لكن زوجها وشقيقها الآن يعاملانها بفارغ الصبر.

Sie hatte die Angewohnheit, sich hilflos zu verhalten, und sie begannen, sich zu beschweren.

كانت عادتها أن تتصرف بعجز، فبدأوا يشكون.

Sie war davon beleidigt und machte ihnen das Leben noch schwerer.

لقد أساءت إليهم، مما جعل حياتهم أكثر صعوبة.

Sie ignorierte die Hunde und bestand darauf, den Schlitten selbst zu fahren.

تجاهلت الكلاب وأصرت على ركوب الزلاجة بنفسها.

Obwohl sie von leichter Gestalt war, wog sie fünfundvierzig Kilo.

رغم مظهرها الخفيف، كان وزنها مائة وعشرين رطلاً.

Diese zusätzliche Belastung war zu viel für die hungernden, schwachen Hunde.

كان هذا العبء الإضافي أكثر مما تستطيع الكلاب الجائعة والضعيفة أن تتحمله.

Trotzdem ritt sie tagelang, bis die Hunde in den Zügeln zusammenbrachen.

ومع ذلك، فقد ظلت تركب لعدة أيام، حتى انهارت الكلاب في اللجام.

Der Schlitten stand still und Charles und Hal baten sie, zu laufen.

ظلت الزلاجة واقفة في مكانها، وتوسل تشارلز وهال إليها أن تمشي.

Sie flehten und flehten, aber sie weinte und nannte sie grausam.

لقد توسلوا إليها وتوسلوا إليها، لكنها بكت ووصفتهم بالقسوة.

Einmal zogen sie sie mit purer Kraft und Wut vom Schlitten.

في إحدى المرات، سحبوها من الزلاجة بقوة شديدة وغضب.

Nach dem, was damals passiert ist, haben sie es nie wieder versucht.

ولم يحاولوا مرة أخرى بعد ما حدث تلك المرة.

Sie wurde schlaff wie ein verwöhntes Kind und setzte sich in den Schnee.

أصبحت مترهلة مثل طفل مدلل وجلست في الثلج.

Sie gingen weiter, aber sie weigerte sich aufzustehen oder ihnen zu folgen.

لقد تحركوا، لكنها رفضت أن تنهض أو تتبعهم.

Nach drei Meilen hielten sie an, kehrten um und trugen sie zurück.

وبعد ثلاثة أميال، توقفوا، وعادوا، وحملوها.

Sie luden sie wieder auf den Schlitten, wobei sie erneut rohe Gewalt anwandten.

ثم أعادوا تحميلها على الزلاجة، مستخدمين القوة الغاشمة مرة أخرى.

In ihrem tiefen Elend zeigten sie gegenüber dem Leid der Hunde keine Skrupel.

في بؤسهم العميق، كانوا قساة القلب تجاه معاناة الكلاب.

Hal glaubte, man müsse sich abhärten und zwang anderen diesen Glauben auf.

كان هال يعتقد أنه يجب على الإنسان أن يصبح أكثر صلابة ويفرض هذا الاعتقاد على الآخرين.

Er versuchte zunächst, seiner Schwester seine Philosophie zu predigen

حاول أولاً أن يبشر أخته بفلسفته

und dann predigte er erfolglos seinem Schwager.

وبعد ذلك، دون جدوى، قام بالوعظ إلى صهره.

Bei den Hunden hatte er mehr Erfolg, aber nur, weil er ihnen weh tat.

لقد حقق نجاحا أكبر مع الكلاب، ولكن فقط لأنه كان يؤذيهم.

Bei Five Fingers ist das Hundefutter komplett ausgegangen.

في مطعم فايف فينجرز، نفد طعام الكلاب بالكامل.

Eine zahnlose alte Squaw verkaufte ein paar Pfund gefrorenes Pferdeleder

باعت امرأة عجوز بلا أسنان بضعة أرطال من جلود الخيول المجمدة

Hal tauschte seinen Revolver gegen das getrocknete Pferdefell.

قام هال بتبديل مسدسه بجلد الحصان المجفف.

Das Fleisch stammte von den Pferden der Viehzüchter, die Monate zuvor verhungert waren.

لقد جاء اللحم من خيول مربي الماشية الجائعة قبل أشهر.

Gefroren war die Haut wie verzinktes Eisen: zäh und ungenießbar.

كان الجلد متجمدًا مثل الحديد المجلفن، قاسيًا وغير صالح للأكل.

Die Hunde mussten endlos auf dem Fell herumkauen, um es zu fressen.

كان على الكلاب أن تمضغ الجلد بلا نهاية حتى تأكله.

Doch die ledrigen Fäden und das kurze Haar waren kaum Nahrung.

لكن الأوتار الجلدية والشعر القصير لم يكونا غذاءً على الإطلاق.

Das Fell war größtenteils irritierend und kein echtes Nahrungsmittel.

كانت معظم الجلود مزعجة، ولم تكن طعامًا بالمعنى الحقيقي للكلمة.

Und während all dem taumelte Buck vorne herum, wie in einem Albtraum.

وعلى الرغم من كل ذلك، ظل باك يترنح في المقدمة، كما لو كان في كابوس.

Er zog, wenn er dazu in der Lage war; wenn nicht, blieb er liegen, bis er mit einer Peitsche oder einem Knüppel hochgehoben wurde.

كان يسحب عندما يكون قادرًا على ذلك، وعندما لا يكون قادرًا على ذلك، كان يظل مستلقيًا حتى يرفعه السوط أو الهراوة.

Sein feines, glänzendes Fell hatte jegliche Steifheit und jeglichen Glanz verloren, den es einst hatte.

لقد فقد معطفه الناعم اللامع كل صلابته ولمعانه الذي كان يتمتع به من قبل.

Sein Haar hing schlaff herunter, war zerzaust und mit getrocknetem Blut von den Schlägen verklebt.

كان شعره متدليًا، متطايرًا، ومتخثرًا بالدم الجاف من الضربات.

Seine Muskeln schrumpften zu Sehnen und seine Fleischpolster waren völlig abgenutzt.

تقلصت عضلاته إلى حبال، وتآكلت جميع وسادات لحمه.

Jede Rippe, jeder Knochen war deutlich durch die Falten der runzligen Haut zu sehen.

كل ضلع وكل عظمة ظهرت بوضوح من خلال طيات الجلد المتجعد.

Es war herzzerreißend, doch Bucks Herz konnte nicht brechen.

لقد كان الأمر مفجعًا، لكن قلب باك لم يستطع أن ينكسر.

Der Mann im roten Pullover hatte das getestet und vor langer Zeit bewiesen.

لقد اختبر الرجل ذو السترة الحمراء ذلك وأثبته منذ زمن طويل.

So wie es bei Buck war, war es auch bei allen seinen übrigen Teamkollegen.

كما كان الحال مع باك، كذلك كان الحال مع جميع زملائه المتبقين في الفريق.

Insgesamt waren es sieben, jeder einzelne ein wandelndes Skelett des Elends.

كان هناك سبعة في المجموع، كل واحد منهم عبارة عن هيكل عظمي متحرك من البؤس.

Sie waren gegenüber den Peitschenhieben taub geworden und spürten nur noch entfernten Schmerz.

لقد أصبحوا مخدرين للجلد، ويشعرون بألم بعيد فقط.

Sogar Bild und Ton erreichten sie nur schwach, wie durch dichten Nebel.

حتى أن البصر والصوت وصلا إليهما بشكل خافت، كما لو كانا من خلال ضباب كثيف.

Sie waren nicht halb lebendig – es waren Knochen mit schwachen Funken darin.

لم يكونوا على قيد الحياة إلى النصف، بل كانوا عظامًا تحمل شرارات خافتة في داخلها.

Als sie angehalten wurden, brachen sie wie Leichen zusammen, ihre Funken waren fast erloschen.

عندما توقفوا، انهاروا مثل الجثث، واختفت شراراتهم تقريبًا.

Und als die Peitsche oder der Knüppel erneut zuschlug, sprühten schwache Funken.

وعندما ضرب السوط أو الهراوة مرة أخرى، تطايرت الشرارات بشكل ضعيف.

Dann erhoben sie sich, taumelten vorwärts und schleiften ihre Gliedmaßen vor sich her.

ثم نهضوا، وتقدموا متعثرين، وجرروا أطرافهم إلى الأمام.

Eines Tages stürzte der nette Billee und konnte überhaupt nicht mehr aufstehen.

ذات يوم سقط بيلي اللطيف ولم يعد قادرًا على النهوض على الإطلاق.

Hal hatte seinen Revolver eingetauscht und benutzte stattdessen eine Axt, um Billee zu töten.

لقد قام هال بتبديل مسدسه، لذلك استخدم فأسًا لقتل بيلي بدلًا من ذلك.

Er schlug ihm auf den Kopf, schnitt dann seinen Körper los und schleifte ihn weg.

ضربه على رأسه، ثم قطع جسده وسحبه بعيدًا.

Buck sah dies und die anderen auch; sie wussten, dass der Tod nahe war.

لقد رأى باك هذا، ورأى الآخرون أيضًا؛ لقد عرفوا أن المُوت كان قريبًا.

Am nächsten Tag ging Koona und ließ nur fünf Hunde im hungernden Team zurück.

في اليوم التالي ذهب كونا، ولم يترك سوى خمسة كلاب في الفريق الجائع.

Joe war nicht länger gemein, sondern zu weit weg, um überhaupt noch viel mitzubekommen.

جو لم يعد سيئًا، لكنه أصبح بعيدًا جدًا عن الوعي بأي شيء على الإطلاق.

Pike täuschte seine Verletzung nicht länger vor und war kaum bei Bewusstsein.

لم يعد بايك يتظاهر بالإصابة، وكان فاقدًا للوعي تقريبًا.

Solleks, der immer noch treu war, beklagte, dass er nicht mehr die Kraft hatte, etwas zu geben.

كان سوليكس لا يزال مخلصًا، لكنه حزن لأنه لم يعد لديه القوة ليقدمها.

Teek wurde am häufigsten geschlagen, weil er frischer war, aber schnell nachließ.

لقد تعرض تيك للضرب أكثر من غيره لأنه كان أكثر نضارة، لكنه كان يتلاشى بسرعة.

Und Buck, der immer noch in Führung lag, sorgte nicht länger für Ordnung und setzte sie auch nicht durch.

وباك، الذي لا يزال في المقدمة، لم يعد يحافظ على النظام أو ينفذه.

Halb blind vor Schwäche folgte Buck der Spur nur nach Gefühl.

كان باك نصف أعمى من الضعف، فتبع المسار بمفرده.

Es war schönes Frühlingswetter, aber keiner von ihnen bemerkte es.

لقد كان الطقس ربيعيًا جميلًا، لكن لم يلاحظه أحد منهم.

Jeden Tag ging die Sonne früher auf und später unter als zuvor.

كل يوم تشرق الشمس مبكرا وتغرب متأخرا عن ذي قبل.

Um drei Uhr morgens dämmerte es, die Dämmerung dauerte
bis neun Uhr.

بحلول الساعة الثالثة صباحًا، جاء الفجر، واستمر الشفق حتى الساعة
التاسعة.

Die langen Tage waren erfüllt von der vollen Strahlkraft des
Frühlingssonnenscheins.

كانت الأيام الطويلة مليئة بأشعة شمس الربيع الساطعة.

Die gespenstische Stille des Winters hatte sich in ein
warmes Murmeln verwandelt.

لقد تحول الصمت الشبحي للشتاء إلى همهمة دافئة.

Das ganze Land erwachte und war erfüllt von der Freude am
Leben.

كانت الأرض كلها تستيقظ، على قيد الحياة بفرحة الكائنات الحية.

Das Geräusch kam von etwas, das den Winter über tot und
reglos dagelegen hatte.

لقد جاء الصوت من شيء كان ميتًا وساكنًا طوال الشتاء.

Jetzt bewegten sich diese Dinger wieder und schüttelten den
langen Frostschlaf ab.

الآن، تحركت تلك الأشياء مرة أخرى، متخلصة من نوم الصقيع الطويل.

Saft stieg durch die dunklen Stämme der wartenden
Kiefern.

كان النسغ يرتفع من خلال جذوع أشجار الصنوبر المظلمة المنتظرة.

An jedem Zweig von Weiden und Espen treiben leuchtende
junge Knospen aus.

تنبت براعم صغيرة لامعة على كل غصن من أشجار الصفصاف والحور
الرجراج.

Sträucher und Weinreben erstrahlten in frischem Grün, als
der Wald zum Leben erwachte.

أصبحت الشجيرات والكروم خضراء اللون بينما أصبحت الغابات حية.

Nachts zirpten Grillen und in der Sonne krabbelten Käfer.

كانت الصراصير تزقزق في الليل، وكانت الحشرات تزحف في ضوء
الشمس في النهار.

Rebhühner dröhnten und Spechte klopften tief in den
Bäumen.

كانت طيور الحجل تدوي، وكان نقار الخشب يطرق الأشجار بعمق.

Eichhörnchen schnatterten, Vögel sangen und Gänse
schnatterten über den Hunden.

ثرثرت السناجب، وغنت الطيور، وأطلقت الأوز أصواتها فوق الكلاب.

Das Wildgeflügel kam in scharfen Keilen und flog aus dem Süden heran.

جاءت الطيور البرية في أسافين حادة، تطير من الجنوب.

Von jedem Hügel ertönte die Musik verborgener, rauschender Bäche.

من كل سفح تل جاءت موسيقى الجداول المتدفقة المخفية.

Alles taute auf, brach, bog sich und geriet wieder in Bewegung.

كل الأشياء ذابت وانكسرت وانحنت ثم عادت إلى الحركة.

Der Yukon bemühte sich, die Kälteketten des gefrorenen Eises zu durchbrechen.

بذلت منطقة يوكون قصارى جهدها لكسر السلاسل الباردة من الجليد المتجمد.

Das Eis schmolz von unten, während die Sonne es von oben zum Schmelzen brachte.

ذاب الجليد من تحته، بينما أذابته الشمس من الأعلى.

Luftlöcher öffneten sich, Risse breiteten sich aus und Brocken fielen in den Fluss.

فتحت ثقوب الهواء، وانتشرت الشقوق، وسقطت قطع منها في النهر.

Inmitten dieses pulsierenden und lodernden Lebens taumelten die Reisenden.

وفي وسط كل هذه الحياة الصاخبة والمشتعلة، تعثر المسافرون.

Zwei Männer, eine Frau und ein Rudel Huskys liefen wie die Toten.

كان هناك رجلان وامرأة ومجموعة من الكلاب الهاسكي يمشون كالأموات.

Die Hunde fielen, Mercedes weinte, fuhr aber immer noch Schlitten.

كانت الكلاب تتساقط، وبكت مرسيدس، لكنها لا تزال تركب الزلاجة.

Hal fluchte schwach und Charles blinzelte mit tränenden Augen.

لعن هال بصوت ضعيف، وأغمض تشارلز عينيه الدامعتين.

Sie stolperten in John Thorntons Lager an der Mündung des White River.

لقد تعثروا في معسكر جون ثورنتون عند مصب نهر وايت.

Als sie anhielten, fielen die Hunde flach um, als wären sie alle tot.

عندما توقفوا، سقطت الكلاب على الأرض، كما لو أنهم جميعًا ماتوا.

Mercedes wischte sich die Tränen ab und sah zu John Thornton hinüber.

مسحت مرسيدس دموعها ونظرت إلى جون ثورنتون.

Charles saß langsam und steif auf einem Baumstamm, mit Schmerzen vom Weg.

جلس تشارلز على جذع شجرة، ببطء وبصعوبة، وهو يتألم من الطريق.

Hal redete, während Thornton das Ende eines Axtstiels schnitzte.

كان هال يتحدث بينما كان ثورنتون يقطع نهاية مقبض الفأس.

Er schnitzte Birkenholz und antwortete mit kurzen, bestimmten Antworten.

قام بنحت خشب البتولا وأجاب بإجابات موجزة وحازمة.

Wenn man ihn fragte, gab er Ratschläge, war sich jedoch sicher, dass diese nicht befolgt würden.

عندما سئل، أعطى النصيحة، متأكدًا من أنها لن يتم اتباعها.

Hal erklärte: „Sie sagten uns, dass das Eis auf dem Weg schmelzen würde."

"وأوضح هال قائلاً: لقد أخبرونا أن الجليد على الطريق كان يتساقط

„Sie sagten, wir sollten bleiben, wo wir waren – aber wir haben es bis nach White River geschafft."

"قالوا لنا أنه يجب علينا البقاء في مكاننا - لكننا وصلنا إلى وايت ريفر".-

Er schloss mit höhnischem Ton, als wolle er einen Sieg in der Not für sich beanspruchen.

وانتهى كلامه بنبرة ساخرة، وكأنه يريد أن يدعي النصر في محنة.

„Und sie haben dir die Wahrheit gesagt", antwortete John Thornton Hal ruhig.

وقالوا لك الحقيقة"، أجاب جون ثورنتون هال بهدوء".-

„Das Eis kann jeden Moment nachgeben – es ist kurz davor, abzufallen."

قد ينهار الجليد في أي لحظة، فهو جاهز للسقوط".-"

„Nur durch blindes Glück und ein paar Narren wäre es möglich gewesen, lebend so weit zu kommen."

" فقط الحظ الأعمى والحمقى كان بإمكانهم الوصول إلى هذه المرحلة على
قيد الحياة."

„Ich sage es Ihnen ganz offen: Ich würde mein Leben nicht für alles Gold Alaskas riskieren."

سأقول لك بصراحة، أنا لن أخاطر بحياتي من أجل كل ذهب ألاسكا"."ـ

„Das liegt wohl daran, dass Sie kein Narr sind", antwortete Hal.

هذا لأنك لست أحمقًا، على ما أعتقد، "أجاب هال"ـ

„Trotzdem fahren wir weiter nach Dawson." Er rollte seine Peitsche ab.

على أية حال، سنذهب إلى داوسون"فك سوطه "ـ

„Komm rauf, Buck! Hallo! Steh auf! Los!", rief er barsch.

اصعد يا باك"ـأهلاً ـانهض ـهيا ـصرخ بعنف "ـ

Thornton schnitzte weiter, wohl wissend, dass Narren nicht auf Vernunft hören.

واصل ثورنتون النحت، لأنه كان يعلم أن الحمقى لن يستمعوا إلى المنطق ـ

Einen Narren aufzuhalten war sinnlos – und zwei oder drei Narren änderten nichts.

إن إيقاف الأحمق كان أمراً غير مجدٍ، وخداع اثنين أو ثلاثة لن يغير شيئاً.

Doch als das Team Hal's Befehl hörte, bewegte es sich nicht.

لكن الفريق لم يتحرك عند سماع أمر هال ـ

Jetzt konnten sie nur noch durch Schläge wieder auf die Beine kommen und weiterkommen.

بحلول هذا الوقت، لم يعد هناك ما يمكن أن يجعلهم ينهضون ويتقدمون إلى الأمام سوى الضربات ـ

Immer wieder knallte die Peitsche über die geschwächten Hunde.

انطلقت السوط مرارا وتكرارا عبر الكلاب الضعيفة ـ

John Thornton presste die Lippen fest zusammen und sah schweigend zu.

ضغط جون ثورنتون على شفتيه بقوة وراقب في صمت ـ

Solleks war der Erste, der unter der Peitsche auf die Beine kam.

كان سوليكس هو أول من زحف إلى قدميه تحت السوط

Dann folgte Teek zitternd. Joe schrie auf, als er stolperte.

ثم تبعه تيك وهو يرتجف ـصرخ جو وهو يتعثر ـ

Pike versuchte aufzustehen, scheiterte zweimal und stand schließlich unsicher da.

حاول بايك النهوض، لكنه فشل مرتين، ثم وقف أخيرا غير ثابت.

Aber Buck blieb liegen, wo er hingefallen war, und bewegte sich dieses Mal überhaupt nicht.

لكن باك ظل مستلقيا حيث سقط، ولم يتحرك على الإطلاق هذه المرة.

Die Peitsche schlug immer wieder auf ihn ein, aber er gab keinen Laut von sich.

لقد ضربه السوط مرارا وتكرارا، لكنه لم يصدر أي صوت.

Er zuckte nicht zusammen und wehrte sich nicht, sondern blieb einfach still und ruhig.

لم يتراجع أو يقاوم، بل ظل ساكنًا وهادئًا.

Thornton rührte sich mehr als einmal, als wolle er etwas sagen, tat es aber nicht.

تحرك ثورنتون أكثر من مرة، وكأنه يريد أن يتكلم، لكنه لم يفعل.

Seine Augen wurden feucht und immer noch knallte die Peitsche gegen Buck.

أصبحت عيناه مبللة، وما زالت السوط تتكسر في وجه باك.

Schließlich begann Thornton langsam auf und ab zu gehen, unsicher, was er tun sollte.

وأخيرا، بدأ ثورنتون في المشي ببطء، غير متأكد مما يجب فعله.

Es war das erste Mal, dass Buck versagt hatte, und Hal wurde wütend.

لقد كانت هذه هي المرة الأولى التي يفشل فيها باك، مما أثار غضب هال.

Er warf die Peitsche weg und nahm stattdessen die schwere Keule.

ألقى بالسوط والتقط الهراوة الثقيلة بدلاً من ذلك.

Der Holzknüppel schlug hart auf, aber Buck stand immer noch nicht auf, um sich zu bewegen.

سقطت العصا الخشبية بقوة، لكن باك لم يتمكن من النهوض للتحرك.

Wie seine Teamkollegen war er zu schwach – aber mehr als das.

مثل زملائه في الفريق، كان ضعيفًا جدًا - ولكن أكثر من ذلك.

Buck hatte beschlossen, sich nicht zu bewegen, egal was als Nächstes passieren würde.

قرر باك عدم التحرك، بغض النظر عما سيأتي بعد ذلك.

Er spürte, wie etwas Dunkles und Bestimmtes direkt vor ihm schwebte.

لقد شعر بشيء مظلم ومؤكد يحوم في الأفق.

Diese Angst hatte ihn ergriffen, sobald er das Flussufer erreicht hatte.

لقد استولى عليه هذا الرعب بمجرد وصوله إلى ضفة النهر۔

Dieses Gefühl hatte ihn nicht verlassen, seit er das Eis unter seinen Pfoten dünner werden fühlte.

لم يتركه هذا الشعور منذ أن شعر بالجليد الرقيق تحت كفوفه۔

Etwas Schreckliches wartete – er spürte es gleich weiter unten auf dem Weg.

لقد كان هناك شيء فظيع في انتظاره - شعر به في نهاية الطريق۔

Er würde nicht auf das Schreckliche vor ihm zugehen

لم يكن ينوي السير نحو ذلك الشيء الرهيب الذي أمامه

Er würde keinem Befehl gehorchen, der ihn zu diesem Ding führte.

لم يكن ليطيع أي أمر يأخذه إلى هذا الشيء۔

Der Schmerz der Schläge war für ihn kaum noch spürbar, er war zu weit weg.

لم يعد ألم الضربات يؤثر عليه الآن - لقد كان بعيدًا جدًا۔

Der Funke des Lebens flackerte schwach und erlosch unter jedem grausamen Schlag.

كانت شرارة الحياة تتلألأ، وتتلاشى تحت كل ضربة قاسية۔

Seine Glieder fühlten sich fremd an, sein ganzer Körper schien einem anderen zu gehören.

كان يشعر وكأن أطرافه بعيدة، لكن جسده كله بدا وكأنه ينتمي إلى شخص آخر۔

Er spürte eine seltsame Taubheit, als der Schmerz vollständig nachließ.

لقد شعر بخدر غريب حيث اختفى الألم تمامًا۔

Aus der Ferne spürte er, dass er geschlagen wurde, aber er wusste es kaum.

من بعيد، شعر أنه يتعرض للضرب، لكنه لم يكن يعلم۔

Er konnte die Schläge schwach hören, aber sie taten nicht mehr wirklich weh.

كان بإمكانه سماع الضربات الخفيفة، لكنها لم تعد تؤلمه حقًا۔

Die Schläge trafen, aber sein Körper schien nicht mehr sein eigener zu sein.

لقد هبطت الضربات عليه، لكن جسده لم يعد يبدو وكأنه ملكه۔

Dann stieß John Thornton plötzlich und ohne Vorwarnung einen wilden Schrei aus.

ثم فجأة، وبدون سابق إنذار، أطلق جون ثورنتون صرخة جنونية.

Es war unartikuliert, eher der Schrei eines Tieres als eines Menschen.

لقد كان صراخًا غير قابل للتعبير، أشبه بصراخ وحش أكثر من صراخ إنسان.

Er sprang mit der Keule auf den Mann zu und stieß Hal nach hinten.

قفز على الرجل الذي يحمل النادي وضرب هال على ظهره.

Hal flog, als wäre er von einem Baum getroffen worden, und landete hart auf dem Boden.

طار هال كما لو أنه أصيب بشجرة، فهبط بقوة على الأرض.

Mercedes schrie laut vor Panik und umklammerte ihr Gesicht.

صرخت مرسيدس بصوت عالي في حالة من الذعر وأمسكت بوجهها.

Charles sah nur zu, wischte sich die Augen und blieb sitzen.

كان تشارلز ينظر فقط، ويمسح عينيه، ويبقى جالسًا.

Sein Körper war vor Schmerzen zu steif, um aufzustehen oder beim Kampf mitzuhelfen.

كان جسده متيبسًا للغاية بسبب الألم ولم يتمكن من النهوض أو المساعدة في القتال.

Thornton stand über Buck, zitterte vor Wut und konnte nicht sprechen.

وقف ثورنتون فوق باك، يرتجف من الغضب، غير قادر على الكلام.

Er zitterte vor Wut und kämpfte darum, trotz allem seine Stimme wiederzufinden.

لقد ارتجف من الغضب وحارب ليجد صوته من خلاله.

„Wenn du den Hund noch einmal schlägst, bringe ich dich um", sagte er schließlich.

إذا ضربت هذا الكلب مرة أخرى، سأقتلك"، قال أخيرًا".

Hal wischte sich das Blut aus dem Mund und kam wieder nach vorne.

مسح هال الدم من فمه وتقدم إلى الأمام مرة أخرى.

„Es ist mein Hund", murmelte er. „Geh mir aus dem Weg, sonst kriege ich dich wieder in Ordnung."

إنه كلبي"، تمتم".ابتعد عن الطريق، وإلا سأصلحك" ـ"

„Ich gehe nach Dawson und Sie halten mich nicht auf",
fügte er hinzu.

سأذهب إلى داوسون، ولن تمنعني"، أضاف"۔

Thornton stand fest zwischen Buck und dem wütenden
jungen Mann.

وقف ثورنتون بثبات بين باك والشاب الغاضب۔

Er hatte nicht die Absicht, zur Seite zu treten oder Hal
vorbeizulassen.

لم يكن لديه أي نية للتنحي جانباً أو السماح لهال بالمرور۔

Hal zog sein Jagdmesser heraus, das lang und gefährlich in
der Hand lag.

أخرج هال سكين الصيد الخاص به، الطويل والخطير في يده۔

Mercedes schrie, dann weinte sie und lachte dann in wilder
Hysterie.

صرخت مرسيدس، ثم بكت، ثم ضحكت في هستيريا جامحة۔

Thornton schlug mit dem Axtstiel hart und schnell auf Hals
Hand.

ضرب ثورنتون يد هال بمقبض الفأس، بقوة وبسرعة۔

Das Messer wurde aus Hals Griff gerissen und flog zu
Boden.

لقد تم انتزاع السكين من قبضة هال وطار إلى الأرض۔

Hal versuchte, das Messer aufzuheben, und Thornton
klopfte erneut auf seine Fingerknöchel.

حاول هال التقاط السكين، وضربه ثورنتون على مفاصله مرة أخرى۔

Dann bückte sich Thornton, griff nach dem Messer und hielt
es fest.

ثم انحنى ثورنتون، وأمسك بالسكين، وأبقى عليه۔

Mit zwei schnellen Hieben des Axtstiels zerschnitt er Bucks
Zügel.

وبضربتين سريعتين بمقبض الفأس، قطع زمام باك۔

Hal hatte keine Kraft mehr, sich zu wehren, und trat von
dem Hund zurück.

لم يعد لدى هال أي قدرة على القتال وتراجع عن الكلب۔

Außerdem brauchte Mercedes jetzt beide Arme, um aufrecht
zu bleiben.

وبالإضافة إلى ذلك، أصبحت مرسيدس بحاجة إلى ذراعيها الآن لتتمكن
من البقاء منتصبة۔

Buck war dem Tod zu nahe, um noch einmal einen Schlitten ziehen zu können.

كان باك قريبًا جدًا من الموت لدرجة أنه لم يعد قادرًا على سحب الزلاجة مرة أخرى.

Ein paar Minuten später legten sie ab und fuhren flussabwärts.

وبعد دقائق قليلة، انسحبوا، متجهين إلى أسفل النهر.

Buck hob schwach den Kopf und sah ihnen nach, wie sie die Bank verließen.

رفع باك رأسه ضعيفًا وشاهدهم يغادرون البنك.

Pike führte das Team an, mit Solleks am Ende des Feldes.

كان بايك على رأس الفريق، بينما كان سوليكس في الخلف في مركز القيادة.

Joe und Teek gingen dazwischen, beide humpelten vor Erschöpfung.

كان جو وتيك يمشيان بينهما، وكلاهما يعرج من الإرهاق.

Mercedes saß auf dem Schlitten und Hal hielt die lange Lenkstange fest.

جلست مرسيدس على الزلاجة، وأمسك هال بالعمود الطويل.

Charles stolperte hinterher, seine Schritte waren unbeholfen und unsicher.

تعثر تشارلز في الخلف، وكانت خطواته خرقاء وغير مؤكدة.

Thornton kniete neben Buck und tastete vorsichtig nach gebrochenen Knochen.

ركع ثورنتون بجانب باك وشعر بلطف بالعظام المكسورة.

Seine Hände waren rau, bewegten sich aber mit Freundlichkeit und Sorgfalt.

كانت يداه خشنة ولكنها كانت تتحرك بلطف وعناية.

Bucks Körper wies Blutergüsse auf, wies jedoch keine bleibenden Verletzungen auf.

كان جسد باك مصابًا بكدمات ولكن لم تظهر عليه أي إصابة دائمة.

Zurück blieben schrecklicher Hunger und nahezu völlige Schwäche.

كل ما تبقى كان الجوع الشديد والضعف شبه الكامل.

Als dies klar wurde, war der Schlitten bereits weit flussabwärts gefahren.

بحلول الوقت الذي أصبح فيه الأمر واضحًا، كانت الزلاجة قد ذهبت بعيدًا في مجرى النهر.

Mann und Hund sahen zu, wie der Schlitten langsam über das knackende Eis kroch.

كان الرجل والكلب يراقبان الزلاجة وهي تزحف ببطء فوق الجليد المتصدع.

Dann sahen sie, wie der Schlitten in eine Mulde sank.

ثم رأوا الزلاجة تغرق في حفرة.

Die Gee-Stange flog in die Höhe, und Hal klammerte sich immer noch vergeblich daran fest.

طار العمود الجي إلى الأعلى، وكان هال لا يزال متشبثًا به دون جدوى.

Mercedes' Schrei erreichte sie über die kalte Ferne.

وصل صراخ مرسيدس إليهم عبر المسافة الباردة.

Charles drehte sich um und trat zurück – aber er war zu spät.

استدار تشارلز وتراجع إلى الوراء ـ لكنه كان متأخرًا جدًا.

Eine ganze Eisdecke brach nach und sie alle fielen hindurch.

انهارت طبقة جليدية بأكملها، وسقطوا جميعًا من خلالها.

Hunde, Schlitten und Menschen verschwanden im schwarzen Wasser darunter.

اختفت الكلاب والزلاجات والأشخاص في المياه السوداء أدناه.

An der Stelle, an der sie vorbeigekommen waren, war nur ein breites Loch im Eis zurückgeblieben.

لم يبق سوى حفرة واسعة في الجليد حيث مروا.

Der Boden des Pfades war nach unten abgesunken – genau wie Thornton gewarnt hatte.

لقد انخفض قاع الطريق ـ تمامًا كما حذر ثورنتون.

Thornton und Buck sahen sich einen Moment lang schweigend an.

نظر ثورنتون وبوك إلى بعضهما البعض، وظلا صامتين لبعض الوقت.

„Du armer Teufel", sagte Thornton leise und Buck leckte ihm die Hand.

أيها الشيطان المسكين"، قال ثورنتون بهدوء، ولعق باك يده".

Aus Liebe zu einem Mann
من أجل حب الرجل

John Thornton erfror in der Kälte des vergangenen Dezembers seine Füße.

تجمد جون ثورنتون قدميه في البرد في شهر ديسمبر الماضي.

Seine Partner machten es ihm bequem und ließen ihn allein genesen.

لقد جعله شركاؤه مرتاحًا وتركوه يتعافى بمفرده.

Sie fuhren den Fluss hinauf, um ein Floß mit Sägestämmen für Dawson zu holen.

لقد صعدوا إلى النهر لجمع مجموعة من جذوع الأشجار لداووس.

Er humpelte noch leicht, als er Buck vor dem Tod rettete.

كان لا يزال يعرج قليلاً عندما أنقذ باك من الموت.

Aber bei anhaltend warmem Wetter verschwand sogar dieses Hinken.

ولكن مع استمرار الطقس الدافئ، اختفى هذا العرج أيضًا.

Buck ruhte sich an langen Frühlingstagen am Flussufer aus.

أثناء أيام الربيع الطويلة، كان باك يستريح على ضفة النهر.

Er beobachtete das fließende Wasser und lauschte den Vögeln und Insekten.

كان يراقب المياه المتدفقة ويستمع إلى الطيور والحشرات.

Langsam erlangte Buck unter Sonne und Himmel seine Kraft zurück.

ببطء، استعاد باك قوته تحت الشمس والسماء.

Nach einer Reise von dreitausend Meilen war eine Pause ein wunderbares Gefühl.

كان الحصول على قسط من الراحة أمرًا رائعًا بعد السفر لمسافة ثلاثة آلاف ميل.

Buck wurde träge, als seine Wunden heilten und sein Körper an Gewicht zunahm.

أصبح باك كسولًا حيث شُفيت جروحه وامتلئ جسده.

Seine Muskeln wurden fester und das Fleisch bedeckte wieder seine Knochen.

أصبحت عضلاته مشدودة، وعاد اللحم ليغطي عظامه.

Sie ruhten sich alle aus – Buck, Thornton, Skeet und Nig.

وكانوا جميعًا يستريحون - باك، ثورنتون، سكيت، ونيج.

Sie warteten auf das Floß, das sie nach Dawson bringen sollte.

لقد انتظروا الطوافة التي ستحملهم إلى داوسون.

Skeet war ein kleiner Irish Setter, der sich mit Buck anfreundete.

كان سكيت كلبًا أيرلنديًا صغيرًا أصبح صديقًا لبوك.

Buck war zu schwach und krank, um ihr bei ihrem ersten Treffen Widerstand zu leisten.

كان باك ضعيفًا ومريضًا للغاية بحيث لم يتمكن من مقاومتها في لقائهما الأول.

Skeet hatte die Heilereigenschaft, die manche Hunde von Natur aus besitzen.

كان لدى سكيت سمة الشفاء التي يمتلكها بعض الكلاب بشكل طبيعي.

Wie eine Katzenmutter leckte und reinigte sie Bucks offene Wunden.

مثل قطة الأم، قامت بلعق وتنظيف جروح باك الخام.

Jeden Morgen nach dem Frühstück wiederholte sie ihre sorgfältige Arbeit.

كل صباح بعد الإفطار، كانت تكرر عملها الدقيق.

Buck erwartete ihre Hilfe ebenso sehr wie die von Thornton.

لقد أصبح باك يتوقع مساعدتها بقدر ما كان يتوقع مساعدة ثورنتون.

Nig war auch freundlich, aber weniger offen und weniger liebevoll.

كان نيج ودودًا أيضًا، لكنه كان أقل انفتاحًا وأقل عاطفية.

Nig war ein großer schwarzer Hund, halb Bluthund, halb Hirschhund.

كان نيج كلبًا أسودًا كبيرًا، نصفه كلب صيد ونصفه كلب صيد الغزلان.

Er hatte lachende Augen und eine unendlich gute Seele.

كان لديه عيون ضاحكة وطبيعة طيبة لا نهاية لها في روحه.

Zu Bucks Überraschung zeigte keiner der Hunde Eifersucht ihm gegenüber.

لدهشة باك، لم يظهر أي من الكلبين الغيرة تجاهه.

Sowohl Skeet als auch Nig erfuhren die Freundlichkeit von John Thornton.

لقد تقاسم كل من سكيت ونيج لطف جون ثورنتون.

Als Buck stärker wurde, verleiteten sie ihn zu albernen Hundespielen.

عندما أصبح باك أقوى، قاموا بإغرائه بألعاب الكلاب الحمقاء.

Auch Thornton spielte oft mit ihnen und konnte ihrer
Freude nicht widerstehen.

وكان ثورنتون يلعب معهم في كثير من الأحيان أيضًا، غير قادر على
مقاومة فرحتهم.

Auf diese spielerische Weise gelang Buck der Übergang von
der Krankheit in ein neues Leben.

بهذه الطريقة المرحة، انتقل باك من المرض إلى حياة جديدة.

Endlich hatte er Liebe gefunden – wahre, brennende und
leidenschaftliche Liebe.

الحب - الحب الحقيقي، المشتعل، والعاطفي - أصبح ملكه في النهاية.

Auf Millers Anwesen hatte er diese Art von Liebe nie erlebt.

لم يكن قد عرف هذا النوع من الحب في منزل ميلر من قبل.

Mit den Söhnen des Richters hatte er Arbeit und Abenteuer
geteilt.

وكان يتقاسم العمل والمغامرة مع أبناء القاضي.

Bei den Enkeln sah er steifen und prahlerischen Stolz.

مع الأحفاد رأى الكبرياء المتصلب والمتبجح.

Mit Richter Miller selbst verband ihn eine respektvolle
Freundschaft.

وكانت تربطه بالقاضي ميلر صداقة محترمة.

Doch mit Thornton kam eine Liebe, die Feuer, Wahnsinn
und Anbetung war.

لكن الحب الذي كان نارًا وجنونًا وعبادة جاء مع ثورنتون.

Dieser Mann hatte Bucks Leben gerettet, und das allein
bedeutete sehr viel.

لقد أنقذ هذا الرجل حياة باك، وهذا وحده كان يعني الكثير.

Aber darüber hinaus war John Thornton der ideale
Meistertyp.

ولكن أكثر من ذلك، كان جون ثورنتون هو النوع المثالي من المعلمين.

Andere Männer kümmerten sich aus Pflichtgefühl oder
geschäftlicher Notwendigkeit um Hunde.

كان الرجال الآخرون يهتمون بالكلاب من باب الواجب أو ضرورة العمل.

John Thornton kümmerte sich um seine Hunde, als wären
sie seine Kinder.

كان جون ثورنتون يهتم بكلابه كما لو كانوا أبنائه.

Er kümmerte sich um sie, weil er sie liebte und einfach nicht anders konnte.

لقد اهتم بهم لأنه أحبهم ولم يكن يستطيع مساعدة أنفسهم.

John Thornton sah sogar weiter, als die meisten Menschen jemals sehen konnten.

لقد رأى جون ثورنتون أبعد مما تمكن معظم الرجال من رؤيته.

Er vergaß nie, sie freundlich zu grüßen oder ein aufmunterndes Wort zu sagen.

لم ينسَ أبدًا أن يحييهم بلطف أو يتحدث إليهم بكلمة تشجيع.

Er liebte es, mit den Hunden zusammenzusitzen und lange zu reden, oder, wie er sagte, „gasy".

كان يحب الجلوس مع الكلاب لإجراء محادثات طويلة، أو "الغازات"، كما قال.

Er packte Bucks Kopf gern grob zwischen seinen starken Händen.

كان يحب أن يمسك رأس باك بقوة بين يديه القويتين.

Dann lehnte er seinen Kopf an Bucks und schüttelte ihn sanft.

ثم أراح رأسه على رأس باك وهزه بلطف.

Die ganze Zeit über beschimpfte er Buck mit unhöflichen Namen, die für ihn Liebe bedeuteten.

في هذه الأثناء، كان يطلق على باك أسماءً فظة كانت تعني الحب بالنسبة له.

Buck bereiteten diese grobe Umarmung und diese Worte große Freude.

بالنسبة لباك، تلك العناق الخشن وتلك الكلمات جلبت له فرحة عميقة.

Sein Herz schien bei jeder Bewegung vor Glück zu beben.

بدا قلبه وكأنه يرتجف من السعادة عند كل حركة.

Als er anschließend aufsprang, sah sein Mund aus, als würde er lachen.

وعندما قفز بعد ذلك، بدا فمه وكأنه يضحك.

Seine Augen leuchteten hell und seine Kehle zitterte vor unausgesprochener Freude.

أشرقت عيناه ببراعة وارتجف حلقه بفرح غير منطوق.

Sein Lächeln blieb in diesem Zustand der Ergriffenheit und glühenden Zuneigung stehen.

ظلت ابتسامته ثابتة في تلك الحالة من العاطفة والمودة المتوهجة.

Dann rief Thornton nachdenklich aus: „Gott! Er kann fast sprechen!"

ثم صاح ثورنتون متأملاً" :يا إلهي-إنه يستطيع التحدث تقريبًا -"

Buck hatte eine seltsame Art, Liebe auszudrücken, die beinahe Schmerzen verursachte.

كان لدى باك طريقة غريبة للتعبير عن الحب والتي كادت أن تسبب الألم-

Er umklammerte Thorntons Hand oft sehr fest mit seinen Zähnen.

كان يمسك بيد ثورنتون بين أسنانه بقوة في كثير من الأحيان-

Der Biss würde tiefe Spuren hinterlassen, die noch einige Zeit blieben.

كانت العضة ستترك علامات عميقة ستبقى لبعض الوقت بعد ذلك-

Buck glaubte, dass diese Eide Liebe waren, und Thornton wusste das auch.

كان باك يعتقد أن هذه القسمات هي الحب، وكان ثورنتون يعرف الشيء نفسه-

Meistens zeigte sich Bucks Liebe in stiller, fast stummer Verehrung.

في أغلب الأحيان، كان حب باك يظهر في عبادة هادئة وصامتة تقريبًا-

Obwohl er sich freute, wenn man ihn berührte oder ansprach, suchte er nicht nach Aufmerksamkeit.

على الرغم من أنه كان يشعر بسعادة غامرة عندما يلمسه أحد أو يتحدث إليه، إلا أنه لم يسعى إلى جذب الانتباه-

Skeet schob ihre Nase unter Thorntons Hand, bis er sie streichelte.

دفعت سكيت أنفها تحت يد ثورنتون حتى قام بمداعبتها-

Nig kam leise herbei und legte seinen großen Kopf auf Thorntons Knie.

صعد نيج بهدوء وأراح رأسه الكبير على ركبة ثورنتون-

Buck hingegen war zufrieden damit, aus respektvoller Distanz zu lieben.

على النقيض من ذلك، كان باك راضيًا بالحب من مسافة محترمة-

Er lag stundenlang zu Thorntons Füßen, wachsam und aufmerksam beobachtend.

لقد ظل مستلقيا لساعات عند قدمي ثورنتون، متيقظا ويراقب عن كثب-

Buck studierte jedes Detail des Gesichts seines Herrn und jede kleinste Bewegung.

درس باك كل تفاصيل وجه سيده وأدنى حركة.

Oder er blieb weiter weg liegen und betrachtete schweigend die Gestalt des Mannes.

أو كذب في مكان أبعد، يدرس شكل الرجل في صمت.

Buck beobachtete jede kleine Bewegung, jede Veränderung seiner Haltung oder Geste.

كان باك يراقب كل حركة صغيرة، وكل تحول في الوضعية أو الإيماءة.

Diese Verbindung war so stark, dass sie Thorntons Blick oft auf sich zog.

لقد كانت هذه الصلة قوية جدًا لدرجة أنها جذبت انتباه ثورنتون في كثير من الأحيان.

Er begegnete Bucks Blick ohne Worte, Liebe schimmerte deutlich hindurch.

التقى عيون باك دون أي كلمات، وكان الحب يتألق بوضوح من خلال عيونه.

Nach seiner Rettung ließ Buck Thornton lange Zeit nicht aus den Augen.

لمدة طويلة بعد أن تم إنقاذه، لم يترك باك ثورنتون خارج نطاق رؤيته أبدًا.

Immer wenn Thornton das Zelt verließ, folgte Buck ihm dicht auf den Fersen.

كلما غادر ثورنتون الخيمة، كان باك يتبعه عن كثب إلى الخارج.

All die strengen Herren im Nordland hatten Buck Angst gemacht, zu vertrauen.

لقد جعل كل الأسياد القساة في نورثلاند باك خائفًا من الثقة.

Er befürchtete, dass kein Mann länger als kurze Zeit sein Herr bleiben könnte.

كان يخشى ألا يتمكن أي رجل من البقاء سيدًا لنفسه لأكثر من فترة قصيرة.

Er befürchtete, dass John Thornton wie Perrault und François verschwinden würde.

كان يخشى أن يختفي جون ثورنتون مثل بيرولت وفرانسوا.

Sogar nachts quälte die Angst, ihn zu verlieren, Buck mit unruhigem Schlaf.

حتى في الليل، كان الخوف من فقدانه يطارد نوم باك المضطرب.

Als Buck aufwachte, kroch er in die Kälte hinaus und ging zum Zelt.

عندما استيقظ باك، تسلل إلى البرد، وذهب إلى الخيمة.

Er lauschte aufmerksam auf das leise Geräusch des Atmens in seinem Inneren.

كان يستمع بعناية إلى صوت التنفس الناعم في الداخل.

Trotz Bucks tiefer Liebe zu John Thornton blieb die Wildnis am Leben.

على الرغم من حب باك العميق لجون ثورنتون، إلا أن البرية ظلت على قيد الحياة.

Dieser im Norden erwachte primitive Instinkt ist nicht verschwunden.

إن تلك الغريزة البدائية التي استيقظت في الشمال لم تختفِ.

Liebe brachte Hingabe, Treue und die warme Verbundenheit des Kaminfeuers.

جلب الحب الإخلاص والولاء والرابطة الدافئة بجانب النار.

Aber Buck behielt auch seine wilden Instinkte, scharf und stets wachsam.

لكن باك احتفظ أيضًا بغرائزه البرية، حادة ومتيقظة دائمًا.

Er war nicht nur ein gezähmtes Haustier aus den sanften Ländern der Zivilisation.

لم يكن مجرد حيوان أليف مروض من الأراضي الناعمة للحضارة.

Buck war ein wildes Wesen, das hereingekommen war, um an Thorntons Feuer zu sitzen.

كان باك كائنًا بريًا جاء ليجلس بجوار نار ثورنتون.

Er sah aus wie ein Südlandhund, aber in ihm lebte Wildheit.

لقد كان يبدو مثل كلب من ساوثلاند، لكن البرية كانت تعيش بداخله.

Seine Liebe zu Thornton war zu groß, um zuzulassen, dass er den Mann bestohlen hätte.

كان حبه لثورنتون كبيرًا جدًا لدرجة أنه لم يسمح له بالسرقة من الرجل.

Aber in jedem anderen Lager würde er dreist und ohne Pause stehlen.

لكن في أي معسكر آخر، كان يسرق بجرأة ودون توقف.

Er war beim Stehlen so geschickt, dass ihn niemand erwischen oder beschuldigen konnte.

لقد كان ذكيًا جدًا في السرقة لدرجة أنه لم يتمكن أحد من القبض عليه أو اتهامه.

Sein Gesicht und sein Körper waren mit Narben aus vielen vergangenen Kämpfen übersät.

كان وجهه وجسده مغطيين بالندوب من العديد من المعارك الماضية.

Buck kämpfte immer noch erbittert, aber jetzt kämpfte er mit mehr List.

لا يزال باك يقاتل بشراسة، لكنه الآن يقاتل بمكر أكثر.

Skeet und Nig waren zu sanft, um zu kämpfen, und sie gehörten Thornton.

كان سكيت ونيج لطيفين للغاية بحيث لا يستطيعان القتال، وكانا تابعين لثورنتون.

Aber jeder fremde Hund, egal wie stark oder mutig, wich zurück.

لكن أي كلب غريب، مهما كان قوياً أو شجاعاً، استسلم.

Ansonsten kämpfte der Hund gegen Buck und um sein Leben.

وإلا، وجد الكلب نفسه يقاتل باك؛ يقاتل من أجل حياته.

Buck kannte keine Gnade, wenn er sich entschied, gegen einen anderen Hund zu kämpfen.

لم يكن لدى باك أي رحمة عندما اختار القتال ضد كلب آخر.

Er hatte das Gesetz der Keule und des Reißzahns im Nordland gut gelernt.

لقد تعلم جيدًا قانون النادي والأنياب في نورثلاند.

Er gab nie einen Vorteil auf und wich nie einer Schlacht aus.

لم يتنازل أبدًا عن أي ميزة ولم يتراجع أبدًا عن المعركة.

Er hatte Spitz und die wildesten Post- und Polizeihunde studiert.

لقد درس سبيتز وأشرس كلاب البريد والشرطة.

Er wusste genau, dass es im wilden Kampf keinen Mittelweg gab.

لقد كان يعلم بوضوح أنه لا يوجد منطقة وسطى في القتال البري.

Er musste herrschen oder beherrscht werden; Gnade zu zeigen, hieße, Schwäche zu zeigen.

يجب عليه أن يحكم أو يُحكم؛ إظهار الرحمة يعني إظهار الضعف.

In der rauen und brutalen Welt des Überlebens kannte man keine Gnade.

لم تكن الرحمة معروفة في عالم البقاء القاسي والوحشي.

Gnade zu zeigen wurde als Angst angesehen und Angst führte schnell zum Tod.

كان يُنظر إلى إظهار الرحمة على أنه خوف، والخوف يؤدي سريعًا إلى الموت.

Das alte Gesetz war einfach: töten oder getötet werden, essen oder gefressen werden.

كان القانون القديم بسيطًا: اقتل أو تُقتَل، كل أو تؤكل.

Dieses Gesetz stammte aus längst vergangenen Zeiten und Buck befolgte es vollständig.

لقد جاء هذا القانون من أعماق الزمن، وقد اتبعه باك بشكل كامل.

Buck war älter als sein Alter und die Anzahl seiner Atemzüge.

كان باك أكبر من عمره وعدد الأنفاس التي أخذها.

Er verband die ferne Vergangenheit klar mit der Gegenwart.

لقد ربط الماضي القديم باللحظة الحالية بشكل واضح.

Die tiefen Rhythmen der Zeitalter bewegten sich durch ihn wie die Gezeiten.

تحركت فيه إيقاعات العصور العميقة مثل المد والجزر.

Die Zeit pulsierte in seinem Blut so sicher, wie die Jahreszeiten die Erde bewegen.

كان الزمن ينبض في دمه مثلما تتحرك الفصول في الأرض.

Er saß mit starker Brust und weißen Reißzähnen an Thorntons Feuer.

كان يجلس بجانب نار ثورنتون، قوي الصدر وأنيابه بيضاء.

Sein langes Fell wehte, aber hinter ihm beobachteten ihn die Geister wilder Hunde.

كان فراءه الطويل يلوح، ولكن خلفه كانت أرواح الكلاب البرية تراقب.

Halbwölfe und Vollwölfe regten sich in seinem Herzen und seinen Sinnen.

تحركت الذئاب النصفية والذئاب الكاملة في قلبه وحواسه.

Sie probierten sein Fleisch und tranken dasselbe Wasser wie er.

فتذوقوا لحمه وشربوا نفس الماء الذي شربه.

Sie schnupperten neben ihm den Wind und lauschten dem Wald.

كانوا يشتمون الريح بجانبه ويستمعون إلى الغابة.

Sie flüsterten die Bedeutung der wilden Geräusche in der Dunkelheit.

لقد همسوا بمعاني الأصوات البرية في الظلام.

Sie prägten seine Stimmungen und leiteten jede seiner stillen Reaktionen.

لقد شكلوا مزاجه وأرشدوا كل ردود أفعاله الهادئة.

Sie lagen bei ihm, während er schlief, und wurden Teil seiner tiefen Träume.

لقد ظلوا معه أثناء نومه وأصبحوا جزءًا من أحلامه العميقة.

Sie träumten mit ihm, über ihn hinaus und bildeten seinen Geist.

لقد حلموا معه، وأبعد منه، وصنعوا روحه.

Die Geister der Wildnis riefen so stark, dass Buck sich hingezogen fühlte.

لقد نادت أرواح البرية بقوة لدرجة أن باك شعر بالانجذاب.

Mit jedem Tag wurden die Menschheit und ihre Ansprüche in Bucks Herzen schwächer.

يوما بعد يوم، أصبحت البشرية ومطالبها أضعف في قلب باك.

Tief im Wald würde ein seltsamer und aufregender Ruf erklingen.

في أعماق الغابة، كان من المقرر أن يرتفع نداء غريب ومثير.

Jedes Mal, wenn er den Ruf hörte, verspürte Buck einen Drang, dem er nicht widerstehen konnte.

في كل مرة سمع فيها النداء، شعر باك برغبة لا يستطيع مقاومتها.

Er wollte sich vom Feuer und den ausgetretenen menschlichen Pfaden abwenden.

وكان ينوي أن يبتعد عن النار وعن الطرق البشرية المهترئة.

Er wollte in den Wald eintauchen und weitergehen, ohne zu wissen, warum.

كان ينوي أن يقفز إلى الغابة، ويمضي قدمًا دون أن يعرف السبب.

Er hinterfragte diese Anziehungskraft nicht, denn der Ruf war tief und kraftvoll.

ولم يشكك في هذا الجذب، لأن الدعوة كانت عميقة وقوية.

Oft erreichte er den grünen Schatten und die weiche, unberührte Erde

في كثير من الأحيان، وصل إلى الظل الأخضر والأرض الناعمة غير الملموسة

Doch dann zog ihn die große Liebe zu John Thornton zurück zum Feuer.

ولكن بعد ذلك، أعاده حبه القوي لجون ثورنتون إلى النار.

Nur John Thornton hatte Bucks wildes Herz wirklich in seiner Gewalt.

كان جون ثورنتون هو الوحيد الذي امتلك قلب باك الجامح حقًا.

Der Rest der Menschheit hatte für Buck keinen bleibenden Wert oder keine bleibende Bedeutung.

لم يكن لبقية البشرية أي قيمة أو معنى دائم بالنسبة لباك.

Fremde könnten ihn loben oder ihm mit freundlichen Händen über das Fell streicheln.

قد يمدحه الغرباء أو يداعبون فروه بأيديهم الودودة.

Buck blieb ungerührt und ging vor lauter Zuneigung davon.

ظل باك ثابتًا ومشى بعيدًا بسبب كثرة المودة.

Hans und Pete kamen mit dem lange erwarteten Floß

وصل هانز وبيت مع الطوافة التي طال انتظارها

Buck ignorierte sie, bis er erfuhr, dass sie sich in der Nähe von Thornton befanden.

تجاهلهم باك حتى علم أنهم قريبون من ثورنتون.

Danach tolerierte er sie, zeigte ihnen jedoch nie seine volle Zuneigung.

وبعد ذلك، تحملهم، لكنه لم يظهر لهم الدفء الكامل أبدًا.

Er nahm Essen oder Freundlichkeiten von ihnen an, als täte er ihnen einen Gefallen.

كان يأخذ منهم الطعام أو المعروف كأنه يقدم لهم معروفًا.

Sie waren wie Thornton – einfach, ehrlich und klar im Denken.

لقد كانوا مثل ثورنتون - بسيطين، صادقين، وواضحين في أفكارهم.

Gemeinsam reisten sie zu Dawsons Sägewerk und dem großen Wirbel

سافروا جميعًا معًا إلى منشرة داوسون والدوامة العظيمة

Auf ihrer Reise lernten sie Bucks Wesen tiefgründig kennen.

خلال رحلتهم، تعلموا فهم طبيعة باك بشكل عميق.

Sie versuchten nicht, sich näherzukommen, wie es Skeet und Nig getan hatten.

لم يحاولوا أن يصبحوا قريبين من بعضهم البعض مثلما فعل سكيت ونيج.

Doch Bucks Liebe zu John Thornton wurde mit der Zeit immer stärker.

لكن حب باك لجون ثورنتون تعمق مع مرور الوقت.

Nur Thornton könnte Buck im Sommer eine Last auf die Schultern laden.

كان ثورنتون وحده القادر على حمل حقيبة على ظهر باك في الصيف.

Was auch immer Thornton befahl, Buck war bereit, es uneingeschränkt zu tun.

مهما كان ما أمر به ثورنتون، كان باك على استعداد للقيام به بالكامل.

Eines Tages, nachdem sie Dawson in Richtung der Quellgewässer des Tanana verlassen hatten,

ذات يوم، بعد أن غادروا داوسون إلى منابع نهر تانانا،

die Gruppe saß auf einer Klippe, die dreihundert Fuß bis zum nackten Fels abfiel.

جلست المجموعة على جرف ينخفض ثلاثة أقدام إلى الصخر الأساسي العاري.

John Thornton saß nahe der Kante und Buck ruhte sich neben ihm aus.

جلس جون ثورنتون بالقرب من الحافة، واستراح باك بجانبه.

Thornton hatte plötzlich eine Idee und rief die Männer auf sich aufmerksam.

خطرت في ذهن ثورنتون فكرة مفاجئة، فلفت انتباه الرجال.

Er deutete über den Abgrund und gab Buck einen einzigen Befehl.

وأشار عبر الهاوية وأعطى باك أمرًا واحدًا.

„Spring, Buck!", sagte er und schwang seinen Arm über den Abgrund.

"اقفز يا باك".قال وهو يلوح بذراعه فوق السقوط ".

Einen Moment später musste er Buck packen, der sofort lossprang, um zu gehorchen.

في لحظة، كان عليه أن يمسك باك، الذي كان يقفز ليطيعه.

Hans und Pete eilten nach vorne und zogen beide in Sicherheit.

اندفع هانز وبيت إلى الأمام وسحباهما إلى مكان آمن.

Nachdem alles vorbei war und sie wieder zu Atem gekommen waren, ergriff Pete das Wort.

وبعد أن انتهى كل شيء، وبعد أن التقطوا أنفاسهم، تحدث بيت.

„Die Liebe ist unheimlich", sagte er, erschüttert von der wilden Hingabe des Hundes.

"الحب غريب"، قال وهو يرتجف من إخلاص الكلب الشديد".

Thornton schüttelte den Kopf und antwortete mit ruhiger Ernsthaftigkeit.

هز ثورنتون رأسه وأجاب بهدوء وجدية.

„Nein, die Liebe ist großartig", sagte er, „aber auch schrecklich."

"لا، الحب رائع"، قال، "ولكنه فظيع أيضًا"۔

„Manchmal, das muss ich zugeben, macht mir diese Art von Liebe Angst."

في بعض الأحيان، يجب أن أعترف، هذا النوع من الحب يجعلني خائفًا"۔"

Pete nickte und sagte: „Ich möchte nicht der Mann sein, der dich berührt."

"أومأ بيت برأسه وقال، "لا أرغب في أن أكون الرجل الذي يلمسك۔

Er sah Buck beim Sprechen ernst und voller Respekt an.

نظر إلى باك وهو يتحدث، وكان جادًا ومليئًا بالاحترام۔

„Py Jingo!", sagte Hans schnell. „Ich auch nicht, nein, Sir."

قال هانز بسرعة" :باي جينجو۔"وأنا أيضًا، لا يا سيدي" ۔"

Noch vor Jahresende wurden Petes Befürchtungen in Circle City wahr.

قبل نهاية العام، تحققت مخاوف بيت في سيركل سيتي۔

Ein grausamer Mann namens Black Burton hat in der Bar eine Schlägerei angezettelt.

رجل قاسي يدعى بلاك بيرتون بدأ قتالاً في الحانة۔

Er war wütend und bösartig und ging auf einen Neuling los.

لقد كان غاضبًا وخبيثًا، يهاجم المبتدئين الجدد۔

John Thornton schritt ein, ruhig und gutmütig wie immer.

تدخل جون ثورنتون بهدوء وحسن الطباع كما هو الحال دائمًا۔

Buck lag mit gesenktem Kopf in einer Ecke und beobachtete Thornton aufmerksam.

كان باك مستلقيا في الزاوية، رأسه لأسفل، يراقب ثورنتون عن كثب۔

Burton schlug plötzlich zu und sein Schlag ließ Thornton herumwirbeln.

وجه بيرتون ضربة مفاجئة، حيث أدت لكمته إلى دوران ثورنتون۔

Nur die Stangenreling verhinderte, dass er hart auf den Boden stürzte.

فقط درابزين الشريط هو الذي منعه من الاصطدام بقوة بالأرض۔

Die Beobachter hörten ein Geräusch, das weder Bellen noch Jaulen war

سمع المراقبون صوتًا لم يكن نباحًا أو عواءً

Ein tiefes Brüllen kam von Buck, als er auf den Mann zustürzte.

خرج هدير عميق من باك عندما انطلق نحو الرجل.

Burton riss seinen Arm hoch und rettete nur knapp sein eigenes Leben.

رفع بيرتون ذراعه إلى الأعلى وبالكاد أنقذ حياته.

Buck prallte gegen ihn und warf ihn flach auf den Boden.

اصطدم به باك، مما أدى إلى سقوطه على الأرض.

Buck biss tief in den Arm des Mannes und stürzte sich dann auf die Kehle.

عض باك ذراع الرجل بعمق، ثم انقض على الحلق.

Burton konnte den Angriff nur teilweise blocken und sein Hals wurde aufgerissen.

لم يتمكن بيرتون إلا من الصد جزئيًا، وكان رقبته ممزقة.

Männer stürmten mit erhobenen Knüppeln herein und vertrieben Buck von dem blutenden Mann.

اندفع الرجال، ورفعوا الهراوات، وطردوا باك من الرجل النازف.

Ein Chirurg arbeitete schnell, um den Blutausfluss zu stoppen.

عمل الجراح بسرعة على إيقاف تدفق الدم.

Buck ging auf und ab und knurrte, während er immer wieder versuchte anzugreifen.

كان باك يذرع المكان ذهابًا وإيابًا ويصدر صوتًا حادًا، محاولًا الهجوم مرارًا وتكرارًا.

Nur schwingende Knüppel hielten ihn davon ab, Burton zu erreichen.

لم يمنعه سوى الهراوات المتأرجحة من الوصول إلى بيرتون.

Eine Bergarbeiterversammlung wurde einberufen und noch vor Ort abgehalten.

تم عقد اجتماع لعمال المناجم في نفس المكان.

Sie waren sich einig, dass Buck provoziert worden war, und stimmten für seine Freilassung.

واتفقوا على أن باك كان مستفزًا وصوتوا على إطلاق سراحه.

Doch Bucks wilder Name hallte nun durch jedes Lager in Alaska.

لكن اسم باك الشرس أصبح الآن يتردد صداه في كل معسكر في ألاسكا.

Später im Herbst rettete Buck Thornton erneut auf eine neue Art und Weise.

وفي وقت لاحق من ذلك الخريف، أنقذ باك ثورنتون مرة أخرى بطريقة جديدة.

Die drei Männer steuerten ein langes Boot durch wilde Stromschnellen.

كان الرجال الثلاثة يقودون قاربًا طويلًا عبر منحدرات خشنة.

Thornton steuerte das Boot und rief Anweisungen zur Küste.

كان ثورنتون يقود القارب، ويعطي الاتجاهات إلى الشاطئ.

Hans und Pete rannten an Land und hielten sich an einem Seil fest, das sie von Baum zu Baum führte.

ركض هانز وبيت على الأرض، ممسكين بحبل من شجرة إلى شجرة.

Buck hielt am Ufer Schritt und behielt seinen Herrn immer im Auge.

واصل باك السير على الضفة، وكان يراقب سيده دائمًا.

An einer ungünstigen Stelle ragten Felsen aus dem schnellen Wasser hervor.

في أحد الأماكن القبيحة، برزت الصخور تحت المياه السريعة.

Hans ließ das Seil los und Thornton steuerte das Boot weit.

أطلق هانز الحبل، وقاد ثورنتون القارب إلى اتجاه واسع.

Hans sprintete, um das Boot an den gefährlichen Felsen vorbei wieder zu erreichen.

انطلق هانز مسرعًا ليلحق بالقارب مرة أخرى متجاوزًا الصخور الخطيرة.

Das Boot passierte den Felsvorsprung, geriet jedoch in eine stärkere Strömung.

تمكن القارب من تجاوز الحافة لكنه اصطدم بجزء أقوى من التيار.

Hans griff zu schnell nach dem Seil und brachte das Boot aus dem Gleichgewicht.

أمسك هانز بالحبل بسرعة كبيرة وسحب القارب إلى حالة من عدم التوازن.

Das Boot kenterte und prallte mit dem Hinterteil nach oben gegen das Ufer.

انقلب القارب واصطدم بالضفة من الأسفل إلى الأعلى.

Thornton wurde hinausgeworfen und in den wildesten Teil des Wassers geschwemmt.

تم طرد ثورنتون وجرفته المياه إلى الجزء الأكثر وحشية من المياه.

Kein Schwimmer hätte in diesen tödlichen, reißenden Gewässern überleben können.

لم يكن بإمكان أي سباح أن ينجو في تلك المياه المميتة المتسارعة.

Buck sprang sofort hinein und jagte seinen Herrn den Fluss hinunter.

قفز باك على الفور وطارد سيده أسفل النهر.

Nach dreihundert Metern erreichte er endlich Thornton.

وبعد ثلاثمائة ياردة، وصل أخيرا إلى ثورنتون.

Thornton packte Buck am Schwanz und Buck drehte sich zum Ufer um.

أمسك ثورنتون بذيل باك، ثم اتجه باك نحو الشاطئ.

Er schwamm mit voller Kraft und kämpfte gegen den wilden Sog des Wassers an.

كان يسبح بكل قوته، محاربًا مقاومة الماء الجامحة.

Sie bewegten sich schneller flussabwärts, als sie das Ufer erreichen konnten.

لقد تحركوا باتجاه مجرى النهر بسرعة أكبر من قدرتهم على الوصول إلى الشاطئ.

Vor ihnen toste der Fluss immer lauter und stürzte in tödliche Stromschnellen.

أمام النهر، كان صوت هديره أعلى وهو ينحدر إلى المنحدرات المميتة.

Felsen schnitten durch das Wasser wie die Zähne eines riesigen Kamms.

الصخور تشق طريقها عبر الماء مثل أسنان مشط ضخم.

Die Anziehungskraft des Wassers in der Nähe des Tropfens war wild und unausweichlich.

كانت قوة جذب المياه بالقرب من القطرة وحشية ولا مفر منها.

Thornton wusste, dass sie das Ufer nie rechtzeitig erreichen würden.

أدرك ثورنتون أنهم لن يتمكنوا أبدًا من الوصول إلى الشاطئ في الوقت المناسب.

Er schrammte über einen Felsen, zerschmetterte einen zweiten,

لقد خدش صخرة واحدة، وحطم صخرة ثانية،

Und dann prallte er gegen einen dritten Felsen, den er mit beiden Händen festhielt.

ثم اصطدم بالصخرة الثالثة، وأمسك بها بكلتا يديه.

Er ließ Buck los und übertönte das Gebrüll: „Los, Buck! Los!"

أطلق سراح باك وصاح فوق الزئير، "اذهب، باك.اذهب ـ"

Buck konnte sich nicht über Wasser halten und wurde von der Strömung mitgerissen.

لم يتمكن باك من البقاء طافيًا وجرفته التيارات المائية.

Er kämpfte hart und versuchte, sich umzudrehen, kam aber überhaupt nicht voran.

لقد حارب بشدة، وكافح من أجل التحول، لكنه لم يحقق أي تقدم على الإطلاق.

Dann hörte er, wie Thornton den Befehl über das Tosen des Flusses hinweg wiederholte.

ثم سمع ثورنتون يكرر الأمر على الرغم من هدير النهر ـ

Buck erhob sich aus dem Wasser und hob den Kopf, als wolle er einen letzten Blick werfen.

خرج باك من الماء، ورفع رأسه كما لو كان يلقي نظرة أخيرة.

dann drehte er sich um und gehorchte und schwamm entschlossen auf das Ufer zu.

ثم استدار وأطاع، وسبح نحو الضفة بعزم.

Pete und Hans zogen ihn im letzten Moment an Land.

قام بيت وهانز بسحبه إلى الشاطئ في اللحظة الأخيرة الممكنة.

Sie wussten, dass Thornton sich nur noch wenige Minuten am Felsen festklammern konnte.

لقد عرفوا أن ثورنتون لن يتمكن من التشبث بالصخرة إلا لبضع دقائق أخرى.

Sie rannten das Ufer hinauf zu einer Stelle weit oberhalb der Stelle, an der er hing.

ركضوا إلى أعلى البنك حتى وصلوا إلى مكان بعيد عن المكان الذي كان معلقًا فيه.

Sie befestigten die Bootsleine sorgfältig an Bucks Hals und Schultern.

قاموا بربط خط القارب حول رقبة باك وكتفيه بعناية.

Das Seil saß eng, war aber locker genug zum Atmen und für Bewegung.

كان الحبل مريحًا ولكنه فضفاض بدرجة كافية للتنفس والحركة.

Dann warfen sie ihn erneut in den reißenden, tödlichen Fluss.

ثم ألقوه مرة أخرى في النهر المتدفق القاتل.

Buck schwamm mutig, verpasste jedoch seinen Winkel in die Kraft des Stroms.

سبح باك بجرأة لكنه أخطأ زاوية دخوله إلى تيار الماء.

Er sah zu spät, dass er an Thornton vorbeiziehen würde.

لقد أدرك متأخرًا أنه سوف ينجرف بعيدًا عن ثورنتون.

Hans riss das Seil fest, als wäre Buck ein kenterndes Boot.

سحب هانز الحبل بقوة، كما لو كان باك قاربًا ينقلب.

Die Strömung zog ihn nach unten und er verschwand unter der Oberfläche.

سحبه التيار إلى الأسفل، واختفى تحت السطح.

Sein Körper schlug gegen das Ufer, bevor Hans und Pete ihn herauszogen.

ارتطم جسده بالبنك قبل أن يقوم هانز وبيت بسحبه للخارج.

Er war halb ertrunken und sie haben das Wasser aus ihm herausgeprügelt.

لقد غرق نصفًا، وقاموا بضرب الماء عليه حتى خرج.

Buck stand auf, taumelte und brach erneut auf dem Boden zusammen.

وقف باك، وتعثر، ثم انهار مرة أخرى على الأرض.

Dann hörten sie Thorntons Stimme, die schwach vom Wind getragen wurde.

ثم سمعوا صوت ثورنتون يحمله الريح بشكل خافت.

Obwohl die Worte undeutlich waren, wussten sie, dass er dem Tode nahe war.

ورغم أن الكلمات لم تكن واضحة، إلا أنهم عرفوا أنه كان على وشك الموت.

Der Klang von Thorntons Stimme traf Buck wie ein elektrischer Schlag.

لقد ضرب صوت ثورنتون باك مثل صدمة كهربائية.

Er sprang auf, rannte das Ufer hinauf und kehrte zum Startpunkt zurück.

قفز وركض نحو الضفة، وعاد إلى نقطة الانطلاق.

Wieder banden sie Buck das Seil fest und wieder betrat er den Bach.

وربطوا الحبل مرة أخرى إلى باك، ودخل مرة أخرى إلى النهر.

Diesmal schwamm er direkt und entschlossen in das rauschende Wasser.

هذه المرة، سبح مباشرة وبثبات في المياه المتدفقة.

Hans ließ das Seil langsam los, während Pete darauf achtete, dass es sich nicht verheddert.

أطلق هانز الحبل بثبات بينما منعه بيت من التشابك.

Buck schwamm schnell, bis er direkt über Thornton auf einer Linie lag.

سبح باك بقوة حتى اصطف فوق ثورنتون مباشرة.

Dann drehte er sich um und raste wie ein Zug mit voller Geschwindigkeit nach unten.

ثم استدار وانطلق بسرعة هائلة مثل القطار.

Thornton sah ihn kommen, machte sich bereit und schlang die Arme um seinen Hals.

لقد رأى ثورنتون أنه قادم، فقام برفع ذراعيه ووضعها حول رقبته.

Hans band das Seil fest um einen Baum, als beide unter Wasser gezogen wurden.

قام هانز بربط الحبل حول شجرة بقوة بينما كان كلاهما يسحبان تحتها.

Sie stürzten unter Wasser und zerschellten an Felsen und Flusstrümmern.

لقد سقطوا تحت الماء، واصطدموا بالصخور وحطام النهر.

In einem Moment war Buck oben, im nächsten erhob sich Thornton keuchend.

في لحظة كان باك في الأعلى، وفي اللحظة التالية نهض ثورنتون وهو يلهث.

Zerschlagen und erstickend steuerten sie auf das Ufer zu und waren in Sicherheit.

أصيبوا بالصدمة والاختناق، فانحرفوا إلى الضفة والأمان.

Thornton erlangte sein Bewusstsein wieder und lag quer über einem Treibholzbaumstamm.

استعاد ثورنتون وعيه، وهو مستلقٍ على جذع شجرة.

Hans und Pete haben hart gearbeitet, um ihm Atem und Leben zurückzugeben.

لقد عمل هانز وبيت بجد حتى يتمكن من استعادة أنفاسه وحياته.

Sein erster Gedanke galt Buck, der regungslos und schlaff dalag.

كان تفكيره الأول هو باك، الذي كان مستلقيا بلا حراك ومرتخيا.

Nig heulte über Bucks Körper und Skeet leckte sanft sein
Gesicht.

عوى نيج فوق جسد باك، ولعق سكيت وجهه بلطف.

Thornton, wund und verletzt, untersuchte Buck mit
vorsichtigen Händen.

قام ثورنتون بفحص باك بكل حذر، وكان جسده مليئا بالكدمات.

Er stellte fest, dass der Hund drei Rippen gebrochen hatte,
jedoch keine tödlichen Wunden aufwies.

ووجد أن ثلاثة أضلاع مكسورة، لكن لم توجد جروح مميتة في الكلب.

„Damit ist die Sache geklärt", sagte Thornton. „Wir zelten
hier." Und das taten sie.

قال ثورنتون: "هذا يُحسم الأمر.-"نُخيّم هنا -وهذا ما فعلوه ـ

Sie blieben, bis Bucks Rippen verheilt waren und er wieder
laufen konnte.

لقد بقوا حتى شُفيت أضلاع باك وأصبح قادرًا على المشي مرة أخرى.

In diesem Winter vollbrachte Buck eine Leistung, die seinen
Ruhm noch weiter steigerte.

في ذلك الشتاء، قام باك بإنجاز أدى إلى زيادة شهرته بشكل أكبر.

Es war weniger heroisch als Thornton zu retten, aber
genauso beeindruckend.

لقد كان الأمر أقل بطولية من إنقاذ ثورنتون، لكنه كان مثيرًا للإعجاب
بنفس القدر.

In Dawson benötigten die Partner Vorräte für eine weite
Reise.

في داوسون، احتاج الشركاء إلى إمدادات لرحلة بعيدة.

Sie wollten nach Osten reisen, in unberührte
Wildnisgebiete.

أرادوا السفر شرقًا، إلى الأراضي البرية غير المستكشفة.

Bucks Tat im Eldorado Saloon machte diese Reise möglich.

لقد جعلت أفعال باك في صالون إلدورادو هذه الرحلة ممكنة.

Es begann damit, dass Männer bei einem Drink mit ihren
Hunden prahlten.

بدأ الأمر مع الرجال الذين يتفاخرون بكلابهم أثناء شرب المشروبات.

Bucks Ruhm machte ihn zur Zielscheibe von
Herausforderungen und Zweifeln.

لقد جعلت شهرة باك منه هدفًا للتحديات والشكوك.

Thornton blieb stolz und ruhig und verteidigte Bucks
Namen standhaft.

وقف ثورنتون بفخر وهدوء، وظل ثابتًا في الدفاع عن اسم باك.

Ein Mann sagte, sein Hund könne problemlos
zweihundertsechsunddreißig kg ziehen.

قال أحد الرجال إن كلبه يستطيع سحب خمسمائة رطل بسهولة.

Ein anderer sagte sechshundert und ein dritter prahlte mit
siebenhundert.

وقال آخر ستمائة، وقال ثالث سبعمائة.

„Pfft!", sagte John Thornton, „Buck kann einen fünfhundert
kg schweren Schlitten ziehen."

"ـ" قال جون ثورنتون، "يستطيع باك سحب زلاجة تزن ألف رطل" بفت"

Matthewson, ein Bonanza-König, beugte sich vor und
forderte ihn heraus.

انحنى ماثيوسون، ملك بونانزا، إلى الأمام وتحداه.

„Glauben Sie, er kann so viel Gewicht in Bewegung
setzen?"

"هل تعتقد أنه قادر على وضع هذا القدر من الوزن في الحركة؟"

„Und Sie glauben, er kann das Gewicht volle hundert Meter
weit ziehen?"

"وهل تعتقد أنه قادر على رفع الوزن لمسافة مائة ياردة كاملة؟"

Thornton antwortete kühl: „Ja. Buck ist Hund genug, um das
zu tun."

أجاب ثورنتون ببرود" :نعم،باك جبانٌ بما يكفي ليفعل ذلك ـ."

„Er wird tausend Pfund in Bewegung setzen und es hundert
Meter weit ziehen."

سيضع ألف جنيه في الحركة، ويسحبها لمسافة مائة ياردة"ـ".

Matthewson lächelte langsam und stellte sicher, dass alle
Männer seine Worte hörten.

ابتسم ماثيوسون ببطء وتأكد من أن جميع الرجال سمعوا كلماته.

„Ich habe tausend Dollar, die sagen, dass er es nicht kann.
Da ist es."

لديّ ألف دولار تُشير إلى أنه لا يستطيع"ـها هو ذا ـ."

Er knallte einen Sack Goldstaub von der Größe einer Wurst
auf die Theke.

ضرب كيسًا من غبار الذهب بحجم السجق على البار ـ.

Niemand sagte ein Wort. Die Stille um sie herum wurde drückend und angespannt.

لم ينطق أحد بكلمة-ساد الصمت بينهم توتر وثقل .

Thorntons Bluff – wenn es denn einer war – war ernst genommen worden.

لقد تم أخذ خدعة ثورنتون - إن كانت حقيقية - على محمل الجد.

Er spürte, wie ihm die Hitze im Gesicht aufstieg und das Blut in seine Wangen schoss.

شعر بارتفاع الحرارة في وجهه بينما اندفع الدم إلى خديه.

In diesem Moment war seine Zunge seiner Vernunft voraus.

لقد سبق لسانه عقله في تلك اللحظة.

Er wusste wirklich nicht, ob Buck fünfhundert kg bewegen konnte.

إنه حقا لا يعرف إذا كان باك قادرا على نقل ألف جنيه.

Eine halbe Tonne! Allein die Größe ließ ihm das Herz schwer werden.

نصف طن-حجمه وحده أثقل قلبه .

Er hatte Vertrauen in Bucks Stärke und hielt ihn für fähig.

لقد كان لديه ثقة في قوة باك وكان يعتقد أنه قادر .

Doch einer solchen Herausforderung war er noch nie begegnet, nicht auf diese Art und Weise.

ولكنه لم يواجه هذا النوع من التحدي من قبل، ليس بهذه الطريقة.

Ein Dutzend Männer beobachteten ihn still und warteten darauf, was er tun würde.

كان هناك عشرة رجال يراقبونه بهدوء، في انتظار رؤية ما سيفعله.

Er hatte das Geld nicht – Hans und Pete auch nicht.

لم يكن لديه المال - ولا هانز أو بيت.

„Ich habe draußen einen Schlitten", sagte Matthewson kalt und direkt.

لقد حصلت على مزلجة بالخارج"، قال ماثيوسون ببرود وبشكل مباشر .

„Es ist mit zwanzig Säcken zu je fünfzig Pfund beladen, alles Mehl.

إنها محملة بعشرين كيسًا، كل كيس يزن خمسين رطلاً، كلها من الدقيق".

Lassen Sie sich also jetzt nicht von einem fehlenden Schlitten als Ausrede ausreden", fügte er hinzu.

"وأضاف "لذا لا تدع فقدان الزلاجة يكون عذرك الآن.

Thornton stand still da. Er wusste nicht, was er sagen sollte.

وقف ثورنتون صامتًالم يعرف الكلمات التي سيقولها ـ

Er blickte sich die Gesichter an, ohne sie deutlich zu erkennen.

كان ينظر حوله إلى الوجوه دون أن يراها بوضوح ـ

Er sah aus wie ein Mann, der in Gedanken erstarrt war und versuchte, neu zu starten.

لقد بدا وكأنه رجل متجمد في أفكاره، يحاول البدء من جديد ـ

Dann sah er Jim O'Brien, einen Freund aus der Mastodon-Zeit.

ثم رأى جيم أوبراين، وهو صديق من أيام ماستودون ـ

Dieses vertraute Gesicht gab ihm Mut, von dem er nicht wusste, dass er ihn hatte.

لقد أعطاه هذا الوجه المألوف الشجاعة التي لم يكن يعلم أنه يمتلكها ـ

Er drehte sich um und fragte mit leiser Stimme: „Können Sie mir tausend leihen?"

ثم التفت وسأل بصوت منخفض: هل يمكنك أن تقرضني ألفًا؟

„Sicher", sagte O'Brien und ließ bereits einen schweren Sack neben dem Gold fallen.

بالتأكيد، "قال أوبراين، وهو يسقط كيسًا ثقيلًا بجوار الذهب بالفعل" ـ

„Aber ehrlich gesagt, John, ich glaube nicht, dass das Biest das tun kann."

لكن الحقيقة يا جون، أنا لا أعتقد أن الوحش قادر على فعل هذا" ـ"

Alle im Eldorado Saloon strömten nach draußen, um sich die Veranstaltung anzusehen.

هرع الجميع في صالون إلدورادو إلى الخارج لمشاهدة الحدث ـ

Sie ließen Tische und Getränke zurück und sogar die Spiele wurden unterbrochen.

لقد تركوا الطاولات والمشروبات، وحتى الألعاب توقفت ـ

Dealer und Spieler kamen, um das Ende der kühnen Wette mitzuerleben.

حضر التجار والمقامرون ليشهدوا نهاية الرهان الجريء ـ

Hunderte versammelten sich auf der vereisten Straße um den Schlitten.

تجمع المئات حول الزلاجة في الشارع المفتوح الجليدي ـ

Matthewsons Schlitten stand mit einer vollen Ladung Mehlsäcke da.

كانت زلاجة ماثيوسون تحمل حمولة كاملة من أكياس الدقيق ـ

Der Schlitten stand stundenlang bei Minustemperaturen.

ظلت الزلاجة جالسة لعدة ساعات في درجات حرارة منخفضة تحت الصفر.

Die Kufen des Schlittens waren fest am festgetretenen Schnee festgefroren.

كانت عجلات الزلاجة متجمدة بإحكام بسبب الثلوج المتراكمة.

Die Männer wetteten zwei zu eins, dass Buck den Schlitten nicht bewegen könne.

وقد عرض الرجال احتمالات بنسبة اثنين إلى واحد بأن باك لن يتمكن من تحريك الزلاجة.

Es kam zu einem Streit darüber, was „ausbrechen" eigentlich bedeutet.

لقد نشأ نزاع حول ما يعنيه "الاندلاع "في الواقع.

O'Brien sagte, Thornton solle die festgefrorene Basis des Schlittens lösen.

قال أوبراين أن ثورنتون يجب أن يخفف قاعدة الزلاجة المتجمدة.

Buck könnte dann aus einem soliden, bewegungslosen Start „ausbrechen".

وقد يتمكن باك بعد ذلك من "الانطلاق "من بداية ثابتة ثابتة.

Matthewson argumentierte, dass der Hund auch die Läufer befreien müsse.

وزعم ماثيوسون أن الكلب يجب أن يحرر العدائين أيضًا.

Die Männer, die von der Wette gehört hatten, stimmten Matthewsons Ansicht zu.

واتفق الرجال الذين سمعوا الرهان مع وجهة نظر ماثيوسون.

Mit dieser Entscheidung stiegen die Chancen auf drei zu eins gegen Buck.

ومع هذا القرار، ارتفعت احتمالات الفوز ضد باك إلى ثلاثة مقابل واحد.

Niemand trat vor, um die wachsende Drei-zu-eins-Chance auf sich zu nehmen.

ولم يتقدم أحد ليأخذ فرص الفوز المتزايدة التي وصلت إلى ثلاثة مقابل واحد.

Kein einziger Mann glaubte, dass Buck diese große Leistung vollbringen könnte.

لم يعتقد أي رجل أن باك قادر على تحقيق هذا الإنجاز العظيم.

Thornton war zu der Wette gedrängt worden, obwohl er voller Zweifel war.

لقد تم دفع ثورنتون إلى الرهان، وهو مثقل بالشكوك.

Nun blickte er auf den Schlitten und das zehnköpfige Hundegespann daneben.

والآن نظر إلى الزلاجة وفريق الكلاب العشرة بجانبها.

Als ich die Realität der Aufgabe sah, erschien sie noch unmöglicher.

إن رؤية حقيقة المهمة جعلتها تبدو أكثر استحالة.

Matthewson war in diesem Moment voller Stolz und Selbstvertrauen.

كان ماثيوسون مليئًا بالفخر والثقة في تلك اللحظة.

„Drei zu eins!", rief er. „Ich wette noch tausend, Thornton!"

ثلاثة إلى واحد"صرخ "أراهن بألف أخرى يا ثورنتون" -.

Was sagst du dazu?", fügte er laut genug hinzu, dass es alle hören konnten.

ماذا تقول؟ "أضاف بصوت عالٍ بما يكفي ليسمعه الجميع"-.

Thorntons Gesicht zeigte seine Zweifel, aber sein Geist war aufgeblüht.

أظهر وجه ثورنتون شكوكه، لكن روحه ارتفعت.

Dieser Kampfgeist ignorierte alle Widrigkeiten und fürchtete sich überhaupt nicht.

لقد تجاهلت روح القتال الصعاب ولم تخش شيئًا على الإطلاق.

Er forderte Hans und Pete auf, ihr gesamtes Bargeld auf den Tisch zu bringen.

اتصل بهانز وبيت ليحضرا كل أموالهما إلى الطاولة.

Ihnen blieb nicht mehr viel übrig – insgesamt nur zweihundert Dollar.

لم يتبق لديهم سوى القليل - مائتي دولار فقط

Diese kleine Summe war ihr gesamtes Vermögen in schweren Zeiten.

وكان هذا المبلغ الصغير هو مجموع ثروتهم خلال الأوقات الصعبة.

Dennoch setzten sie ihr gesamtes Vermögen auf Matthewsons Wette.

ومع ذلك، فقد وضعوا كل ثروتهم ضد رهان ماثيويسون.

Das zehnköpfige Hundegespann wurde abgekoppelt und vom Schlitten wegbewegt.

تم فك ربط فريق الكلاب العشرة وتحرك بعيدًا عن الزلاجة.

Buck wurde in die Zügel genommen und trug sein vertrautes Geschirr.

تم وضع باك في اللجام، مرتديًا حزامه المألوف.

Er hatte die Energie der Menge aufgefangen und die Spannung gespürt.

لقد التقط طاقة الحشد وشعر بالتوتر.

Irgendwie wusste er, dass er etwas für John Thornton tun musste.

بطريقة ما، كان يعلم أنه يجب عليه أن يفعل شيئًا من أجل جون ثورنتون.

Die Leute murmelten voller Bewunderung über die stolze Gestalt des Hundes.

همس الناس بإعجاب عند رؤية شكل الكلب الفخور.

Er war schlank und stark und hatte kein einziges Gramm Fleisch zu viel.

لقد كان نحيفًا وقويًا، ولم يكن لديه ذرة إضافية من اللحم.

Sein Gesamtgewicht von hundertfünfzig Pfund bestand nur aus Kraft und Ausdauer.

كان وزنه الكامل الذي بلغ مائة وخمسين رطلاً هو القوة والقدرة على التحمل.

Bucks Fell glänzte wie Seide und strotzte vor Gesundheit und Kraft.

كان معطف باك لامعًا مثل الحرير، سميكًا بالصحة والقوة.

Das Fell an seinem Hals und seinen Schultern schien sich aufzurichten und zu sträuben.

بدا الفراء على طول رقبته وكتفيه وكأنه يرتفع وينتفخ.

Seine Mähne bewegte sich leicht, jedes Haar war voller Energie.

تحرك شعره قليلاً، وكل شعرة منه مليئة بطاقته العظيمة.

Seine breite Brust und seine starken Beine passten zu seinem schweren, robusten Körperbau.

صدره العريض وساقيه القويتين يتناسبان مع جسده الثقيل والقوي.

Unter seinem Mantel spannten sich Muskeln, straff und fest wie geschmiedetes Eisen.

كانت عضلاته تتقلص تحت معطفه، مشدودة وقوية مثل الحديد المقيد.

Männer berührten ihn und schworen, er sei gebaut wie eine Stahlmaschine.

لمسه الرجال وأقسموا أنه كان مبنيًا مثل آلة فولاذية.

Die Quoten sanken leicht auf zwei zu eins gegen den großen Hund.

انخفضت الاحتمالات قليلاً إلى اثنين إلى واحد ضد الكلب العظيم.

Ein Mann von den Skookum Benches drängte sich stotternd nach vorne.

تقدم رجل من مقاعد سكوكوم إلى الأمام، متلعثمًا.

„Gut, Sir! Ich biete achthundert für ihn – vor der Prüfung, Sir!"

حسنًا يا سيدي.أعرض عليه ثمانمائة جنيه قبل الاختبار يا سيدي -

„Achthundert, so wie er jetzt dasteht!", beharrte der Mann.

ثمانمائة، كما هو واقفًا الآن".أصر الرجل ".

Thornton trat vor, lächelte und schüttelte ruhig den Kopf.

تقدم ثورنتون للأمام، وابتسم، وهز رأسه بهدوء.

Matthewson schritt schnell mit warnender Stimme und einem Stirnrunzeln ein.

تدخل ماثيوسون بسرعة بصوت تحذيري وعبوس.

„Sie müssen Abstand von ihm halten", sagte er. „Geben Sie ihm Raum."

«قال» :يجب أن تبتعد عنه، وأعطه مساحة.

Die Menge verstummte; nur die Spieler boten noch zwei zu eins.

ساد الصمت بين الحشد؛ ولم يبق إلا المقامرون الذين عرضوا رهان اثنين إلى واحد.

Alle bewunderten Bucks Körperbau, aber die Last schien zu groß.

أعجب الجميع ببنية باك، لكن الحمل بدا ثقيلاً للغاية.

Zwanzig Säcke Mehl – jeder fünfzig Pfund schwer – schienen viel zu viel.

بدت عشرون كيسًا من الدقيق - يزن كل منها خمسين رطلاً - أكثر مما يمكن تحمله.

Niemand war bereit, seinen Geldbeutel zu öffnen und sein Geld zu riskieren.

لم يكن أحد على استعداد لفتح حقيبته والمخاطرة بأمواله.

Thornton kniete neben Buck und nahm seinen Kopf in beide Hände.

ركع ثورنتون بجانب باك وأمسك رأسه بكلتا يديه.

Er drückte seine Wange an Bucks und sprach in sein Ohr.

ضغط خده على خده وتحدث في أذنه.

Es gab jetzt kein spielerisches Schütteln oder geflüsterte liebevolle Beleidigungen.

لم يعد هناك اهتزاز مرح أو إهانات محبة همسًا الآن.

Er murmelte nur leise: „So sehr du mich liebst, Buck."

لقد همس بهدوء، "بقدر ما تحبني، باك."

Buck stieß ein leises Winseln aus, seine Begierde konnte er kaum zurückhalten.

أطلق باك صرخة هادئة، وكان حماسه بالكاد مقيدًا.

Die Zuschauer beobachteten neugierig, wie Spannung in der Luft lag.

كان المتفرجون يراقبون بفضول بينما كان التوتر يملأ الهواء.

Der Moment fühlte sich fast unwirklich an, wie etwas jenseits der Vernunft.

كانت تلك اللحظة تبدو غير واقعية تقريبًا، وكأنها شيء خارج عن المنطق.

Als Thornton aufstand, nahm Buck sanft seine Hand zwischen die Kiefer.

عندما وقف ثورنتون، أمسك باك يده بلطف بين فكيه.

Er drückte mit den Zähnen nach unten und ließ dann langsam und sanft los.

ضغط عليها بأسنانه، ثم أطلقها ببطء ولطف.

Es war eine stille Antwort der Liebe, nicht ausgesprochen, aber verstanden.

لقد كان جوابا صامتا للحب، لم يتم التحدث عنه، بل تم فهمه.

Thornton trat weit von dem Hund zurück und gab das Signal.

ابتعد ثورنتون خطوة إلى الوراء قليلاً عن الكلب وأعطى الإشارة.

„Jetzt, Buck", sagte er und Buck antwortete mit konzentrierter Ruhe.

حسنًا، باك"، قال، ورد باك بهدوء وتركيز".

Buck spannte die Leinen und lockerte sie dann um einige Zentimeter.

شد باك المسارات، ثم خففها ببضعة بوصات.

Dies war die Methode, die er gelernt hatte; seine Art, den Schlitten zu zerbrechen.

كانت هذه هي الطريقة التي تعلمها، طريقته في كسر الزلاجة.

„Mensch!", rief Thornton mit scharfer Stimme in der schweren Stille.

-" الصمت الثقيل صرخ ثورنتون بصوت حاد في "جي".

Buck drehte sich nach rechts und stürzte sich mit seinem gesamten Gewicht nach vorn.

اتجه باك إلى اليمين وانقض بكل وزنه.

Das Spiel verschwand und Bucks gesamte Masse traf die straffen Leinen.

اختفى التراخي، وضربت كتلة باك الكاملة الآثار الضيقة.

Der Schlitten zitterte und die Kufen machten ein knackendes, knisterndes Geräusch.

ارتجفت الزلاجة، وأصدر المتسابقون صوت طقطقة واضح.

„Haw!", befahl Thornton und änderte erneut Bucks Richtung.

هاو"-أمر ثورنتون، وهو يغير اتجاه باك مرة أخرى ".

Buck wiederholte die Bewegung und zog diesmal scharf nach links.

كرر باك الحركة، هذه المرة سحب بقوة إلى اليسار.

Das Knacken des Schlittens wurde lauter, die Kufen knackten und verschoben sich.

تصاعد صوت الزلاجة بشكل أعلى، وبدأ العداؤون في التحرك والتحرك.

Die schwere Last rutschte leicht seitwärts über den gefrorenen Schnee.

انزلق الحمل الثقيل قليلاً إلى الجانب عبر الثلج المتجمد.

Der Schlitten hatte sich aus der Umklammerung des eisigen Pfades gelöst!

لقد انطلقت الزلاجة من قبضة الطريق الجليدي-

Die Männer hielten den Atem an, ohne zu merken, dass sie nicht einmal atmeten.

حبس الرجال أنفاسهم، دون أن يدركوا أنهم لا يتنفسون-

„Jetzt ZIEHEN!", rief Thornton durch die eisige Stille.

الآن، اسحب"صرخ ثورنتون عبر الصمت المتجمد ".

Thorntons Befehl klang scharf wie ein Peitschenknall.

لقد كان أمر ثورنتون حادًا، مثل صوت السوط

Buck stürzte sich mit einem heftigen und heftigen Ausfallschritt nach vorne.

ألقى باك بنفسه إلى الأمام بهجوم شرس ومزعج-

Sein ganzer Körper war aufgrund der enormen Belastung angespannt und verkrampft.

كان جسده بأكمله متوتّرًا ومتجمعًا بسبب الضغط الهائل.

Unter seinem Fell spannten sich Muskeln wie lebendig werdende Schlangen.

تموجت العضلات تحت فروه مثل الثعابين التي تنبض بالحياة.

Seine breite Brust war tief, der Kopf nach vorne zum Schlitten gestreckt.

كان صدره الكبير منخفضًا، ورأسه ممتدًا للأمام نحو الزلاجة.

Seine Pfoten bewegten sich blitzschnell und seine Krallen zerschnitten den gefrorenen Boden.

تحركت مخالبه مثل البرق، ومخالبه تقطع الأرض المتجمدة.

Er kämpfte um jeden Zentimeter Bodenhaftung und hinterließ tiefe Rillen.

تم قطع الأخاديد عميقًا أثناء محاولته الحصول على كل بوصة من الجر.

Der Schlitten schaukelte, zitterte und begann eine langsame, unruhige Bewegung.

بدأت الزلاجة تتأرجح، وترتجف، وبدأت حركة بطيئة وغير مريحة.

Ein Fuß rutschte aus und ein Mann in der Menge stöhnte laut auf.

انزلقت إحدى القدمين، وأطلق أحد الرجال من بين الحشد أنينًا بصوت عالٍ.

Dann machte der Schlitten mit einer ruckartigen, heftigen Bewegung einen Satz nach vorne.

ثم اندفعت الزلاجة إلى الأمام في حركة متقطعة وخشنة.

Es hörte nicht wieder auf – noch einen halben Zoll ... einen Zoll ... zwei Zoll mehr.

ولم تتوقف مرة أخرى - نصف بوصة..بوصة ..بوصتين أكثر -

Die Stöße wurden kleiner, als der Schlitten an Geschwindigkeit zunahm.

أصبحت الهزات أصغر عندما بدأت الزلاجة تكتسب السرعة.

Bald zog Buck mit sanfter, gleichmäßiger Rollkraft.

وبعد قليل أصبح باك يسحب بقوة متدحرجة سلسة ومتساوية.

Die Männer schnappten nach Luft und erinnerten sich schließlich wieder daran zu atmen.

شهق الرجال وأخيراً تذكروا أن يتنفسوا مرة أخرى.

Sie hatten nicht bemerkt, dass ihnen vor Ehrfurcht der Atem stockte.

ولم يلاحظوا أن أنفاسهم توقفت من الرهبة.

Thornton rannte hinterher und rief kurze, fröhliche Befehle.

ركض ثورنتون خلفه، وهو يصدر أوامر قصيرة ومبهجة.

Vor uns lag ein Stapel Brennholz, der die Entfernung markierte.

كان أمامنا كومة من الحطب تشير إلى المسافة.

Als Buck sich dem Haufen näherte, wurde der Jubel immer lauter.

وعندما اقترب باك من الكومة، أصبح الهتاف أعلى وأعلى.

Der Jubel schwoll zu einem Brüllen an, als Buck den Endpunkt passierte.

ارتفعت الهتافات إلى هدير عندما تجاوز باك نقطة النهاية.

Männer sprangen auf und schrien, sogar Matthewson grinste.

قفز الرجال وصاحوا، حتى أن ماثيوسون ابتسم.

Hüte flogen durch die Luft, Fäustlinge wurden gedankenlos und ziellos herumgeworfen.

طارت القبعات في الهواء، وألقيت القفازات دون تفكير أو هدف.

Männer packten einander und schüttelten sich die Hände, ohne zu wissen, wer es war.

أمسك الرجال ببعضهم البعض وتصافحوا دون أن يعرفوا من هو.

Die ganze Menge war in wilder, freudiger Stimmung.

كان الحشد بأكمله يحتفل بفرحة غامرة.

Thornton fiel mit zitternden Händen neben Buck auf die Knie.

سقط ثورنتون على ركبتيه بجانب باك ويداه ترتعشان.

Er drückte seinen Kopf an Bucks und schüttelte ihn sanft hin und her.

ضغط رأسه على رأس باك وهزه بلطف ذهابًا وإيابًا.

Diejenigen, die näher kamen, hörten, wie er den Hund mit stiller Liebe verfluchte.

سمع الذين اقتربوا منه يلعن الكلب بحب هادئ.

Er beschimpfte Buck lange – leise, herzlich und emotional.

لقد أقسم على باك لفترة طويلة - بهدوء، بحرارة، وبعاطفة.

„Gut, Sir! Gut, Sir!", rief der König der Skookum-Bank
hastig.

حسنًا، سيدي"حسنًا، سيدي ـصرخ ملك مقعد سكوكوم مسرعًا".

„Ich gebe Ihnen tausend – nein, zwölfhundert – für diesen
Hund, Sir!"

سأعطيك ألفًا ـ لا، ألفًا ومائتين ـ مقابل هذا الكلب يا سيدي"ـ"

Thornton stand langsam auf, seine Augen glänzten vor
Emotionen.

نهض ثورنتون ببطء على قدميه، وكانت عيناه تتألقان بالعاطفة.

Tränen strömten ihm ohne jede Scham über die Wangen.

تدفقت الدموع على خديه بكل حرية دون أي خجل.

„Sir", sagte er zum König der Skookum-Bank, ruhig und
bestimmt

سيدي، "قال لملك مقعد سكوكوم، بثبات وحزم"

„Nein, Sir. Sie können zur Hölle fahren, Sir. Das ist meine
endgültige Antwort."

لا يا سيدي ـاذهب إلى الجحيم يا سيدي ـهذا جوابي النهائي ـ

Buck packte Thorntons Hand sanft mit seinen starken
Kiefern.

أمسك باك يد ثورنتون بلطف بفكيه القويين.

Thornton schüttelte ihn spielerisch, ihre Bindung war so tief
wie eh und je.

هزه ثورنتون بطريقة مرحة، وكانت علاقتهما عميقة كما كانت دائمًا.

Die Menge, bewegt von diesem Moment, trat schweigend
zurück.

تحرك الحشد في تلك اللحظة وتراجع إلى الوراء في صمت.

Von da an wagte es niemand mehr, diese heilige Zuneigung
zu unterbrechen.

ومنذ ذلك الحين، لم يجرؤ أحد على مقاطعة هذا المودة المقدسة.

Der Klang des Rufs
صوت النداء

Buck hatte in fünf Minuten Sechzehnhundert Dollar verdient.

لقد ربح باك ستة عشر مائة دولار في خمس دقائق.

Mit dem Geld konnte John Thornton einen Teil seiner Schulden begleichen.

مكّنت الأموال جون ثورنتون من سداد بعض ديونه.

Mit dem restlichen Geld machte er sich mit seinen Partnern auf den Weg nach Osten.

وببقية الأموال توجه شرقًا مع شركائه.

Sie suchten nach einer sagenumwobenen verlorenen Mine, die so alt ist wie das Land selbst.

لقد بحثوا عن منجم مفقود أسطوري، قديم قدم البلد نفسه.

Viele Männer hatten nach der Mine gesucht, aber nur wenige hatten sie je gefunden.

لقد بحث العديد من الرجال عن المنجم، لكن قليل منهم من وجدوه.

Während der gefährlichen Suche waren nicht wenige Männer verschwunden.

لقد اختفى أكثر من رجل خلال المهمة الخطيرة.

Diese verlorene Mine war sowohl in Geheimnisse als auch in eine alte Tragödie gehüllt.

كان هذا المنجم المفقود محاطًا بالغموض والمأساة القديمة.

Niemand wusste, wer der erste Mann war, der die Mine entdeckt hatte.

لم يكن أحد يعلم من هو الرجل الأول الذي عثر على المنجم.

In den ältesten Geschichten wird niemand namentlich erwähnt.

القصص القديمة لا تذكر أحداً بالاسم.

Dort hatte immer eine alte, baufällige Hütte gestanden.

لقد كان هناك دائمًا كوخًا قديمًا متهالكًا هناك.

Sterbende Männer hatten geschworen, dass sich neben dieser alten Hütte eine Mine befand.

أقسم الرجال المحتضرون أن هناك منجمًا بجوار تلك الكابينة القديمة.

Sie bewiesen ihre Geschichten mit Gold, wie es nirgendwo sonst zu finden ist.

لقد أثبتوا قصصهم بالذهب كما لم نجد مثله في أي مكان آخر.

Keine lebende Seele hatte den Schatz von diesem Ort jemals geplündert.

لم يسبق لأي روح حية أن نهبت الكنز من هذا المكان.

Die Toten waren tot, und Tote erzählen keine Geschichten.

لقد كان الموتى أمواتًا، والموتى لا يروون حكايات.

Also machten sich Thornton und seine Freunde auf den Weg in den Osten.

لذا توجه ثورنتون وأصدقاؤه إلى الشرق.

Pete und Hans kamen mit Buck und sechs starken Hunden.

انضم بيت وهانز، وأحضروا باك وستة كلاب قوية.

Sie begaben sich auf einen unbekannten Weg, an dem andere gescheitert waren.

انطلقوا في طريق غير معروف حيث فشل الآخرون.

Sie rodelten siebzig Meilen den zugefrorenen Yukon River hinauf.

لقد تزلجوا على مسافة سبعين ميلاً على نهر يوكون المتجمد.

Sie bogen links ab und folgten dem Pfad bis zum Stewart.

اتجهوا إلى اليسار وتبعوا المسار إلى ستيوارت.

Sie passierten Mayo und McQuestion und drängten weiter.

لقد تجاوزوا مايو ومككويستيون، واستمروا في الضغط على بعضهم البعض.

Der Stewart schrumpfte zu einem Strom, der sich durch zerklüftete Gipfel schlängelte.

انكمش نهر ستيوارت إلى مجرى مائي، يتخلله قمم متعرجة.

Diese scharfen Gipfel markierten das Rückgrat des Kontinents.

تشكل هذه القمم الحادة العمود الفقري للقارة.

John Thornton verlangte wenig von den Menschen oder der Wildnis.

لم يطلب جون ثورنتون الكثير من الرجال أو من الأرض البرية.

Er fürchtete nichts in der Natur und begegnete der Wildnis mit Leichtigkeit.

لم يكن يخاف من أي شيء في الطبيعة وواجه البرية بكل سهولة.

Nur mit Salz und einem Gewehr konnte er reisen, wohin er wollte.

باستخدام الملح والبندقية فقط، كان بإمكانه السفر إلى أي مكان يريده.

Wie die Eingeborenen jagte er auf seiner Reise nach
Nahrung.

مثل السكان الأصليين، كان يبحث عن الطعام أثناء رحلاته.

Wenn er nichts fing, machte er weiter und vertraute auf sein
Glück.

إذا لم يتمكن من الحصول على شيء، فإنه يستمر في طريقه، معتمدًا على
الحظ في المستقبل.

Auf dieser langen Reise war Fleisch die
Hauptnahrungsquelle.

في هذه الرحلة الطويلة، كان اللحم هو الشيء الرئيسي الذي تناولوه.

Der Schlitten enthielt Werkzeuge und Munition, jedoch
keinen strengen Zeitplan.

كانت الزلاجة تحمل أدوات وذخيرة، ولكن لم يكن هناك جدول زمني
صارم.

Buck liebte dieses Herumwandern, die endlose Jagd und das
Fischen.

كان باك يحب هذا التجوال؛ والصيد وصيد الأسماك الذي لا ينتهي.

Wochenlang waren sie Tag für Tag unterwegs.

لمدة أسابيع كانوا يسافرون يومًا بعد يوم.

Manchmal schlugen sie Lager auf und blieben wochenlang
dort.

وفي أوقات أخرى، أقاموا معسكرات وبقوا في أماكنهم لأسابيع.

Die Hunde ruhten sich aus, während die Männer im
gefrorenen Dreck gruben.

استراحت الكلاب بينما قام الرجال بالحفر في التراب المتجمد.

Sie erwärmten Pfannen über dem Feuer und suchten nach
verborgenem Gold.

قاموا بتسخين المقالي على النار وبحثوا عن الذهب المخفي.

An manchen Tagen hungerten sie, an anderen feierten sie
Feste.

في بعض الأيام كانوا يموتون من الجوع، وفي بعض الأيام كانوا يقيمون
وليمة.

Ihre Mahlzeiten hingen vom Wild und vom Jagdglück ab.

وكانت وجباتهم تعتمد على اللعبة وحظ الصيد.

Als der Sommer kam, trugen Männer und Hunde schwere
Lasten auf ihren Rücken.

عندما جاء الصيف، كان الرجال والكلاب يحملون الأحمال على ظهورهم.

Sie fuhren mit dem Floß über blaue Seen, die in
Bergwäldern versteckt waren.

لقد قاموا بالتجول عبر البحيرات الزرقاء المخفية في الغابات الجبلية.

Sie segelten in schmalen Booten auf Flüssen, die noch nie
von Menschen kartiert worden waren.

لقد أبحروا بقوارب نحيفة على أنهار لم يسبق لأي إنسان أن رسم خريطة
لها.

Diese Boote wurden aus Bäumen gebaut, die sie in der
Wildnis gesägt haben.

تم بناء هذه القوارب من الأشجار التي قطعوها في البرية.

Die Monate vergingen und sie schlängelten sich durch die
wilden, unbekannten Länder.

ومرت الأشهر، وتجولوا عبر الأراضي البرية المجهولة.

Es waren keine Männer dort, doch alte Spuren deuteten
darauf hin, dass Männer dort gewesen waren.

لم يكن هناك رجال هناك، لكن الآثار القديمة كانت تشير إلى وجود رجال
هناك.

Wenn die verlorene Hütte echt war, dann waren einst andere
hier entlang gekommen.

إذا كانت الكابينة المفقودة حقيقية، فهذا يعني أن آخرين قد أتوا من هنا في
وقت ما.

Sie überquerten hohe Pässe bei Schneestürmen, sogar im
Sommer.

لقد عبروا الممرات المرتفعة أثناء العواصف الثلجية، حتى خلال فصل
الصيف.

Sie zitterten unter der Mitternachtssonne auf kahlen
Berghängen.

كانوا يرتجفون تحت شمس منتصف الليل على منحدرات الجبال العارية.

Zwischen der Baumgrenze und den Schneefeldern stiegen
sie langsam auf.

بين خط الأشجار وحقول الثلوج، تسلقوا ببطء.

In warmen Tälern schlugen sie nach Schwärmen aus
Mücken und Fliegen.

في الوديان الدافئة، قاموا بضرب سحب البعوض والذباب.

Sie pflückten süße Beeren in der Nähe von Gletschern in
voller Sommerblüte.

قاموا بقطف التوت الحلو بالقرب من الأنهار الجليدية في أوج ازدهارها
في الصيف.

Die Blumen, die sie fanden, waren genauso schön wie die im Süden.

وكانت الزهور التي وجدوها جميلة مثل تلك الموجودة في ساوثلاند.

Im Herbst erreichten sie eine einsame Region voller stiller Seen.

وفي ذلك الخريف وصلوا إلى منطقة منعزلة مليئة بالبحيرات الصامتة.

Das Land war traurig und leer, einst voller Vögel und Tiere.

كانت الأرض حزينة وخالية، وكانت مليئة بالطيور والوحوش.

Jetzt gab es kein Leben mehr, nur noch den Wind und das Eis, das sich in Pfützen bildete.

والآن لم تعد هناك حياة، فقط الرياح والجليد يتشكل في البرك.

Mit einem sanften, traurigen Geräusch schlugen die Wellen gegen die leeren Ufer.

تلاطمت الأمواج على الشواطئ الفارغة بصوت ناعم وحزين.

Ein weiterer Winter kam und sie folgten erneut schwachen, alten Spuren.

ثم جاء شتاء آخر، وتبعوا مسارات قديمة خافتة مرة أخرى.

Dies waren die Spuren von Männern, die schon lange vor ihnen gesucht hatten.

كانت هذه هي آثار الرجال الذين بحثوا قبلهم بوقت طويل.

Einmal fanden sie einen Pfad, der tief in den dunklen Wald hineinreichte.

ذات مرة، وجدوا طريقًا مقطوعًا عميقًا في الغابة المظلمة.

Es war ein alter Pfad und sie hatten das Gefühl, dass die verlorene Hütte ganz in der Nähe war.

لقد كان دربًا قديمًا، وشعروا أن الكابينة المفقودة كانت قريبة.

Doch die Spur führte nirgendwo hin und verlor sich im dichten Wald.

لكن الطريق لم يؤدي إلى أي مكان وتلاشى في الغابة الكثيفة.

Wer auch immer die Spur angelegt hat und warum, das wusste niemand.

من صنع هذا المسار، ولماذا صنعه، لا أحد يعلم.

Später fanden sie das Wrack einer Hütte, versteckt zwischen den Bäumen.

وفي وقت لاحق، عثروا على حطام نزل مخفي بين الأشجار.

Verrottende Decken lagen verstreut dort, wo einst jemand geschlafen hatte.

كانت هناك بطانيات متعفنة متناثرة حيث كان شخص ما ينام ذات يوم.

John Thornton fand darin ein Steinschlossgewehr mit langem Lauf.

عثر جون ثورنتون على بندقية ذات ماسورة طويلة مدفونة بالداخل.

Er wusste, dass es sich um eine Waffe von Hudson Bay aus den frühen Handelstagen handelte.

لقد علم أن هذا كان مدفع خليج هدسون من أيام التجارة المبكرة.

Damals wurden solche Gewehre gegen Stapel von Biberfellen eingetauscht.

في تلك الأيام كان يتم مقايضة هذه الأسلحة بأكوام من جلود القندس.

Das war alles – von dem Mann, der die Hütte gebaut hatte, gab es keine Spur mehr.

كان هذا كل شيء - لم يتبق أي دليل على الرجل الذي بنى النزل.

Der Frühling kam wieder und sie fanden keine Spur von der verlorenen Hütte.

لقد جاء الربيع مرة أخرى، ولم يجدوا أي أثر للكوخ المفقود.

Stattdessen fanden sie ein breites Tal mit einem seichten Bach.

وبدلاً من ذلك، وجدوا واديًا واسعًا مع مجرى مائي ضحل.

Gold lag wie glatte, gelbe Butter auf dem Pfannenboden.

كان الذهب متوضعًا في قاع المقلاة مثل الزبدة الصفراء الناعمة.

Sie hielten dort an und suchten nicht weiter nach der Hütte.

توقفوا هناك ولم يبحثوا عن الكابينة أبعد من ذلك.

Jeden Tag arbeiteten sie und fanden Tausende in Goldstaub.

كل يوم عملوا ووجدوا الآلاف في غبار الذهب.

Sie packten das Gold in Säcke aus Elchhaut, jeder Fünfzig Pfund schwer.

قاموا بتعبئة الذهب في أكياس من جلد الموظ، خمسين رطلاً لكل كيس.

Die Säcke waren wie Brennholz vor ihrer kleinen Hütte gestapelt.

كانت الحقائب مكدسة مثل الحطب خارج نزلهم الصغير.

Sie arbeiteten wie Giganten und die Tage vergingen wie im Flug.

لقد عملوا مثل العمالقة، ومرت الأيام مثل الأحلام السريعة.

Sie häuften Schätze an, während die endlosen Tage schnell vorbeizogen.

لقد جمعوا الكنز بينما مرت الأيام التي لا نهاية لها بسرعة.

Außer ab und zu Fleisch zu schleppen, gab es für die Hunde nicht viel zu tun.

لم يكن هناك الكثير مما يمكن للكلاب فعله باستثناء نقل اللحوم من وقت لآخر.

Thornton jagte und tötete das Wild, und Buck lag am Feuer.

كان ثورنتون يصطاد ويقتل الطرائد، وكان باك مستلقيًا بجانب النار.

Er verbrachte viele Stunden schweigend, versunken in Gedanken und Erinnerungen.

أمضى ساعات طويلة في صمت، غارقًا في الفكر والذاكرة.

Das Bild des haarigen Mannes kam Buck immer häufiger in den Sinn.

كانت صورة الرجل المشعر تظهر في ذهن باك أكثر من أي وقت مضى.

Jetzt, wo es kaum noch Arbeit gab, träumte Buck, während er ins Feuer blinzelte.

الآن بعد أن أصبح العمل نادرًا، حلم باك بينما كان يرمش أمام النار.

In diesen Träumen wanderte Buck mit dem Mann in eine andere Welt.

في تلك الأحلام، كان باك يتجول مع الرجل في عالم آخر.

Angst schien das stärkste Gefühl in dieser fernen Welt zu sein.

يبدو أن الخوف هو الشعور الأقوى في ذلك العالم البعيد.

Buck sah, wie der haarige Mann mit gesenktem Kopf schlief.

رأى باك الرجل المشعر نائمًا ورأسه منحنياً إلى أسفل.

Seine Hände waren gefaltet und sein Schlaf war unruhig und unterbrochen.

كانت يداه مشبوكتين، وكان نومه مضطربًا ومتقطعًا.

Er wachte immer ruckartig auf und starrte ängstlich in die Dunkelheit.

كان يستيقظ فجأة ويحدق بخوف في الظلام.

Dann warf er mehr Holz ins Feuer, um die Flamme hell zu halten.

ثم يقوم بإلقاء المزيد من الخشب على النار للحفاظ على اشتعال اللهب.

Manchmal spazierten sie an einem Strand entlang, der an einem grauen, endlosen Meer entlangführte.

في بعض الأحيان كانوا يسيرون على طول الشاطئ بجانب بحر رمادي لا نهاية له.

Der haarige Mann sammelte Schalentiere und aß sie im Gehen.

كان الرجل المشعر يلتقط المحار ويأكله أثناء سيره.

Seine Augen suchten immer nach verborgenen Gefahren in den Schatten.

كانت عيناه تبحث دائمًا عن المخاطر المخفية في الظل.

Seine Beine waren immer bereit, beim ersten Anzeichen einer Bedrohung loszusprinten.

كانت ساقيه مستعدة دائمًا للركض عند أول علامة تهديد.

Sie schlichen still und vorsichtig Seite an Seite durch den Wald.

تسللوا عبر الغابة، صامتين وحذرين، جنبًا إلى جنب.

Buck folgte ihm auf den Fersen und beide blieben wachsam.

وتبعه باك، وبقي كلاهما في حالة تأهب.

Ihre Ohren zuckten und bewegten sich, ihre Nasen schnüffelten in der Luft.

ارتعشت آذانهم وتحركت، واستنشقت أنوفهم الهواء.

Der Mann konnte den Wald genauso gut hören und riechen wie Buck.

كان الرجل يستطيع سماع الغابة وشم رائحتها بنفس حدة باك.

Der haarige Mann schwang sich mit plötzlicher Geschwindigkeit durch die Bäume.

تأرجح الرجل المشعر بين الأشجار بسرعة مفاجئة.

Er sprang von Ast zu Ast, ohne jemals den Halt zu verlieren.

كان يقفز من فرع إلى فرع، دون أن يفقد قبضته أبدًا.

Er bewegte sich über dem Boden genauso schnell wie auf ihm.

لقد تحرك فوق الأرض بنفس السرعة التي تحرك بها عليها.

Buck erinnerte sich an lange Nächte, in denen er unter den Bäumen Wache hielt.

تذكر باك الليالي الطويلة التي قضاها تحت الأشجار وهو يراقب.

Der Mann schlief auf seiner Stange in den Zweigen und klammerte sich fest.

كان الرجل ينام في الأغصان، متشبثًا بها بقوة.

Diese Vision des haarigen Mannes war eng mit dem tiefen Ruf verbunden.

كانت رؤية الرجل المشعر مرتبطة ارتباطًا وثيقًا بالدعوة العميقة.

Der Ruf klang noch immer mit eindringlicher Kraft durch den Wald.

لا يزال النداء يتردد في الغابة بقوة مخيفة.

Der Anruf erfüllte Buck mit Sehnsucht und einem rastlosen Gefühl der Freude.

لقد ملأت المكالمة باك بالشوق والشعور المضطرب بالفرح.

Er spürte seltsame Triebe und Regungen, die er nicht benennen konnte.

كان يشعر برغبات وتحركات غريبة لم يستطع تسميتها.

Manchmal folgte er dem Ruf tief in die Stille des Waldes.

وفي بعض الأحيان كان يتبع النداء إلى أعماق الغابة الهادئة.

Er suchte nach dem Ruf und bellte dabei leise oder scharf.

كان يبحث عن النداء، وينبح بهدوء أو بحدة أثناء سيره.

Er roch am Moos und der schwarzen Erde, wo die Gräser wuchsen.

كان يشتم الطحالب والتربة السوداء حيث تنمو الأعشاب.

Er schnaubte entzückt über den reichen Geruch der tiefen Erde.

كان يشخر بسعادة عند سماعه الروائح الغنية للأرض العميقة.

Er hockte stundenlang hinter pilzbefallenen Baumstämmen.

اختبئ لساعات خلف جذوع الأشجار المغطاة بالفطريات.

Er blieb still und lauschte mit großen Augen jedem noch so kleinen Geräusch.

لقد بقي ساكنًا، يستمع بعينين واسعتين إلى كل صوت صغير.

Vielleicht hoffte er, das Wesen, das den Ruf auslöste, zu überraschen.

ربما كان يأمل أن يفاجئ الشيء الذي أعطى المكالمة.

Er wusste nicht, warum er so handelte – er tat es einfach.

لم يكن يعلم لماذا يتصرف بهذه الطريقة، لقد فعل ذلك ببساطة.

Die Triebe kamen aus der Tiefe, jenseits von Denken und Vernunft.

جاءت الرغبات من أعماقنا، بعيدًا عن الفكر والعقل.

Unwiderstehliche Triebe überkamen Buck ohne
Vorwarnung oder Grund.

سيطرت رغبات لا تقاوم على باك دون سابق إنذار أو سبب.

Manchmal döste er träge im Lager in der Mittagshitze.

في بعض الأحيان كان ينام ببطء في المخيم تحت حرارة منتصف النهار.

Plötzlich hob er den Kopf und stellte aufmerksam die Ohren
auf.

فجأة، رفع رأسه وارتفعت أذنيه في حالة تأهب.

Dann sprang er auf und stürmte ohne Pause in die Wildnis.

ثم قفز وانطلق إلى البرية دون توقف.

Er rannte stundenlang durch Waldwege und offene Flächen.

ركض لساعات عبر مسارات الغابات والمساحات المفتوحة.

Er liebte es, trockenen Bachläufen zu folgen und Vögel in
den Bäumen zu beobachten.

كان يحب متابعة مجاري الأنهار الجافة والتجسس على الطيور في
الأشجار.

Er könnte den ganzen Tag versteckt liegen und den
Rebhühnern beim Herumstolzieren zusehen.

كان بإمكانه البقاء مختبئًا طوال اليوم، وهو يراقب طيور الحجل وهي
تتبختر حوله.

Sie trommelten und marschierten, ohne Bucks Anwesenheit
zu bemerken.

لقد طبلوا وساروا، غير مدركين لوجود باك.

Doch am meisten liebte er das Laufen in der
Sommerdämmerung.

لكن ما كان يحبه أكثر من أي شيء آخر هو الجري عند الغسق في
الصيف.

Das schwache Licht und die schläfrigen Waldgeräusche
erfüllten ihn mit Freude.

كان الضوء الخافت وأصوات الغابة النائمة تملأه بالفرح.

Er las die Zeichen des Waldes so deutlich, wie ein Mann ein
Buch liest.

كان يقرأ علامات الغابة بوضوح كما يقرأ الرجل كتابًا.

Und er suchte immer nach dem seltsamen Ding, das ihn rief.

وكان يبحث دائمًا عن الشيء الغريب الذي يناديه.

Dieser Ruf hörte nie auf – er erreichte ihn im Wachzustand
und im Schlaf.

لم يتوقف هذا النداء أبدًا - فقد وصل إليه وهو مستيقظ أو نائم.

Eines Nachts erwachte er mit einem Ruck, die Augen waren scharf und die Ohren gespitzt.

في إحدى الليالي، استيقظ مذعوراً، وكانت عيناه حادتين وأذناه مرتفعتين.

Seine Nasenlöcher zuckten, während seine Mähne in Wellen sträubte.

ارتعش أنفه بينما وقف شعره منتصبا في الأمواج.

Aus der Tiefe des Waldes ertönte erneut der alte Ruf.

من أعماق الغابة جاء الصوت مرة أخرى، النداء القديم.

Diesmal war der Ton klar und deutlich zu hören, ein langes, eindringliches, vertrautes Heulen.

هذه المرة كان الصوت واضحا، عواء طويل، مخيف، مألوف.

Es klang wie der Schrei eines Huskys, aber mit einem seltsamen und wilden Ton.

لقد كان مثل صراخ كلب الهاسكي، ولكن غريب ومتوحش في نبرته.

Buck erkannte das Geräusch sofort – er hatte das genaue Geräusch vor langer Zeit gehört.

عرف باك الصوت على الفور - لقد سمع الصوت بالضبط منذ زمن طويل.

Er sprang durch das Lager und verschwand schnell im Wald.

قفز عبر المخيم واختفى بسرعة في الغابة.

Als er sich dem Geräusch näherte, wurde er langsamer und bewegte sich vorsichtig.

وعندما اقترب من الصوت، أبطأ وتحرك بحذر.

Bald erreichte er eine Lichtung zwischen dichten Kiefern.

وسرعان ما وصل إلى فسحة بين أشجار الصنوبر الكثيفة.

Dort saß aufrecht auf seinen Hinterbeinen ein großer, schlanker Timberwolf.

هناك، جلس ذئب خشبي طويل ونحيف على ركبتيه.

Die Nase des Wolfes zeigte zum Himmel und hallte noch immer den Ruf wider.

أشار أنف الذئب نحو السماء، ولا يزال يردد النداء.

Buck hatte keinen Laut von sich gegeben, doch der Wolf blieb stehen und lauschte.

لم يصدر باك أي صوت، ومع ذلك توقف الذئب واستمع.

Der Wolf spürte etwas, spannte sich an und suchte die Dunkelheit ab.

عندما شعر الذئب بشيء ما، توتر، باحثًا في الظلام.

Buck schlich ins Blickfeld, mit gebeugtem Körper und ruhigen Füßen auf dem Boden.

تسلل باك إلى المشهد، وكان جسده منخفضًا وقدميه هادئتين على الأرض.

Sein Schwanz war gerade, sein Körper vor Anspannung zusammengerollt.

كان ذيله مستقيمًا، وجسمه ملتفًا بإحكام بسبب التوتر.

Er zeigte sowohl eine bedrohliche als auch eine Art raue Freundschaft.

لقد أظهر التهديد ونوعًا من الصداقة القاسية.

Es war die vorsichtige Begrüßung, die wilde Tiere einander entgegenbrachten.

لقد كانت هذه التحية الحذرة التي يتبادلها الوحوش البرية.

Aber der Wolf drehte sich um und floh, sobald er Buck sah.

لكن الذئب استدار وهرب بمجرد أن رأى باك.

Buck nahm die Verfolgung auf und sprang wild um sich, begierig darauf, es einzuholen.

طارده باك، وقفز بعنف، راغبًا في تجاوزه.

Er folgte dem Wolf in einen trockenen Bach, der durch einen Holzstau blockiert war.

تبع الذئب إلى جدول جاف مسدود بكتلة من الخشب.

In die Enge getrieben, wirbelte der Wolf herum und blieb stehen.

عندما حوصر الذئب، استدار ووقف في مكانه.

Der Wolf knurrte und schnappte wie ein gefangener Husky im Kampf.

زأر الذئب وانفجر مثل كلب أجش محاصر في قتال.

Die Zähne des Wolfes klickten schnell, sein Körper strotzte vor wilder Wut.

نقرت أسنان الذئب بسرعة، وكان جسده مليئًا بالغضب الجامح.

Buck griff nicht an, sondern umkreiste den Wolf mit vorsichtiger Freundlichkeit.

لم يهاجم باك الذئب بل دار حوله بحذر وود.

Durch langsame, harmlose Bewegungen versuchte er, seine Flucht zu verhindern.

حاول منع هروبه بحركات بطيئة وغير ضارة.

Der Wolf war vorsichtig und verängstigt – Buck war dreimal so schwer wie er.

كان الذئب حذرًا وخائفًا - فقد كان وزن باك يفوق وزنه بثلاث مرات.

Der Kopf des Wolfes reichte kaum bis zu Bucks massiver Schulter.

بالكاد وصل رأس الذئب إلى كتف باك الضخم.

Der Wolf hielt Ausschau nach einer Lücke, rannte los und die Jagd begann von neuem.

وبينما كان الذئب يراقب الفجوة، انطلق مسرعًا وبدأ المطاردة مرة أخرى.

Buck drängte ihn mehrere Male in die Enge und der Tanz wiederholte sich.

عدة مرات حاصره باك، وتكررت الرقصة.

Der Wolf war dünn und schwach, sonst hätte Buck ihn nicht fangen können.

كان الذئب نحيفًا وضعيفًا، وإلا لما استطاع باك أن يمسكه.

Jedes Mal, wenn Buck näher kam, wirbelte der Wolf herum und sah ihn voller Angst an.

في كل مرة يقترب باك، يدور الذئب ويواجهه في خوف.

Dann rannte er bei der ersten Gelegenheit erneut in den Wald.

ثم في أول فرصة، اندفع إلى الغابة مرة أخرى.

Aber Buck gab nicht auf und schließlich fasste der Wolf Vertrauen zu ihm.

ولكن باك لم يستسلم، وأخيرًا جاء الذئب ليثق به.

Er schnüffelte an Bucks Nase und die beiden wurden verspielt und aufmerksam.

شمّ أنف باك، وأصبح الاثنان مرحين ومتيقظين.

Sie spielten wie wilde Tiere, wild und doch schüchtern in ihrer Freude.

لقد لعبوا مثل الحيوانات البرية، شرسين ولكن خجولين في فرحهم.

Nach einer Weile trabte der Wolf zielstrebig und ruhig davon.

وبعد فترة من الوقت، هرع الذئب بعيدًا بهدوء.

Er machte Buck deutlich, dass er beabsichtigte, verfolgt zu werden.

لقد أظهر لباك بوضوح أنه يقصد أن يتم اتباعه.

Sie rannten Seite an Seite durch die Dämmerung.

لقد ركضوا جنبًا إلى جنب في ظلام الشفق.

Sie folgten dem Bachbett hinauf in die felsige Schlucht.

ثم تبعوا مجرى النهر حتى وصلوا إلى الوادي الصخري.

Sie überquerten eine kalte Wasserscheide, wo der Bach entsprungen war.

لقد عبروا مضيقًا باردًا حيث بدأ التيار.

Am gegenüberliegenden Hang fanden sie ausgedehnte Wälder und viele Bäche.

وعلى المنحدر البعيد وجدوا غابة واسعة والعديد من الجداول.

Durch dieses weite Land rannten sie stundenlang ohne Pause.

عبر هذه الأرض الشاسعة، ركضوا لساعات دون توقف.

Die Sonne stieg höher, die Luft wurde wärmer, aber sie rannten weiter.

ارتفعت الشمس، وأصبح الهواء دافئًا، لكنهم واصلوا الركض.

Buck war voller Freude – er wusste, dass er seiner Berufung folgte.

كان باك مليئًا بالفرح ـ لقد علم أنه يجيب على ندائه.

Er rannte neben seinem Waldbruder her, näher an die Quelle des Rufs.

ركض بجانب أخيه في الغابة، أقرب إلى مصدر المكالمة.

Alte Gefühle kehrten zurück, stark und schwer zu ignorieren.

عادت المشاعر القديمة، قوية ويصعب تجاهلها.

Dies waren die Wahrheiten hinter den Erinnerungen aus seinen Träumen.

كانت هذه هي الحقائق وراء ذكريات أحلامه.

All dies hatte er schon einmal in einer fernen, schattenhaften Welt getan.

لقد فعل كل هذا من قبل في عالم بعيد ومظلم.

Jetzt tat er es wieder und rannte wild herum, während der Himmel über ihm frei war.

والآن فعل ذلك مرة أخرى، وهو يركض في جنون مع السماء المفتوحة أعلاه.

Sie hielten an einem Bach an, um aus dem kalten, fließenden Wasser zu trinken.

توقفوا عند مجرى مائي ليشربوا من الماء البارد المتدفق.

Während er trank, erinnerte sich Buck plötzlich an John Thornton.

وبينما كان يشرب، تذكر باك فجأة جون ثورنتون.

Er saß schweigend da, hin- und hergerissen zwischen der Anziehungskraft der Loyalität und der Berufung.

جلس في صمت، ممزقًا بين جاذبية الْوَلاء والدعوة.

Der Wolf trabte weiter, kam aber zurück, um Buck anzutreiben.

ركض الذئب، لكنه عاد ليحث باك على المضي قدمًا.

Er rümpfte die Nase und versuchte, ihn mit sanften Gesten zu beruhigen.

شمّ أنفه وحاول إقناعه بإيماءات ناعمة.

Aber Buck drehte sich um und machte sich auf den Rückweg.

لكن باك استدار وبدأ العودة من حيث أتى.

Der Wolf lief lange Zeit neben ihm her und winselte leise.

ركض الذئب بجانبه لفترة طويلة، وهو يئن بهدوء.

Dann setzte er sich hin, hob die Nase und stieß ein langes Heulen aus.

ثم جلس ورفع أنفه وأطلق عواءً طويلاً.

Es war ein trauriger Schrei, der leiser wurde, als Buck wegging.

لقد كانت صرخة حزينة، خففت عندما ابتعد باك.

Buck lauschte, als der Schrei langsam in der Stille des Waldes verklang.

استمع باك إلى صوت الصراخ وهو يتلاشى ببطء في صمت الغابة.

John Thornton aß gerade zu Abend, als Buck ins Lager stürmte.

كان جون ثورنتون يتناول العشاء عندما اقتحم باك المخيم.

Buck sprang wild auf ihn zu, leckte, biss und warf ihn um.

قفز باك عليه بعنف، يلعقه، ويعضه، ويسقطه أرضًا.

Er warf ihn um, kletterte darauf und küsste sein Gesicht.

لقد دفعه أرضًا، وتسلّق فوقه، وقبّل وجهه.

Thornton nannte dies liebevoll „den allgemeinen Narren spielen".

أطلق ثورنتون على هذا الأمر اسم "اللعب بدور الأحمق العام "بمودة.

Die ganze Zeit verfluchte er Buck sanft und schüttelte ihn hin und her.

في هذه الأثناء، كان يلعن باك بلطف ويهزه ذهابًا وإيابًا.

Zwei ganze Tage und Nächte lang verließ Buck das Lager kein einziges Mal.

لمدة يومين وليلتين كاملتين، لم يغادر باك المخيم مرة واحدة.

Er blieb in Thorntons Nähe und ließ ihn nie aus den Augen.

لقد ظل قريبًا من ثورنتون ولم يتركه بعيدًا عن نظره أبدًا.

Er folgte ihm bei der Arbeit und beobachtete ihn beim Essen.

كان يتبعه أثناء عمله ويراقبه أثناء تناوله الطعام.

Er begleitete Thornton abends in seine Decken und jeden Morgen wieder heraus.

لقد رأى ثورنتون في بطانياته في الليل وخارجه كل صباح.

Doch bald kehrte der Ruf des Waldes zurück, lauter als je zuvor.

ولكن سرعان ما عاد نداء الغابة، وكان أعلى من أي وقت مضى.

Buck wurde wieder unruhig, aufgewühlt von Gedanken an den wilden Wolf.

أصبح باك مضطربًا مرة أخرى، وقد تحركت أفكاره حول الذئب البري.

Er erinnerte sich an das offene Land und daran, wie sie Seite an Seite gelaufen waren.

تذكر الأرض المفتوحة والجري جنبًا إلى جنب.

Er begann erneut, allein und wachsam in den Wald zu wandern.

بدأ يتجول في الغابة مرة أخرى، وحيدًا ويقظًا.

Aber der wilde Bruder kam nicht zurück und das Heulen war nicht zu hören.

ولكن الأخ البري لم يعد، ولم يسمع العواء.

Buck begann, draußen zu schlafen und blieb tagelang weg.

بدأ باك في النوم بالخارج، والبقاء بعيدًا لعدة أيام في كل مرة.

Einmal überquerte er die hohe Wasserscheide, wo der Bach entsprungen war.

وبمجرد عبوره للتقسيم المرتفع حيث بدأ الخور.

Er betrat das Land des dunklen Waldes und der breiten, fließenden Ströme.

دخل إلى أرض الأشجار المظلمة والجداول المتدفقة الواسعة.

Eine Woche lang streifte er umher und suchte nach Spuren seines wilden Bruders.

تجول لمدة أسبوع، باحثًا عن علامات الأخ البري.

Er tötete sein eigenes Fleisch und reiste mit langen, unermüdlichen Schritten.

كان يذبح لحمه بنفسه ويسافر بخطوات طويلة لا تعرف الكلل.

Er fischte in einem breiten Fluss, der bis ins Meer reichte, nach Lachs.

كان يصطاد سمك السلمون في نهر واسع يصل إلى البحر.

Dort kämpfte er gegen einen von Insekten verrückt gewordenen Schwarzbären und tötete ihn.

هناك، قاتل وقتل دبًا أسودًا غاضبًا من الحشرات.

Der Bär war beim Angeln und rannte blind durch die Bäume.

كان الدب يصطاد السمك ويركض بشكل أعمى بين الأشجار.

Der Kampf war erbittert und weckte Bucks tiefen Kampfgeist.

كانت المعركة شرسة، مما أيقظ روح القتال العميقة لدى باك.

Als Buck zwei Tage später zurückkam, fand er Vielfraße an seiner Beute vor.

بعد يومين، عاد باك ليجد حيوان الوشق في مكان صيده.

Ein Dutzend von ihnen stritten sich lautstark und wütend um das Fleisch.

تشاجر نحو عشرة منهم على اللحوم بغضب شديد.

Buck griff an und zerstreute sie wie Blätter im Wind.

هاجمهم باك وشتتهم مثل الأوراق في الريح.

Zwei Wölfe blieben zurück – still, leblos und für immer regungslos.

بقي ذئبان خلفنا - صامتين، بلا حياة، ولا حركة إلى الأبد.

Der Blutdurst wurde stärker denn je.

لقد أصبح التعطش للدماء أقوى من أي وقت مضى.

Buck war ein Jäger, ein Killer, der sich von Lebewesen ernährte.

كان باك صيادًا وقاتلًا، يتغذى على الكائنات الحية.

Er überlebte allein und verließ sich auf seine Kraft und seine scharfen Sinne.

لقد نجا وحيدًا، معتمدًا على قوته وحواسه الحادة.

Er gedieh in der Wildnis, wo nur die Zähesten überleben konnten.

لقد ازدهر في البرية، حيث لا يمكن أن يعيش إلا الأقوى.

Daraus erwuchs ein großer Stolz, der Bucks ganzes Wesen erfüllte.

ومن هنا ارتفع كبرياء عظيم وملأ كيان باك بأكمله.

Sein Stolz war in jedem seiner Schritte und in der Anspannung jedes einzelnen Muskels zu erkennen.

كان فخره يظهر في كل خطوة، وفي تموج كل عضلة.

Sein Stolz war so deutlich wie seine Sprache und spiegelte sich in seiner Haltung wider.

كان كبرياؤه واضحا مثل الكلام، ويتجلى ذلك في الطريقة التي يحمل بها نفسه.

Sogar sein dickes Fell sah majestätischer aus und glänzte heller.

حتى معطفه السميك بدا أكثر روعة وألمع إشراقا.

Man hätte Buck mit einem riesigen Timberwolf verwechseln können.

ربما كان من الممكن الخلط بين باك وذئب الخشب العملاق.

Außer dem Braun an seiner Schnauze und den Flecken über seinen Augen.

باستثناء اللون البني على وجهه والبقع فوق عينيه.

Und der weiße Fellstreifen, der mitten auf seiner Brust verlief.

والخط الأبيض من الفراء الذي يمتد على طول منتصف صدره.

Er war sogar größer als der größte Wolf dieser wilden Rasse.

لقد كان أكبر من أكبر ذئب من هذا الصنف الشرس.

Sein Vater, ein Bernhardiner, verlieh ihm Größe und einen schweren Körperbau.

أعطاه والده، وهو من فصيلة سانت برنارد، حجمًا وجسمًا ثقيًلا.

Seine Mutter, eine Schäferin, formte diesen Körper zu einer wolfsähnlichen Gestalt.

قامت أمه، وهي راعية، بتشكيل هذا الجسم الضخم على شكل ذئب.

Er hatte die lange Schnauze eines Wolfes, war allerdings schwerer und breiter.

كان لديه كمامة طويلة مثل كمامة الذئب، على الرغم من أنها أثقل وأوسع.

Sein Kopf war der eines Wolfes, aber von massiver, majestätischer Gestalt.

كان رأسه مثل رأس ذئب، لكنه مبني على نطاق ضخم ومهيب.

Bucks List war die List des Wolfes und der Wildnis.

كان مكر باك بمثابة مكر الذئب والبرية.

Seine Intelligenz hat er sowohl vom Deutschen Schäferhund als auch vom Bernhardiner.

لقد جاء ذكاؤه من الراعي الألماني والقديس برنارد.

All dies und harte Erfahrungen machten ihn zu einer furchterregenden Kreatur.

كل هذا، بالإضافة إلى التجربة القاسية، جعله مخلوقًا مخيفًا.

Er war so furchterregend wie jedes andere Tier, das in der Wildnis des Nordens umherstreifte.

لقد كان هائلاً مثل أي وحش يجوب البرية الشمالية.

Buck ernährte sich ausschließlich von Fleisch und erreichte den Höhepunkt seiner Kraft.

بفضل اعتماده على اللحوم فقط، وصل باك إلى ذروة قوته.

Jede Faser seines Körpers strotzte vor Kraft und männlicher Stärke.

لقد فاض بالقوة والقوة الذكورية في كل أليافه.

Als Thornton seinen Rücken streichelte, funkelten seine Haare vor Energie.

عندما قام ثورنتون بمداعبة ظهره، كانت الشعرات تتألق بالطاقة.

Jedes Haar knisterte, aufgeladen durch die Berührung lebendigen Magnetismus.

كانت كل شعرة تتشقق، مشحونة بلمسة من المغناطيسية الحية.

Sein Körper und sein Gehirn waren auf die höchstmögliche Tonhöhe eingestellt.

لقد تم ضبط جسده وعقله على أعلى درجة ممكنة.

Jeder Nerv, jede Faser und jeder Muskel arbeitete in perfekter Harmonie.

كل عصب وليفة وعضلة عملت في تناغم تام.

Auf jedes Geräusch oder jeden Anblick, der eine Aktion erforderte, reagierte er sofort.

لقد استجاب على الفور لأي صوت أو مشهد يحتاج إلى عمل.

Wenn ein Husky zum Angriff ansetzte, konnte Buck doppelt so schnell springen.

إذا قفز الهاسكي للهجوم، يمكن لباك أن يقفز بسرعة مضاعفة،

Er reagierte schneller, als andere es sehen oder hören
konnten.

لقد كان رد فعله أسرع مما يمكن للآخرين رؤيته أو سماعه.

Wahrnehmung, Entscheidung und Handlung erfolgten alle
in einem fließenden Moment.

الإدراك، والقرار، والفعل، كل ذلك جاء في لحظة واحدة سلسة.

Tatsächlich geschahen diese Handlungen getrennt
voneinander, aber zu schnell, um es zu bemerken.

في الحقيقة، كانت هذه الأفعال منفصلة، ولكنها كانت سريعة جدًا بحيث لم
يتم ملاحظتها.

Die Abstände zwischen diesen Akten waren so kurz, dass
sie wie ein einziger Akt wirkten.

كانت الفجوات بين هذه الأفعال قصيرة جدًا، حتى أنها بدت وكأنها فعل
واحد.

Seine Muskeln und sein Körper waren wie straff gespannte
Federn.

كانت عضلاته و كيانه مثل الينابيع الملفوفة بإحكام.

Sein Körper strotzte vor Leben, wild und freudig in seiner
Kraft.

كان جسده مليئا بالحياة، جامحا ومبهجا في قوته.

Manchmal hatte er das Gefühl, als würde die Kraft völlig
aus ihm herausbrechen.

في بعض الأحيان كان يشعر وكأن القوة ستخرج منه بالكامل.

„So einen Hund hat es noch nie gegeben", sagte Thornton
eines ruhigen Tages.

لم يكن هناك قط كلب مثله"، قال ثورنتون في أحد الأيام الهادئة".

Die Partner sahen zu, wie Buck stolz aus dem Lager schritt.

كان الشركاء يراقبون باك وهو يخرج بفخر من المخيم.

„Als er erschaffen wurde, veränderte er, was ein Hund sein
kann", sagte Pete.

عندما تم صنعه، غيّر ما يمكن أن يكون عليه الكلب"، قال بيت".

„Bei Gott! Das glaube ich auch", stimmte Hans schnell zu.

يا إلهي"-أعتقد ذلك بنفسي"، وافق هانز بسرعة .

Sie sahen ihn abmarschieren, aber nicht die Veränderung,
die danach kam.

لقد رأوه يبتعد، ولكنهم لم يروا التغيير الذي حدث بعد ذلك.

Sobald er den Wald betrat, verwandelte sich Buck völlig.

بمجرد دخوله الغابة، تحول باك بشكل كامل.

Er marschierte nicht mehr, sondern bewegte sich wie ein wilder Geist zwischen den Bäumen.

لم يعد يسير، بل كان يتحرك مثل شبح بري بين الأشجار.

Er wurde still, katzenpfotenartig, ein Flackern, das durch die Schatten huschte.

أصبح صامتًا، يتحرك كالقط، وميض يمر عبر الظلال.

Er nutzte die Deckung geschickt und kroch wie eine Schlange auf dem Bauch.

لقد استخدم الغطاء بمهارة، وكان يزحف على بطنه مثل الثعبان.

Und wie eine Schlange konnte er lautlos nach vorne springen und zuschlagen.

ومثل الثعبان، كان بإمكانه أن يقفز إلى الأمام ويضرب في صمت.

Er könnte ein Schneehuhn direkt aus seinem versteckten Nest stehlen.

كان بإمكانه سرقة طائر الطيهوج مباشرة من عشه المخفي.

Er tötete schlafende Kaninchen, ohne ein einziges Geräusch zu machen.

لقد قتل الأرانب النائمة دون أن يصدر صوتًا واحدًا.

Er konnte Streifenhörnchen mitten in der Luft fangen, wenn sie zu langsam flohen.

كان بإمكانه اصطياد السناجب في الهواء لأنها كانت تهرب ببطء شديد.

Selbst Fische in Teichen konnten seinen plötzlichen Angriffen nicht entkommen.

حتى الأسماك في البرك لم تستطع النجاة من ضرباته المفاجئة.

Nicht einmal schlaue Biber, die Dämme reparierten, waren vor ihm sicher.

حتى القنادس الذكية التي تعمل على إصلاح السدود لم تكن في مأمن منه.

Er tötete, um Nahrung zu bekommen, nicht zum Spaß – aber seine eigene Beute gefiel ihm am besten.

كان يقتل من أجل الغذاء، وليس من أجل المتعة، لكنه كان يحب أن يقتل بنفسه أكثر.

Dennoch war bei manchen seiner stillen Jagden ein hintergründiger Humor spürbar.

ومع ذلك، كان هناك روح الدعابة الماكرة في بعض رحلات الصيد الصامتة التي قام بها.

Er schlich sich dicht an Eichhörnchen heran, ließ sie aber
dann entkommen.

لقد تسلل إلى جانب السناجب، فقط ليسمح لهم بالهروب.

Sie wollten in die Bäume fliehen und schnatterten voller
Angst und Empörung.

كانوا في طريقهم للفرار إلى الأشجار، وهم يتحادثون بغضب مخيف.

Mit dem Herbst kamen immer mehr Elche.

مع حلول فصل الخريف، بدأ ظهور الموظ بأعداد أكبر.

Sie zogen langsam in die tiefer gelegenen Täler, um dem
Winter entgegenzukommen.

انتقلوا ببطء إلى الوديان المنخفضة لمواجهة الشتاء.

Buck hatte bereits ein junges, streunendes Kalb erlegt.

كان باك قد أحضر بالفعل عجلًا صغيرًا ضالًا.

Doch er sehnte sich danach, einer größeren, gefährlicheren
Beute gegenüberzutreten.

ولكنه كان يتوق لمواجهة فريسة أكبر وأكثر خطورة.

Eines Tages fand er an der Wasserscheide, an der Quelle des
Baches, seine Chance.

ذات يوم، على التقسيم، عند رأس الخور، وجد فرصته.

Eine Herde von zwanzig Elchen war aus bewaldeten
Gebieten herübergekommen.

لقد عبر قطيع مكون من عشرين موسًا من الأراضي الحرجية.

Unter ihnen war ein mächtiger Stier, der Anführer der
Gruppe.

وكان من بينهم ثور عظيم، زعيم المجموعة.

Der Bulle war über ein Meter achtzig Meter groß und sah
grimmig und wild aus.

كان الثور يبلغ طوله أكثر من ستة أقدام ويبدو شرسًا ووحشيًا.

Er warf sein breites Geweih hin und her, dessen vierzehn
Enden sich nach außen verzweigten.

ألقى بقرونه العريضة، التي تتفرع منها أربعة عشر نقطة نحو الخارج.

Die Spitzen dieser Geweihe hatten einen Durchmesser von
sieben Fuß.

امتدت أطراف تلك القرون إلى مسافة سبعة أقدام.

Seine kleinen Augen brannten vor Wut, als er Buck in der
Nähe entdeckte.

اشتعلت عيناه الصغيرة بالغضب عندما رأى باك في مكان قريب.

Er stieß ein wütendes Brüllen aus und zitterte vor Wut und Schmerz.

أطلق هديرًا غاضبًا، يرتجف من الغضب والألم.

Nahe seiner Flanke ragte eine gefiederte und scharfe Pfeilspitze hervor.

برزت نهاية السهم بالقرب من جنبه، وكانت ريشية وحادة.

Diese Wunde trug dazu bei, seine wilde, verbitterte Stimmung zu erklären.

ساعد هذا الجرح في تفسير مزاجه الوحشي والمرير.

Buck, geleitet von seinem uralten Jagdinstinkt, machte seinen Zug.

لقد قام باك، مسترشدًا بغريزة الصيد القديمة، بالتحرك.

Sein Ziel war es, den Bullen vom Rest der Herde zu trennen.

وكان هدفه فصل الثور عن باقي القطيع.

Dies war keine leichte Aufgabe – es erforderte Schnelligkeit und messerscharfe List.

لم تكن هذه مهمة سهلة، بل تطلبت السرعة والدهاء الشديد.

Er bellte und tanzte in der Nähe des Stiers, gerade außerhalb seiner Reichweite.

نبح ورقص بالقرب من الثور، خارج نطاقه.

Der Elch stürzte sich mit riesigen Hufen und tödlichem Geweih auf ihn.

انقض الموظ بحوافر ضخمة وقرون مميتة.

Ein Schlag hätte Bucks Leben im Handumdrehen beenden können.

ضربة واحدة كانت كفيلة بإنهاء حياة باك في لحظة.

Der Stier konnte die Bedrohung nicht hinter sich lassen und wurde wütend.

لم يتمكن الثور من ترك التهديد خلفه، فغضب بشدة.

Er stürmte wütend auf ihn zu, doch Buck entkam ihm jedes Mal.

لقد هاجم بغضب، لكن باك كان دائمًا يفلت من العقاب.

Buck täuschte Schwäche vor und lockte ihn weiter von der Herde weg.

تظاهر باك بالضعف، وأغراه بالابتعاد عن القطيع.

Doch die jungen Bullen wollten zurückstürmen, um den Anführer zu beschützen.

لكن الثيران الصغيرة كانت على وشك الهجوم لحماية الزعيم.

Sie zwangen Buck zum Rückzug und den Bullen, sich wieder der Gruppe anzuschließen.

أجبروا باك على التراجع والثور على الانضمام إلى المجموعة.

In der Wildnis herrscht eine tiefe und unaufhaltsame Geduld.

هناك صبر في البرية، عميق ولا يمكن إيقافه.

Eine Spinne wartet unzählige Stunden bewegungslos in ihrem Netz.

يظل العنكبوت ينتظر بلا حراك في شبكته لساعات لا حصر لها.

Eine Schlange rollt sich ohne zu zucken zusammen und wartet, bis es Zeit ist.

الثعبان يتلوى دون أن يرتعش، وينتظر حتى يحين الوقت.

Ein Panther liegt auf der Lauer, bis der Moment gekommen ist.

النمر يكمن في الكمين، حتى تأتي اللحظة.

Dies ist die Geduld von Raubtieren, die jagen, um zu überleben.

هذا هو صبر الحيوانات المفترسة التي تصطاد من أجل البقاء.

Dieselbe Geduld brannte in Buck, als er in seiner Nähe blieb.

كان نفس الصبر يحترق داخل باك وهو يبقى قريبًا.

Er blieb in der Nähe der Herde, verlangsamte ihren Marsch und schürte Angst.

وبقي بالقرب من القطيع، يبطئ مسيرته ويثير الخوف فيه.

Er ärgerte die jungen Bullen und schikanierte die Mutterkühe.

لقد أزعج الثيران الصغيرة وأزعج الأبقار الأمهات.

Er trieb den verwundeten Stier in eine noch tiefere, hilflose Wut.

لقد دفع الثور الجريح إلى غضب أعمق وعاجز.

Einen halben Tag lang zog sich der Kampf ohne Pause hin.

لمدة نصف يوم، استمر القتال دون أي راحة على الإطلاق.

Buck griff aus jedem Winkel an, schnell und wild wie der Wind.

هاجم باك من كل زاوية، بسرعة وعنيفة مثل الريح.

Er hinderte den Stier daran, sich auszuruhen oder sich bei seiner Herde zu verstecken.

لقد منع الثور من الراحة أو الاختباء مع قطيعه.

Buck zermürbte den Willen des Elchs schneller als seinen Körper.

لقد أنهك باك إرادة الموظ أسرع من جسده.

Der Tag verging und die Sonne sank tief am nordwestlichen Himmel.

مر اليوم وغابت الشمس في السماء الشمالية الغربية.

Die jungen Bullen kehrten langsamer zurück, um ihrem Anführer zu helfen.

عاد الثيران الصغار ببطء أكثر لمساعدة زعيمهم.

Die Herbstnächte waren zurückgekehrt und die Dunkelheit dauerte nun sechs Stunden.

عادت ليالي الخريف، واستمر الظلام الآن لمدة ست ساعات.

Der Winter drängte sie bergab in sicherere, wärmere Täler.

كان الشتاء يدفعهم إلى أسفل التل نحو وديان أكثر أمانًا ودفئًا.

Aber sie konnten dem Jäger, der sie zurückhielt, immer noch nicht entkommen.

لكنهم لم يتمكنوا من الهروب من الصياد الذي كان يحتجزهم.

Es stand nur ein Leben auf dem Spiel – nicht das der Herde, sondern nur das ihres Anführers.

كانت حياة واحدة فقط على المحك - ليست حياة القطيع، بل حياة زعيمهم فقط

Dadurch wurde die Bedrohung in weite Ferne gerückt und ihre dringende Sorge wurde aufgehoben.

وهذا ما جعل التهديد بعيدًا وليس مصدر قلقهم العاجل.

Mit der Zeit akzeptierten sie diesen Preis und überließen Buck die Übernahme des alten Bullen.

وبمرور الوقت، تقبلوا هذه التكلفة وسمحوا لباك بأخذ الثور القديم.

Als die Dämmerung hereinbrach, stand der alte Bulle mit gesenktem Kopf da.

وعندما حل الشفق، وقف الثور العجوز ورأسه إلى أسفل.

Er sah zu, wie die Herde, die er geführt hatte, im schwindenden Licht verschwand.

لقد شاهد القطيع الذي قاده يختفي في الضوء الخافت.

Es gab Kühe, die er gekannt hatte, Kälber, deren Vater er einst gewesen war.

كانت هناك أبقار كان يعرفها، وعجول كان والده في السابق.

Es gab jüngere Bullen, gegen die er in vergangenen Saisons gekämpft und die er beherrscht hatte.

كان هناك ثيران أصغر سناً حاربها وحكمها في المواسم الماضية.

Er konnte ihnen nicht folgen, denn vor ihm kauerte Buck wieder.

لم يكن بوسعه أن يتبعهم، لأن باك كان يجلس القرفصاء أمامه مرة أخرى.

Der gnadenlose Schrecken mit den Reißzähnen versperrte ihm jeden Weg.

لقد سدت أنياب الرعب التي لا ترحم كل طريق قد يسلكه.

Der Bulle brachte mehr als drei Zentner geballte Kraft auf die Waage.

كان وزن الثور أكثر من ثلاثمائة رطل من القوة الكثيفة.

Er hatte ein langes Leben geführt und in einer Welt voller Kämpfe hart gekämpft.

لقد عاش طويلاً وقاتل بشدة في عالم من النضال.

Doch nun, am Ende, kam der Tod von einem Tier, das weit unter ihm stand.

ولكن الآن، في النهاية، جاء الموت من وحش بعيد تحته.

Bucks Kopf erreichte nicht einmal die riesigen, mit Knöcheln besetzten Knie des Bullen.

لم يرتفع رأس باك حتى إلى ركبتي الثور الضخمتين.

Von diesem Moment an blieb Buck Tag und Nacht bei dem Bullen.

منذ تلك اللحظة، بقي باك مع الثور ليلًا ونهارًا.

Er gönnte ihm keine Ruhe, erlaubte ihm nie zu grasen oder zu trinken.

لم يمنحه الراحة أبدًا، ولم يسمح له بالرعي أو الشرب.

Der Stier versuchte, junge Birkentriebe und Weidenblätter zu fressen.

حاول الثور أن يأكل براعم البتولا الصغيرة وأوراق الصفصاف.

Aber Buck verjagte ihn, immer wachsam und immer angreifend.

لكن باك أبعده بعيدًا، وكان دائمًا متيقظًا ومهاجمًا.

Sogar an plätschernden Bächen blockte Buck jeden durstigen Versuch ab.

حتى في الجداول المتساقطة، حجب باك كل محاولة عطشى.

Manchmal floh der Stier aus Verzweiflung mit voller Geschwindigkeit.

في بعض الأحيان، في حالة اليأس، كان الثور يهرب بأقصى سرعة.

Buck ließ ihn laufen und lief ruhig direkt hinter ihm her, nie weit entfernt.

تركه باك يركض، وكان يركض بهدوء خلفه مباشرة، ولم يكن بعيدًا عنه أبدًا.

Als der Elch innehielt, legte sich Buck hin, blieb aber bereit.

عندما توقف الموظ، استلقى باك، لكنه بقي مستعدًا.

Wenn der Bulle versuchte zu fressen oder zu trinken, schlug Buck mit voller Wut zu.

إذا حاول الثور أن يأكل أو يشرب، كان باك يضربه بكل غضبه.

Der große Kopf des Stiers sank tiefer unter sein gewaltiges Geweih.

انحنى رأس الثور الكبير إلى أسفل تحت قرونه الضخمة.

Sein Tempo verlangsamte sich, der Trab wurde schwerfällig, ein stolpernder Schritt.

تباطأت خطواته، وأصبح الهرولة ثقيلة، ومشية متعثرة.

Er stand oft still mit hängenden Ohren und der Nase am Boden.

كان يقف في كثير من الأحيان ساكنًا، وأذنيه متدليتان وأنفه على الأرض.

In diesen Momenten nahm sich Buck Zeit zum Trinken und Ausruhen.

خلال تلك اللحظات، أخذ باك بعض الوقت للشرب والراحة.

Mit heraushängender Zunge und starrem Blick spürte Buck, wie sich das Land veränderte.

أخرج لسانه، وثبت عينيه، وشعر باك أن الأرض كانت تتغير.

Er spürte, wie sich etwas Neues durch den Wald und den Himmel bewegte.

شعر بشيء جديد يتحرك عبر الغابة والسماء.

Mit der Rückkehr der Elche kehrten auch andere Wildtiere zurück.

مع عودة الموظ، عادت معه بقية المخلوقات البرية.

Das Land fühlte sich lebendig an, mit einer Präsenz, die man nicht sieht, aber deutlich wahrnimmt.

كانت الأرض مليئة بالحياة والحضور، غير مرئي ولكن معروف بقوة.

Buck wusste dies weder am Geräusch, noch am Anblick oder am Geruch.

لم يكن باك يعرف ذلك عن طريق الصوت أو البصر أو الرائحة.

Ein tieferes Gefühl sagte ihm, dass neue Kräfte im Gange waren.

أخبره إحساس أعمق أن قوى جديدة كانت تتحرك.

In den Wäldern und entlang der Bäche herrschte seltsames Leben.

كانت هناك حياة غريبة تتحرك في الغابات وعلى طول الجداول.

Er beschloss, diesen Geist zu erforschen, nachdem die Jagd beendet war.

قرر استكشاف هذه الروح، بعد انتهاء الصيد.

Am vierten Tag erlegte Buck endlich den Elch.

في اليوم الرابع، تمكن باك أخيرًا من اصطياد الموظ.

Er blieb einen ganzen Tag und eine ganze Nacht bei der Beute, fraß und ruhte sich aus.

بقي بالقرب من الفريسة لمدة يوم كامل وليلة كاملة، يتغذى ويستريح.

Er aß, schlief dann und aß dann wieder, bis er stark und satt war.

أكل ثم نام ثم أكل مرة أخرى حتى شبع وقوي.

Als er fertig war, kehrte er zum Lager und nach Thornton zurück.

عندما أصبح مستعدًا، عاد إلى المخيم وثورنتون.

Mit gleichmäßigem Tempo begann er die lange Heimreise.

بخطى ثابتة، بدأ رحلة العودة الطويلة إلى المنزل.

Er rannte in seinem unermüdlichen Galopp Stunde um Stunde, ohne auch nur ein einziges Mal vom Weg abzukommen.

كان يركض بلا كلل، ساعة بعد ساعة، دون أن يضل طريقه ولو مرة واحدة.

Durch unbekannte Länder bewegte er sich schnurgerade wie eine Kompassnadel.

عبر الأراضي المجهولة، تحرك بشكل مستقيم مثل إبرة البوصلة.

Sein Orientierungssinn ließ Mensch und Karte im Vergleich schwach erscheinen.

إن إحساسه بالاتجاهات جعل الإنسان والخريطة يبدوان ضعيفين بالمقارنة.

Während Buck rannte, spürte er die Bewegung in der Wildnis stärker.

وبينما كان باك يركض، شعر بقوة أكبر بالضجة في الأرض البرية.

Es war eine neue Art zu leben, anders als in den ruhigen Sommermonaten.

لقد كانت حياة جديدة، مختلفة عن حياة أشهر الصيف الهادئة.

Dieses Gefühl kam nicht länger als subtile oder entfernte Botschaft.

لم يعد هذا الشعور يأتي كرسالة خفية أو بعيدة.

Nun sprachen die Vögel von diesem Leben und Eichhörnchen plapperten darüber.

والآن تحدثت الطيور عن هذه الحياة، وتحدثت السناجب عنها.

Sogar die Brise flüsterte Warnungen durch die stillen Bäume.

حتى النسيم كان يهمس بالتحذيرات من خلال الأشجار الصامتة.

Mehrmals blieb er stehen und schnupperte die frische Morgenluft.

توقف عدة مرات واستنشق هواء الصباح النقي.

Dort las er eine Nachricht, die ihn schneller nach vorne springen ließ.

قرأ هناك رسالة جعلته يقفز للأمام بشكل أسرع.

Ein starkes Gefühl der Gefahr erfüllte ihn, als wäre etwas schiefgelaufen.

كان يشعر بخطر شديد، وكأن شيئًا ما قد حدث خطأ.

Er befürchtete, dass ein Unglück bevorstünde – oder bereits eingetreten war.

كان يخشى أن تكون الكارثة قادمة - أو أنها جاءت بالفعل.

Er überquerte den letzten Bergrücken und betrat das darunterliegende Tal.

عبر التلال الأخيرة ودخل الوادي أدناه.

Er bewegte sich langsamer und war bei jedem Schritt aufmerksamer und vorsichtiger.

كان يتحرك ببطء أكثر، ويقظًا وحذرًا مع كل خطوة.

Drei Meilen weiter fand er eine frische Spur, die ihn erstarren ließ.

على بعد ثلاثة أميال وجد مسارًا جديدًا جعله متيبسًا.

Die Haare in seinem Nacken stellten sich auf und sträubten sich vor Schreck.

كان شعر رقبته يتجعد ويشعر بالانزعاج.

Die Spur führte direkt zum Lager, wo Thornton wartete.

كان الطريق يؤدي مباشرة إلى المخيم حيث كان ثورنتون ينتظر.

Buck bewegte sich jetzt schneller, seine Schritte waren lautlos und schnell zugleich.

تحرك باك بشكل أسرع الآن، وكانت خطواته صامتة وسريعة.

Seine Nerven lagen blank, als er Zeichen las, die andere übersehen würden.

توترت أعصابه عندما قرأ العلامات التي كان من الممكن أن يغفلها الآخرون.

Jedes Detail der Spur erzählte eine Geschichte – außer dem letzten Stück.

كل تفصيل في المسار كان يحكي قصة، باستثناء القطعة الأخيرة.

Seine Nase erzählte ihm von dem Leben, das hier vorbeigezogen war.

أخبره أنفه عن الحياة التي مرت بهذه الطريقة.

Der Duft vermittelte ihm ein wechselndes Bild, als er dicht hinter ihm folgte.

أعطته الرائحة صورة متغيرة عندما تبعه عن كثب.

Doch im Wald selbst war es still geworden, unnatürlich still.

لكن الغابة نفسها أصبحت هادئة، ساكنة بشكل غير طبيعي.

Die Vögel waren verschwunden, die Eichhörnchen hatten sich versteckt, waren still und ruhig.

اختفت الطيور، واختفت السناجب، صامتة وساكنة.

Er sah nur ein einziges Grauhörnchen, das flach auf einem toten Baum lag.

لقد رأى سنجابًا رماديًا واحدًا فقط، مستلقيًا على شجرة ميتة.

Das Eichhörnchen fügte sich steif und reglos in den Wald ein.

اندمج السنجاب، جامدًا وثابتًا مثل جزء من الغابة.

Buck bewegte sich wie ein Schatten, lautlos und sicher durch die Bäume.

تحرك باك مثل الظل، صامتًا ومتأكدًا من خلال الأشجار.

Seine Nase zuckte zur Seite, als würde sie von einer unsichtbaren Hand gezogen.

تحرك أنفه إلى الجانب كما لو كان يتم سحبه بواسطة يد غير مرئية.

Er drehte sich um und folgte der neuen Spur tief in ein Dickicht hinein.

استدار وتبع الرائحة الجديدة في أعماق الغابة.

Dort fand er Nig tot daliegend, von einem Pfeil durchbohrt.

وهناك وجد نيج ملقىً ميتًا، وقد اخترق سهمٌ جسده.

Der Schaft durchdrang seinen Körper, die Federn waren noch zu sehen.

لقد مر العمود من خلال جسده، والريش لا يزال يظهر.

Nig hatte sich dorthin geschleppt, war jedoch gestorben, bevor er Hilfe erreichen konnte.

سحب نيج نفسه إلى هناك، لكنه مات قبل أن يصل إلى المساعدة.

Hundert Meter weiter fand Buck einen weiteren Schlittenhund.

على بعد مائة ياردة، وجد باك كلب زلاجة آخر.

Es war ein Hund, den Thornton in Dawson City gekauft hatte.

كان هذا كلبًا اشتراه ثورنتون في داوسون سيتي.

Der Hund befand sich in einem tödlichen Kampf und schlug heftig auf dem Weg um sich.

كان الكلب في صراع مميت، يضرب بقوة على الطريق.

Buck ging um ihn herum, blieb nicht stehen und richtete den Blick nach vorne.

مر باك حوله، دون توقف، وكانت عيناه مثبتتين للأمام.

Aus Richtung des Lagers ertönte in der Ferne ein rhythmischer Gesang.

ومن جهة المخيم جاءت ترنيمة بعيدة إيقاعية.

Die Stimmen schwoll in einem seltsamen, unheimlichen Singsangton an und ab.

ارتفعت الأصوات وانخفضت بنبرة غريبة ومرعبة وغنائية.

Buck kroch schweigend zum Rand der Lichtung.

زحف باك إلى الأمام نحو حافة المقاصة في صمت.

Dort sah er Hans mit dem Gesicht nach unten liegen, von vielen Pfeilen durchbohrt.

هناك رأى هانز ملقى على وجهه، وقد اخترقته العديد من السهام.

Sein Körper sah aus wie der eines Stachelschweins und war mit gefiederten Schäften bestückt.

كان جسده يبدو مثل القنفذ، ممتلئًا بالريش.

Im selben Moment blickte Buck in Richtung der zerstörten Hütte.

وفي نفس اللحظة، نظر باك نحو النزل المدمر.

Bei diesem Anblick stellten sich ihm die Nacken- und Schulterhaare auf.

أدى هذا المنظر إلى تصلب شعر رقبته وكتفيه.

Ein Sturm wilder Wut durchfuhr Bucks ganzen Körper.

اجتاحت عاصفة من الغضب الجامح جسد باك بأكمله.

Er knurrte laut, obwohl er nicht wusste, dass er es getan hatte.

لقد هدر بصوت عالٍ، على الرغم من أنه لم يكن يعلم أنه فعل ذلك.

Der Klang war rau, erfüllt von furchterregender, wilder Wut.

كان الصوت خامًا، مليئًا بالغضب المرعب والوحشي.

Zum letzten Mal in seinem Leben verlor Buck den Verstand und die Gefühle.

للمرة الأخيرة في حياته، فقد باك عقله أمام العاطفة.

Es war die Liebe zu John Thornton, die seine sorgfältige Kontrolle brach.

لقد كان حب جون ثورنتون هو الذي كسر سيطرته الدقيقة.

Die Yeehats tanzten um die zerstörte Fichtenhütte.

كان أفراد عائلة ييهات يرقصون حول كوخ التنوب المدمر.

Dann ertönte ein Brüllen – und ein unbekanntes Tier stürmte auf sie zu.

ثم جاء هدير - وهاجمهم وحش مجهول.

Es war Buck, eine aufbrausende Furie, ein lebendiger Sturm der Rache.

لقد كان باك؛ غضبًا في الحركة؛ عاصفة حية من الانتقام.

Wahnsinnig vor Tötungsdrang stürzte er sich mitten unter sie.

ألقى بنفسه في وسطهم، مجنونًا بالحاجة إلى القتل.

Er sprang auf den ersten Mann, den Yeehat-Häuptling, und traf zielsicher.

قفز على الرجل الأول، رئيس الييهات، وضربه في مكانه.

Seine Kehle war aufgerissen und Blut spritzte in einem Strom.

لقد تمزق حلقه، وتدفق الدم على شكل جدول.

Buck blieb nicht stehen, sondern riss dem nächsten Mann mit einem Sprung die Kehle durch.

لم يتوقف باك، بل مزق حلق الرجل التالي بقفزة واحدة.

Er war nicht aufzuhalten – er riss, schlug und machte nie eine Pause, um sich auszuruhen.

لقد كان لا يمكن إيقافه - يمزق، ويقطع، ولا يتوقف أبدًا للراحة.

Er schoss und sprang so schnell, dass ihre Pfeile ihn nicht treffen konnten.

لقد انطلق بسرعة كبيرة لدرجة أن سهامهم لم تستطع أن تلمسه.

Die Yeehats waren in ihrer eigenen Panik und Verwirrung gefangen.

لقد وقع آل بيهات في حالة من الذعر والارتباك.

Ihre Pfeile verfehlten Buck und trafen stattdessen einander.

لقد أخطأت سهامهم باك وضربت بعضها البعض بدلا من ذلك.

Ein Jugendlicher warf einen Speer nach Buck und traf einen anderen Mann.

ألقى أحد الشباب رمحًا على باك وأصاب رجلاً آخر.

Der Speer durchbohrte seine Brust und die Spitze durchbohrte seinen Rücken.

انطلق الرمح عبر صدره، وضربت النقطة ظهره.

Die Yeehats wurden von Panik erfasst und zogen sich umgehend zurück.

سيطر الرعب على أهل بيهات، مما دفعهم إلى التراجع الكامل.

Sie schrien vor dem bösen Geist und flohen in die Schatten des Waldes.

صرخوا من الروح الشريرة وهربوا إلى ظلال الغابة.

Buck war wirklich wie ein Dämon, als er die Yeehats jagte.

في الحقيقة، كان باك مثل الشيطان عندما طارد عائلة بيهات.

Er raste hinter ihnen durch den Wald her und erlegte sie wie Rehe.

انطلق وراءهم عبر الغابة، وأسقطهم مثل الغزلان.

Für die verängstigten Yeehats wurde es ein Tag des Schicksals und des Terrors.

لقد أصبح يومًا من القدر والرعب لليهات الخائفين.

Sie zerstreuten sich über das Land und flohen in alle
Richtungen.

وتفرقوا في جميع أنحاء الأرض، وهربوا في كل اتجاه.

Eine ganze Woche verging, bevor sich die letzten
Überlebenden in einem Tal trafen.

لقد مر أسبوع كامل قبل أن يلتقي آخر الناجين في الوادي.

Erst dann zählten sie ihre Verluste und sprachen über das
Geschehene.

حينها فقط بدأوا يحسبون خسائرهم ويتحدثون عما حدث.

Nachdem Buck die Jagd satt hatte, kehrte er zum zerstörten
Lager zurück.

بعد أن سئم باك من المطاردة، عاد إلى المخيم المدمر.

Er fand Pete, noch in seine Decken gehüllt, getötet beim
ersten Angriff.

ووجد بيت، وهو لا يزال في بطانيته، مقتولاً في الهجوم الأول.

Spuren von Thorntons letztem Kampf waren im Dreck in
der Nähe zu sehen.

كانت علامات كفاح ثورنتون الأخير واضحة على التراب القريب.

Buck folgte jeder Spur und erschnüffelte jede Markierung
bis zum letzten Punkt.

تبع باك كل أثر، واستنشق كل علامة حتى وصل إلى النقطة النهائية.

Am Rand eines tiefen Teichs fand er den treuen Skeet, der
still dalag.

وعلى حافة بركة عميقة، وجد سكيت المؤمن مستلقياً في صمت.

Skeets Kopf und Vorderpfoten lagen regungslos im Wasser,
er lag tot da.

كان رأس سكيت ومخالبه الأمامية في الماء، بلا حراك في الموت.

Der Teich war schlammig und durch das Abwasser aus den
Schleusenkästen verunreinigt.

كان المسبح موحلًا وملوثًا بالمياه المتدفقة من صناديق الصرف.

Seine trübe Oberfläche verbarg, was darunter lag, aber Buck
kannte die Wahrheit.

لقد أخفى سطحها الغائم ما كان تحته، لكن باك عرف الحقيقة.

Er folgte Thorntons Spur bis in den Pool – doch die Spur
führte nirgendwo anders hin.

لقد تتبع رائحة ثورنتون إلى المسبح - لكن الرائحة لم تقود إلى أي مكان
آخر.

Es gab keinen Geruch, der hinausführte – nur die Stille des tiefen Wassers.

لم تكن هناك رائحة تؤدي إلى الخارج - فقط صمت المياه العميقة.

Den ganzen Tag blieb Buck in der Nähe des Teichs und ging voller Trauer im Lager auf und ab.

بقي باك طوال اليوم بالقرب من المسبح، يتجول في المخيم في حزن.

Er wanderte ruhelos umher oder saß regungslos da, in tiefe Gedanken versunken.

كان يتجول بلا راحة أو يجلس في صمت، غارقًا في أفكار ثقيلة.

Er kannte den Tod, das Ende des Lebens, das Verschwinden aller Bewegung.

لقد عرف الموت، ونهاية الحياة، واختفاء كل حركة.

Er verstand, dass John Thornton weg war und nie wieder zurückkehren würde.

لقد فهم أن جون ثورنتون قد رحل ولن يعود أبدًا.

Der Verlust hinterließ eine Leere in ihm, die wie Hunger pochte.

لقد تركت الخسارة فراغًا في داخله ينبض مثل الجوع.

Doch dieser Hunger konnte durch Essen nicht gestillt werden, egal, wie viel er aß.

لكن هذا الجوع كان طعامًا لا يستطيع إشباعه، بغض النظر عن كمية الطعام التي تناولها.

Manchmal, wenn er die toten Yeehats ansah, ließ der Schmerz nach.

في بعض الأحيان، عندما كان ينظر إلى بيهات الميتة، كان الألم يتلاشى.

Und dann stieg ein seltsamer Stolz in ihm auf, wild und vollkommen.

ثم ارتفع في داخله كبرياء غريب، شرس وكامل.

Er hatte den Menschen getötet, das höchste und gefährlichste Wild von allen.

لقد قتل الإنسان، اللعبة الأعلى والأخطر على الإطلاق.

Er hatte unter Missachtung des alten Gesetzes von Keule und Reißzahn getötet.

لقد قتل متحديًا القانون القديم للهراوة والأنياب.

Buck schnüffelte neugierig und nachdenklich an ihren leblosen Körpern.

استنشق باك أجسادهم الخالية من الحياة، فضوليًا ومدروسًا.

Sie waren so leicht gestorben – viel leichter als ein Husky in einem Kampf.

لقد ماتوا بسهولة ـ أسهل بكثير من موت كلب الهاسكي في قتال.

Ohne ihre Waffen waren sie weder wirklich stark noch stellten sie eine Bedrohung dar.

بدون أسلحتهم، لم تكن لديهم أي قوة أو تهديد حقيقي.

Buck würde sie nie wieder fürchten, es sei denn, sie wären bewaffnet.

لن يخاف باك منهم مرة أخرى، إلا إذا كانوا مسلحين.

Nur wenn sie Keulen, Speere oder Pfeile trugen, war er vorsichtig.

فقط عندما يحملون الهراوات أو الرماح أو السهام كان يحذر.

Die Nacht brach herein und ein Vollmond stieg hoch über die Baumwipfel.

حل الليل، وارتفع القمر عالياً فوق قمم الأشجار.

Das blasse Licht des Mondes tauchte das Land in einen sanften, geisterhaften Schein wie am Tag.

غمر ضوء القمر الخافت الأرض بوهج ناعم يشبه النهار.

Als die Nacht hereinbrach, trauerte Buck noch immer am stillen Teich.

ومع تعمق الليل، كان باك لا يزال حزيناً بجانب المسبح الصامت.

Dann bemerkte er eine andere Regung im Wald.

ثم أدرك أن هناك تحركًا مختلفًا في الغابة.

Die Aufregung kam nicht von den Yeehats, sondern von etwas Älterem und Tieferem.

لم يكن التحريك من بيهات، ولكن من شيء أقدم وأعمق.

Er stand auf, spitzte die Ohren und prüfte vorsichtig mit der Nase die Brise.

وقف، وأذنيه مرفوعتين، وأنفه يختبر النسيم بعناية.

Aus der Ferne ertönte ein schwacher, scharfer Aufschrei, der die Stille durchbrach.

من بعيد جاء صوت خافت حاد يخترق الصمت.

Dann folgte dicht auf den ersten ein Chor ähnlicher Schreie.

ثم تبعتها جوقة من الصيحات المشابهة مباشرة خلف الصيحة الأولى.

Das Geräusch kam näher und wurde mit jedem Augenblick lauter.

كان الصوت يقترب أكثر فأكثر، ويزداد قوة مع كل لحظة تمر.

Buck kannte diesen Schrei – er kam aus dieser anderen Welt in seiner Erinnerung.

عرف باك هذه الصرخة - لقد جاءت من ذلك العالم الآخر في ذاكرته.

Er ging in die Mitte des offenen Platzes und lauschte aufmerksam.

توجه إلى وسط المساحة المفتوحة واستمع باهتمام.

Der Ruf ertönte vielstimmig und kraftvoller denn je.

لقد دوى النداء، وكان كثير الأصوات وأقوى من أي وقت مضى.

Und jetzt war Buck mehr denn je bereit, seiner Berufung zu folgen.

والآن، أكثر من أي وقت مضى، أصبح باك مستعدًا للإجابة على نداءه.

John Thornton war tot und hatte keine Bindung mehr an die Menschheit.

لقد مات جون ثورنتون، ولم يبق في داخله أي رابط إنساني.

Der Mensch und alle menschlichen Ansprüche waren verschwunden – er war endlich frei.

لقد ذهب الإنسان وكل المطالبات الإنسانية - لقد أصبح حرا في النهاية.

Das Wolfsrudel jagte Fleisch, wie es einst die Yeehats getan hatten.

كانت مجموعة الذئاب تطارد اللحوم مثلما كان يفعل بيهات ذات يوم.

Sie waren Elchen aus den Waldgebieten gefolgt.

لقد تبعوا الموظ من الأراضي المشجرة.

Nun überquerten sie, wild und hungrig nach Beute, sein Tal.

والآن، وهم متوحشون وجائعون للفريسة، عبروا إلى الوادي.

Sie kamen auf die mondbeschienene Lichtung und flossen wie silbernes Wasser.

لقد جاءوا إلى المقاصة المضاءة بالقمر، يتدفقون مثل الماء الفضي.

Buck stand regungslos in der Mitte und wartete auf sie.

كان باك واقفا في الوسط، بلا حراك، وينتظرهم.

Seine ruhige, große Präsenz versetzte das Rudel in Erstaunen und ließ es kurz verstummen.

لقد أذهل حضوره الهادئ والكبير المجموعة في صمت قصير.

Dann sprang der kühnste Wolf ohne zu zögern direkt auf ihn zu.

ثم قفز الذئب الأكثر جرأة نحوه مباشرة دون تردد.

Buck schlug schnell zu und brach dem Wolf mit einem
einzigen Schlag das Genick.

ضرب باك بسرعة وكسر رقبة الذئب بضربة واحدة.

Er stand wieder regungslos da, während der sterbende Wolf
sich hinter ihm wand.

لقد وقف بلا حراك مرة أخرى بينما كان الذئب المحتضر يتلوى خلفه.

Drei weitere Wölfe griffen schnell nacheinander an.

هاجمت ثلاثة ذئاب أخرى بسرعة، واحدًا تلو الآخر.

Jeder von ihnen zog sich blutend zurück, die Kehle oder die
Schultern waren aufgeschlitzt.

تراجع كل منهم ينزف، وكان حنجرته أو كتفه مقطوعة.

Das reichte aus, um das ganze Rudel zu einem wilden
Angriff zu provozieren.

كان ذلك كافيا لتحريك العبوة بأكملها إلى هجوم بري.

Sie stürmten gemeinsam hinein, waren zu eifrig und zu
dicht gedrängt, um einen guten Schlag zu erzielen.

لقد اندفعوا معًا، وكانوا متلهفين للغاية ومزدحمين لدرجة أنهم لم يتمكنوا
من الضرب بشكل جيد.

Dank seiner Schnelligkeit und Geschicklichkeit war Buck in
der Lage, dem Angriff immer einen Schritt voraus zu sein.

سمحت سرعة باك ومهارته له بالبقاء في صدارة الهجوم.

Er drehte sich auf seinen Hinterbeinen und schnappte und
schlug in alle Richtungen.

لقد دار على رجليه الخلفيتين، وكان يلتقط ويضرب في جميع الاتجاهات.

Für die Wölfe schien es, als ob seine Verteidigung nie
geöffnet oder ins Wanken geraten wäre.

بالنسبة للذئاب، بدا الأمر كما لو أن دفاعه لم يفتح أو يتعثر أبدًا.

Er drehte sich um und schlug so schnell zu, dass sie nicht
hinter ihn gelangen konnten.

استدار وضرب بسرعة كبيرة حتى أنهم لم يتمكنوا من الوصول خلفه.

Dennoch zwang ihn ihre Übermacht zum Nachgeben und
Zurückweichen.

ومع ذلك، فإن أعدادهم أجبرته على التراجع والتراجع.

Er ging am Teich vorbei und hinunter in das steinige
Bachbett.

انتقل عبر المسبح إلى أسفل مجرى النهر الصخري.

Dort stieß er auf eine steile Böschung aus Kies und Erde.

وهناك واجه ضفة شديدة الانحدار من الحصى والأوساخ.

Er ist bei den alten Grabungen der Bergleute in einen
Eckeinschnitt geraten.

لقد اصطدم بقطع الزاوية أثناء الحفر القديم الذي قام به عمال المناجم.

Jetzt war Buck von drei Seiten geschützt und stand nur noch
dem vorderen Wolf gegenüber.

الآن، أصبح باك محميًا من ثلاث جهات، ولم يواجه سوى الذئب الأمامي.

Dort stand er in der Enge, bereit für die nächste
Angriffswelle.

هناك، وقف في مكانه، مستعدًا للموجة التالية من الهجوم.

Buck blieb so hartnäckig standhaft, dass die Wölfe
zurückwichen.

لقد تمسك باك بموقفه بشراسة لدرجة أن الذئاب تراجعت.

Nach einer halben Stunde waren sie erschöpft und sichtlich
besiegt.

وبعد مرور نصف ساعة، كانوا مرهقين وواضح عليهم الهزيمة.

Ihre Zungen hingen heraus, ihre weißen Reißzähne glänzten
im Mondlicht.

كانت ألسنتهم معلقة، وأنيابهم البيضاء تلمع في ضوء القمر.

Einige Wölfe legten sich mit erhobenem Kopf hin und
spitzten die Ohren in Richtung Buck.

استلقى بعض الذئاب، ورؤوسهم مرفوعة، وآذانهم منتصبة تجاه باك.

Andere standen still, waren wachsam und beobachteten jede
seiner Bewegungen.

وكان الآخرون واقفين في مكانهم، متيقظين ويراقبون كل تحركاته.

Einige gingen zum Pool und schlürften kaltes Wasser.

توجه عدد قليل منهم إلى المسبح وشربوا الماء البارد.

Dann schlich ein großer, schlanker grauer Wolf sanft heran.

ثم زحف ذئب رمادي طويل ونحيف إلى الأمام بطريقة لطيفة.

Buck erkannte ihn – es war der wilde Bruder von vorhin.

تعرف عليه باك - لقد كان الأخ البري من قبل.

Der graue Wolf winselte leise und Buck antwortete mit
einem Winseln.

أطلق الذئب الرمادي أنينًا خفيفًا، ورد باك بأنين.

Sie berührten ihre Nasen, leise und ohne Drohung oder
Angst.

لقد تلامسوا أنوفهم بهدوء ومن دون تهديد أو خوف.

Als nächstes kam ein älterer Wolf, hager und von vielen Kämpfen gezeichnet.

وبعد ذلك جاء ذئب أكبر سناً، نحيفًا ومُصابًا بندوب نتيجة معارك عديدة.

Buck wollte knurren, hielt aber inne und schnüffelte an der Nase des alten Wolfes.

بدأ باك في الهدير، لكنه توقف واستنشق أنف الذئب العجوز.

Der Alte setzte sich, hob die Nase und heulte den Mond an.

جلس الرجل العجوز، ورفع أنفه، وعوى على القمر.

Der Rest des Rudels setzte sich und stimmte in das langgezogene Heulen ein.

جلس بقية القطيع وانضموا إلى العواء الطويل.

Und nun ertönte der Ruf an Buck, unmissverständlich und stark.

والآن جاء النداء إلى باك، لا لبس فيه وقوية.

Er setzte sich, hob den Kopf und heulte mit den anderen.

جلس ورفع رأسه وعوى مع الآخرين.

Als das Heulen aufhörte, trat Buck aus seinem felsigen Unterschlupf.

عندما انتهى العواء، خرج باك من ملجأه الصخري.

Das Rudel umringte ihn und beschnüffelte ihn zugleich freundlich und vorsichtig.

أحاطت به المجموعة، وهي تشم رائحته بلطف وحذر.

Dann stießen die Anführer einen lauten Schrei aus und rannten in den Wald.

ثم أطلق القادة صرخة عالية وانطلقوا إلى الغابة.

Die anderen Wölfe folgten und jaulten im Chor, wild und schnell in der Nacht.

وتبعه الذئاب الأخرى، وهم ينبحون في جوقة، وحشيين وسريعين في الليل.

Buck rannte mit ihnen, neben seinem wilden Bruder her, und heulte dabei.

ركض باك معهم، بجانب أخيه البري، وهو يعوي أثناء ركضه.

Hier geht die Geschichte von Buck gut zu Ende.

وهنا تصل قصة باك إلى نهايتها.

In den folgenden Jahren bemerkten die Yeehats seltsame Wölfe.

وفي السنوات التي تلت ذلك، لاحظ اليهيات ذئابًا غريبة.

Einige hatten braune Flecken auf Kopf und Schnauze und weiße Flecken auf der Brust.

وكان بعضهم بني اللون على رؤوسهم وخطمهم، وأبيض اللون على صدورهم.

Doch noch mehr fürchteten sie sich vor einer geisterhaften Gestalt unter den Wölfen.

ولكن أكثر من ذلك، كانوا يخافون من وجود شخصية شبحية بين الذئاب.

Sie sprachen flüsternd vom Geisterhund, dem Anführer des Rudels.

لقد تحدثوا همسًا عن الكلب الشبح، زعيم المجموعة.

Dieser Geisterhund war schlauer als der kühnste Yeehat-Jäger.

كان هذا الكلب الشبح أكثر دهاءً من صياد بيهات الأكثر جرأة.

Der Geisterhund stahl im tiefsten Winter aus Lagern und riss ihre Fallen auseinander.

سرق الكلب الشبح من المخيمات في الشتاء القارس ومزق مصائدهم.

Der Geisterhund tötete ihre Hunde und entkam ihren Pfeilen spurlos.

قتل الكلب الشبح كلابهم ونجا من سهامهم دون أن يترك أثرا.

Sogar ihre tapfersten Krieger hatten Angst, diesem wilden Geist gegenüberzutreten.

حتى محاربيهم الأكثر شجاعة كانوا يخافون من مواجهة هذه الروح البرية.

Nein, die Geschichte wird im Laufe der Jahre in der Wildnis immer düsterer.

لا، فالقصة تصبح أكثر ظلمة مع مرور السنين في البرية.

Manche Jäger verschwinden und kehren nie in ihre entfernten Lager zurück.

يختفي بعض الصيادين ولا يعودون أبدًا إلى معسكراتهم البعيدة.

Andere werden mit aufgerissener Kehle erschlagen im Schnee gefunden.

وقد تم العثور على آخرين وقد تمزقت حناجرهم، مقتولين في الثلج.

Um ihren Körper herum sind Spuren – größer als sie ein Wolf hinterlassen könnte.

حول أجسادهم آثار أقدام أكبر من تلك التي يمكن لأي ذئب أن يتركها.

Jeden Herbst folgen die Yeehats der Spur des Elchs.

في كل خريف، يتبع بيهات أثر الموظ

Aber ein Tal meiden sie, weil ihnen die Angst tief im
Herzen eingegraben ist.

لكنهم يتجنبون واديًا واحدًا بسبب الخوف المحفور عميقًا في قلوبهم.

Man sagt, dass der böse Geist dieses Tal als seine Heimat
ausgewählt hat.

يقال أن الروح الشريرة اختارت الوادي ليكون موطنها.

Und wenn die Geschichte erzählt wird, weinen einige
Frauen am Feuer.

وعندما تُحكى الحكاية، تبكي بعض النساء بجانب النار.

Aber im Sommer kommt ein Besucher in dieses ruhige,
heilige Tal.

ولكن في الصيف، يأتي زائر واحد إلى هذا الوادي الهادئ المقدس.

Die Yeehats wissen nichts von ihm und können es auch
nicht verstehen.

لا يعرفه أهل بيهات، ولا يستطيعون أن يفهموه.

Der Wolf ist großartig und mit einer Pracht überzogen wie
kein anderer seiner Art.

الذئب عظيم، مغطى بالمجد، لا يشبه أي شخص آخر من نوعه.

Er allein überquert den grünen Wald und betritt die
Waldlichtung.

يعبر وحده من الغابة الخضراء ويدخل إلى فسحات الغابة.

Dort sickert goldener Staub aus Elchhautsäcken in den
Boden.

هناك، يتسرب الغبار الذهبي من أكياس جلد الموظ إلى التربة.

Gras und alte Blätter haben das Gelb vor der Sonne
verborgen.

لقد أخفى العشب والأوراق القديمة اللون الأصفر من الشمس.

Hier steht der Wolf still, denkt nach und erinnert sich.

وهنا يقف الذئب في صمت، يفكر ويتذكر.

Er heult einmal – lang und traurig – bevor er sich zum
Gehen umdreht.

يصرخ مرة واحدة - طويلًا وحزينًا - قبل أن يستدير ليذهب.

Doch er ist nicht immer allein im Land der Kälte und des
Schnees.

ولكنه ليس وحيدًا دائمًا في أرض البرد والثلوج.

Wenn lange Winternächte über die tiefer gelegenen Täler
hereinbrechen.

عندما تهبط ليالي الشتاء الطويلة على الوديان السفلية.

Wenn die Wölfe dem Wild durch Mondlicht und Frost folgen.

عندما تتبع الذئاب الطرائد عبر ضوء القمر والصقيع.

Dann rennt er mit großen, wilden Sprüngen an der Spitze des Rudels entlang.

ثم يركض نحو رأس المجموعة، ويقفز عالياً وبجنون.

Seine Gestalt überragt die anderen, aus seiner Kehle erklingt Gesang.

شكله يرتفع فوق الآخرين، وحلقه ينبض بالحياة مع الأغنية.

Es ist das Lied der jüngeren Welt, die Stimme des Rudels.

إنها أغنية العالم الأصغر، صوت القطيع.

Er singt, während er rennt – stark, frei und für immer wild.

إنه يغني أثناء ركضه - قويًّا، حرًّا، ومتوحشًا إلى الأبد.